“十二五”职业教育国家规划教材
经全国职业教育教材审定委员会审定
财政部规划中等职业学校财经商贸类教材

网站内容编辑

刘冬美　主编

中国财政经济出版社

图书在版编目（CIP）数据

网站内容编辑／刘冬美主编．—北京：中国财政经济出版社，2015. 5（2023.1重印）
“十二五”职业教育国家规划教材　财政部规划中等职业学校财经商贸类教材
ISBN 978－7－5095－4581－2

Ⅰ．①网…　Ⅱ．①刘…　Ⅲ．①电子商务－网站－编辑工作－中等专业学校－教材
Ⅳ．①F713. 36 ②TP393. 092

中国版本图书馆 CIP 数据核字（2013）第 127835 号

责任编辑：张　铮　　　　责任校对：张　凡
封面设计：汪俊宇　　　　版式设计：董生萍

中国财政经济出版社 出版

URL：http：//www. cfeph. cn

E－mail：cfeph @ cfeph. cn

社址：北京市海淀区阜成路甲 28 号　邮政编码：100142

营销中心电话：88190406　北京财经书店电话：64033436　84041336

北京鑫海金澳胶印有限公司　各地新华书店经销

787×1092 毫米　16 开　15. 75 印张　339 000 字

2015 年 5 月第 1 版　2023 年 1 月北京第 9 次印刷

定价：38. 00 元

ISBN 978－7－5095－4581－2/F・3712

（图书出现印装问题，本社负责调换）

本社质量投诉电话：88190744

反盗版举报热线：88190492　88190446

编写 说明

本书系“十二五”职业教育国家规划教材、财政部规划教材，经全国职业教育教材审定委员会审定，作为全国中等职业学院财经商贸类专业教材使用。

据报道，“网络编辑”已成为最热门的IT职业之一。据统计，目前中国网络编辑有300万人，远超出传统媒体的编辑队伍。网络编辑一职至2005年才被劳动保障部列为“新兴职业”，目前，网络编辑已荣膺“热门职业”之一。随着电子商务的不断发展，网络编辑也不再是传统门户网站专有，电子商务网站对网站编辑人才需求越来越大。

本教材依据企业调研，以电子商务网站编辑典型工作任务为导向，按照网站编辑的工作过程，校企共同组织教材内容。主要包括：任务一网站编辑职业认知，认知网站编辑岗位的工作职责及职业前景；任务二商城网站信息采集与筛选，掌握快速获取网络信息的方法，筛选并正确分类信息；任务三商城网站内容编辑，按照商城网站页面的功能，分为商城网站布局编辑、商城网站首页内容编辑、商城网站商品详情页内容编辑、商城网站推广页面内容编辑及商城网站帮助中心页面内容编辑，训练商城网站信息编辑与维护的综合能力；任务四商城网站交互页面编辑，是以企业应用的主流交互形式为主，学生实践应用交互形式，体验与客户互动给企业带来的推广效应。全书的课时分配如下表所示。

项目	工作任务	课时
网站内容编辑职业认知	网站内容编辑职业认知	6
采集与筛选商城网站信息	任务一采集商城网站信息	6
	任务二筛选商城网站信息	6
商城网站内容编辑	任务一商城网站布局编排	6
	任务二编辑商城网站首页信息	8
	任务三编辑商城网站商品详情页信息	8
	任务四营销推广软文编辑	6
	任务五商城网站帮助中心页面信息	6
	任务六编辑多媒体信息	8
商城网站交互页面内容编辑与管理	任务一管理与应用网络论坛	6
	任务二注册与使用微博	6

本教材由刘冬美任主编，课程编写得到了全国电商行业指导委员会专家指导，职教同行和电子商务行业人士的大力支持，在此一并感谢！本教材参编人员有刘爱华、尚彤、谷鹏、胡渤、王梓力、张维、宁蕊、李颖。

本书为用书学校任课老师提供了课后练习的答案和电子课件，如有需要，请登录中国财经教育网（http：//cjjc. cfeph. cn 或 www. zgcjjy. com）下载。

限于编者水平，在选材与解说上如有不当之处，恳请各使用单位和个人提出宝贵意见和建议，以便修订再版。

编　者

目 录

项目一 1 网站内容编辑职业认知

知识目标：

1. 能理解什么是网站编辑、网站编辑岗位及岗位的职责；
2. 能理解网站编辑职业发展方向；
3. 能理解网站编辑职业素质要求及职业守则。

技能目标：

1. 能用自己的语言说明网站编辑相关岗位及岗位的工作任务；
2. 能分析自身与职业要求的差距，制定切实可行的学习计划与实施措施。

情感目标：

维护网络信息安全可信，是网络编辑从业者的责任，树立学生的责任感，建立遵纪守法意识，形成网络编辑职业道德。

任务要点

- **重点：** 能够描述网站编辑职业及职业生涯发展
  能够归纳电子商务网站编辑岗位的工作内容及技能要求
- **难点：** 正确分析自身与网站编辑岗位之间的差距，制定可行的学习计划

任务情境

小张打算应聘一家企业的网络编辑的职位，为了能够顺利通过面试，小张首先要了解这个职业及相关知识，于是小张开始了下面的学习。

2　网站内容编辑

任务分析

要应聘网络编辑的职位，首先应该先了解一下网络编辑职业及岗位设置情况，自身从事这个行业是否有发展；其次，了解从事网络编辑职业应该具备的职业素质，分析自身与职业要求的差距，确定是否适合这个职业。

任务实施

步骤一：认知网站编辑、网站编辑岗位及岗位职责

（一）网站编辑介绍

网站编辑，是网站内容的设计师和建设者，他们利用相关专业知识及计算机和网络等现代信息技术，通过网络对信息进行收集、分类、编辑、审核，然后以网络为载体向世界范围的网民进行发布，并且通过网络从网民那里接收反馈信息，进行互动交流。

（二）网站编辑工作内容

按照国家职业资格标准，将网站编辑分为四个等级，分别是网络编辑员、助理网络编辑师、网络编辑师及高级网络编辑师，按照国家职业资格标准规定，中等职业学校学生只能考取网络编辑员。但是，经过三年的专业学习，部分优秀中职生也可以达到助理网络编师的要求，就全国中职学校电子商务技术大赛来说，其考核评价标准与助理网络编辑师的职业资格标准不谋而合。

1. 网络编辑员的岗位要求如表 1－1 所示。

表 1－1

职能	工作内容	技能要求	理论知识要求
一、素材采集	（一）采集现有素材	1. 能够根据需要选择计算机外围设备 2. 能够安装外围设备的配套软件 3. 能够使用扫描仪采集文字材料和图像 4. 能够利用音频设备采集音频素材 5. 能够使用数码相机、数码摄像机等数字设备采集图片、影像素材 6. 能够使用电子邮件收集信息	1. 扫描仪、数码相机、数码摄像机的使用知识 2. 计算机外围设备连接知识 3. 文字、图像、音频、视频采集的基本知识 4. 文件压缩与解压缩的方法
	（二）收集网络素材	1. 能够根据栏目需要撰写原创性稿件 2. 能够根据栏目需要进行非文字信息的创作或指导创作	搜索引擎的使用方法
二、内容编辑	（一）素材分类	1. 能够根据内容属性对素材进行分类 2. 能够根据文件类型对素材进行分类	文件格式知识
	（二）素材加工	1. 能够使用软件进行文字处理 2. 能够使用表格进行文字处理 3. 能够使用软件进行音频处理 4. 能够使用软件进行图象处理 5. 能够使用软件进行动画处理 6. 能够使用软件进行视频处理	1. 文字处理软件操作知识 2. 表格处理软件操作知识 3. 音频处理软件操作知识 4. 图像处理软件操作知识 5. 动画处理软件操作知识 6. 视频处理软件操作知识

续表

职能	工作内容	技能要求	理论知识要求
三、内容传输	（一）发布系统的使用	1. 能够利用发布系统将素材入库 2. 能够利用发布系统将素材传递给相关人员	1. 发布系统的基本原理 2. 发布系统的稿件入库和传递的操作方法
	（二）其他传输方式的使用	1. 能够利用局域网传输文件 2. 能够利用互联网传输文件	1. 局域网使用基础知识 2. 即时通讯工具的使用方法 3. 常用传输文件的使用方法

2. 助理网络编辑师的岗位要求如表 1－2 所示。

表 1－2

职能	工作内容	技能要求	理论知识要求
一、内容编辑	信息筛选	1. 能够根据栏目需要选择有效信息 2. 能够对有效信息进行分类整理	1. 稿件的价值判断 2. 稿件归类方法 3. 互动信息管理知识
	内容加工	1. 能够对信息进行编辑加工 2. 能够根据需要制作标题 3. 能够根据需要制作内容提要 4. 能够根据需要设置超级链接	1. 稿件修改知识 2. 标题制作知识 3. 内容提要制作知识 4. 超级链接设置要求
	内容原创	1. 能够根据栏目需要撰写原创性稿件 2. 能够根据栏目需要进行非文字信息的创作或指导创作	1. 新闻采访基本知识 2. 新闻写作基本知识 3. 视听语言基本知识
二、组织互动	受众调查	1. 能够确定调查主题 2. 能够设计调查问卷 3. 能够分析调查结果	1. 受众调查基本知识 2. 论坛管理的基本要求 3. 其他互动形式的管理知识
	论坛管理	1. 能够对论坛内容进行监控 2. 能够对不良信息进行处理 3. 能够与论坛成员进行沟通 4. 能够对论坛成员进行管理	
三、网页实现	内容发布	1. 能够利用发布系统发布页面内容 2. 能够利用发布系统对已发布的内容进行修改	发布系统的稿件发布操作方法
	网页制作	1. 能够使用一种软件进行网页制作 2. 能够使用 HTML 语言进行网页修改	1. 网页制作软件的操作知识 2. HTML 语言基础

无论是综合门户网站、地方网站、企业网站，还是电子商务网站，为其服务的网站编辑人员的基本工作内容是一样的；当然，根据网站运营的目标不同，具体到网站编辑岗位设置及岗位职责，不同的网站之间是有差异的。

（三）电子商务网站编辑岗位及岗位职责

在电子商务网站中，网站编辑岗位一般设置在网站运营部门，图 1－1 展示了电子商务网站运营部门的岗位设置，其中中职学生胜任的岗位有商品编辑、美工编辑、文案编辑及流程编辑，工作职责如下：

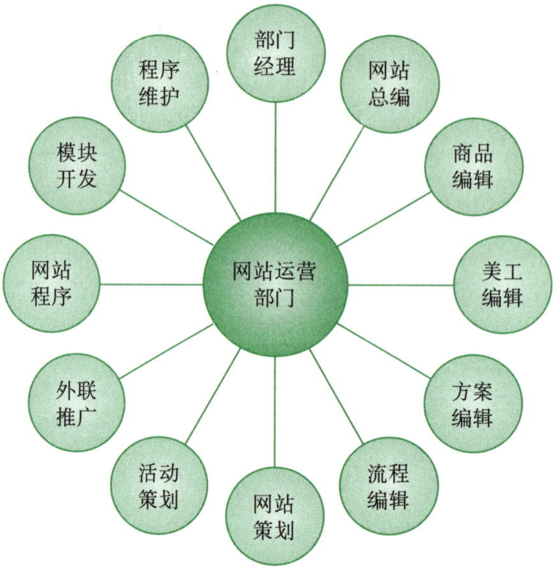

图 1－1

1．商品编辑。

【岗位职责】

（1）将采购部门采集提供的商品信息进行整理；

（2）将整理好的商品信息在网站平台进行发布；

（3）根据业务流程需要，参照采购部门、仓储部门同步来的信息，对已经发布的商品信息进行价格修改、库存调整、下架删除、分类调整等管理；

（4）根据采购部门制定的货架展示规划，对网站展示货架的商品进行定期更新调整；

（5）根据采购部门制定的货架展示规划，以及美工编辑设计制作完成的广告图片，对网站广告信息进行定期更新调整；

（6）对采购部门采集的信息不能满足要求的部分，要求采购部门重新采集；

（7）对采购部门重新采集仍不能满足要求的商品信息，替代采购部门完成信息采集工作；

（8）采购部门相关岗位空缺时，临时替代采购部门相关岗位，完成商品信息采购工作；

（9）美工编辑岗位空缺时，临时替代美工编辑，完成广告图片的设计制作工作；

（10）完成网站总编安排的其他相关工作。

2．美工编辑。

【岗位职责】

（1）根据网站策划制定的网站专题策划案，进行网站专题页面的设计制作；

（2）根据网站采购部门制作的货架展示规划，对网站广告需要的图片进行设计制作；
（3）根据业务发展需要，对网站部分模块进行重新设计制作；
（4）网站所需静态页面的设计制作与更新维护；
（5）完成网站总编安排的其他美工设计制作工作。

3. 文案编辑。

【岗位职责】

（1）根据网站基础需要，收集并编写网站基础展示文档，并发布到网站平台；
（2）根据网站业务流程需要，编写网站业务流程文档，并发布到网站平台；
（3）根据网站业务流程需要，编写网站宣传文档，并发布到网站平台；
（4）根据网站业务流程需要，编写网站相关的各种宣传语、广告词等；
（5）对于需要制作静态页面的文档，交美工编辑进行页面设计制作；
（6）完成网站总编安排的其他文案制定工作。

4. 流程编辑。

【岗位职责】

（1）管理网站订单流程，将用户订单汇总整理，提交给物流配送部门安排配送；
（2）根据物流配送部门同步发来的流程信息，更新网站订单状态；
（3）根据客户服务部门同步发来的流程信息，更新网站订单状态；
（4）定期进行网站订单统计工作，形成报表文件，存档并报告给相关部门和人员；
（5）管理网站项目流程，根据网站销售部门的项目要求，建立相关项目用户、项目名称、积分规律，并进行相应的积分审核、积分生成、积分发送等工作；
（6）定期进行项目流程统计工作，形成报表文件，存档并报告给相关部门和人员；
（7）定期对网站其他统计项目进行汇总，形成报表文档，存档并报告给相关部门和人员；
（8）根据公司业务需要，不定期对相关项目进行统计汇总，形成报表文档，报告给相关部门和人员；
（9）其他相关的流程工作，保证网站运营流程通畅。

根据电子商务网站建设及运营的需要，网站编辑岗位名称略有不同，但岗位职责基本是一样的。

步骤二：了解网站编辑职业发展方向

目前全国有几百万个网站，需要的网站编辑职业人员几百万人以上。因此网站编辑将成为黄金职业。如何做一个好网编：一般的顺序是网站编辑－SEO－策划－运营。

（一）网站编辑

网络高级管理人员，基本都是从一名普通编辑员开始，最初级的编辑员就是整天复制＋粘贴，更高一级的是伪原创（所谓伪原创就是把一篇文章进行再加工，使其让搜索引擎认为是一篇原创文章，从而提高网站权重），再高一级的那就是下面所说的SEO。

（二）SEO

SEO（Search Engine Optimization），汉译为搜索引擎优化，是较为流行的网络营销方式，主要目的是增加特定关键字的曝光率以增加网站的能见度，进而增加销售的机会。分为站外

SEO 和站内 SEO 两种。SEO 的主要工作是通过了解各类搜索引擎如何抓取互联网页面、如何进行索引以及如何确定其对某一特定关键词的搜索结果排名等技术，来对网页进行相关的优化，使其提高搜索引擎排名，从而提高网站访问量，最终提升网站的销售能力或宣传能力的技术。

进入这一层次的网站编辑员就要学会一些基本的 HTML 代码，比如 META 代码中的“description”和“keywords”，以及图片代码中的“alt”和“title”等，当然除了这些还要懂得分析关键词在搜索引擎上排名的规律。当你这方面学的差不多了，就可以试着做做策划了。

（三）策划

这时，上司就会扔出这样的任务给你：我们计划改版，你拿出个方案来；我们准备新增个博客频道，你拿出个方案来；我们要改变我们的首页，你看怎么改，把栏目扩展一倍，行不行？诸如此类的问题，会不断挑战你的信心底线。这时候，你就要有信心和能力来搞策划。这方面的知识没有人教你，全凭你在工作中琢磨，全看你是否有快速学习的能力，迅速反应的能力。没有人天生什么都会，一切都可以创新。你是否会让自己在闲暇时刻泡泡论坛，是否会在别人看电视的时候写写 blog，正是这些非主流的因素决定了你的策划能力。当你成功成为一名策划人时，你信心有了，就会挑战更高层次，即运营。

（四）运营

任何工作都有终极目标，网站编辑员的终极目标就是信息总监或者信息规划师。你要研究宏观经济政策，你要研究风险投资市场，传媒业的变迁，或者网游市场规模盈利与预期……人力资源问题，管理问题，财务问题，协调问题……甚至与投资者打交道，进行谈判，这些总监都要擅长。

步骤三：了解网站编辑需要具备的职业素质，分析自身的差距

（一）网站编辑的职业能力

1. 信息获取及处理的能力。站在用户的角度，从浩如烟海的数字信息中检索、分离、集成有用的信息。面对网上的“信息沙漠”，受众上网的需求并不是想获得众多的信息，而是要获得“信息之上的信息”，即网站编辑加工处理过的信息。网络信息的表现方式主要由文字、图片、音频、视频构成，网站编辑必须全面掌握这四种信息组织方式，才可能做好网站编辑工作。

（1）文字编辑能力。网站编辑只有具备一定的文字把握能力，才可能对信息进行有效的传递。

（2）图片编辑能力。编辑图片应该具备一定审美意识和视觉传达能力，有独到的发现力和判断力。要有素养，不断更新知识，丰富知识结构，拓展知识面，比如设计、版面编排与图文处理等。图片编辑还要有较强的沟通能力，一组图文稿件发稿后，需要图片编辑与设计人员不断沟通、修改，才能使商品信息得以最成功地体现，向受众传递所希望获得的信息。

（3）多媒体信息编辑能力。充分利用数码相机、摄像机、视频采集卡等硬件设备或者数字化的视频文件素材，利用音视频编辑软件制作视频作品，网站编辑一定要掌握一两个常用的视频编辑软件。如：premiere、AE 等。

2. 网站编辑的技术能力。网站编辑最主要的要求有几个软件：一般是网页三剑客及制图用的 photoshop，另外最好了解一些 HTML 语言，随着互联网的发展，有些网站也开始要求编辑 CSS 代码。

3. 网站编辑的网站优化能力。网站编辑有负责网站的推广运营的责任。其工作主要集中在以下几点：

（1）文章内容优化，要做好文章标题的撰写，关键词的排布，相关新闻的链接等文章优化；

（2）要做好网站、栏目、专题的网站描述和关键字的撰写；

（3）要做好网站和频道的友情链接工作；

（4）要做好本网站在其他相关网站和领域的推广工作。

随着计算机的日益普及，互联网的蓬勃发展，网站编辑的社会需求越来越高，未来的几年，网站编辑必将会成为新一代职场的“宠儿”，在传媒业中发挥重大的作用。

（二）网站编辑的职业道德

网络编辑的职业道德是指从事网络信息传播活动的人在长期的职业实践中形成的调整相互关系的行为规范的总和。加强网络编辑职业道德建设，既是社会公众对网络编辑工作的一种期待，也是网络编辑事业发展的内在要求，它对网络编辑、网站建设、网络信息传播、全社会道德水平都会产生重大影响。因而，有不少企业及网站等都对针对本单位的网络编辑制定了职业规范。

例 1－1：中华网网站编辑职业规范

中华网为了提高内容质量，强化编辑水平，增强版权意识，提高网站的浏览率，特制订了编辑手册，规定该做不该做，罗列备查信息。

如内容编辑方针如下：

1. 坚持正面宣传为主，正确把握舆论导向，与党和政府的宣传口径保持一致。

2. 以网民需要为出发点，不遗漏用户关心的重要新闻，不断充实网页内容，提供更周到的服务。

3. 提倡“抢新闻”和适时发布，缩短与事件发生和信息源的时差。

4. 严格杜绝政治性差错，避免知识性、文字性差错。

5. 学习网络媒体经验，集众家之长。

6. 鼓励和提倡信息内容的再加工和处理，避免简单的重复和拷贝，杜绝 I－C－P（Internet Copy Paste）不良倾向。

参考部分单位所制定的职业规范，总结网站编辑应遵守的职业道德如下：

1. 热爱党、热爱社会主义祖国，坚持四项基本原则，坚持正确的舆论导向，全心全意为人民服务。

2. 遵守宪法、法律和纪律。

3. 维护信息的真实性，忠于事实，不搞虚假传播信息，以人民利益为准绳，宣传党的政策，反映群众的心声，克服信息编辑中的主观主义倾向。

4. 热情讴歌正义与光明，揭露邪恶和黑暗，主持公道，坚持正义，不畏惧任何压力，时刻同群众保持密切的联系。

5. 保持清正廉洁的作风，严格要求自己，不利用工作之便谋私利，不拿版面做交易，吃苦耐劳，深入基层，有良好的新闻意识，遵守新闻纪律。

6. 热情为广大读者服务，提供有益身心健康的信息，甘当无名英雄，同行之间，相互尊重，相互学习，发扬团结协作精神。

7. 认真学习马克思主义基本理论和党的路线方针政策，掌握丰富的科学文化知识，加强职业修养。

拓展阅读

曝光团购违法案例 拉手网窝窝团等屡遭投诉

“我要学车！我要买车！仅200元，原价1200元的驾校优惠券！凭窝窝券到驾校地址再支付2600元！即可从菜鸟级新手变身为资深老手！”2011年1月30日，上海消费者孟小姐在窝窝团购买了“三家驾校联合招募培训”的代金券，又付了2600元培训费，却没想到收款人携款潜逃。

资质审核给不法分子留漏洞

孟小姐告诉记者，她在团购了学车代金券后，立刻预约学车，可是从2月等到6月，除了进行过一次体检之外，再没任何回音。她反复向团购商家和窝窝团打电话沟通，直到6月底，团购商家胡立才联系她。“当时对方是上门收钱，用现金付款，收条也没有盖章，”孟小姐说。8月份，孟小姐被告知团购商家已经携款潜逃，交易已经关闭。因找不到商家，无奈之下孟小姐向市消保委投诉了窝窝团。

市工商局透露表示，此事经核实，自然人胡立并没有机动车驾驶员培训相关的工商营业执照和培训资质，而团购信息中提到的五汽驾校、长安驾校、虹港驾校也从未与窝窝团及胡立开展过任何机动车驾驶员培训的相关合作。工商部门依据《中华人民共和国反不正当竞争法》第二十四条第一款、《网络商品交易及有关服务行为管理暂行办法》第四十条、第三十八条的规定，责令窝窝团改正，并处罚款人民币3万元。

窝窝团上海市经理高世兴昨天向记者承认了网站在前期资质审核上的漏洞。窝窝团公关负责人告诉记者，截止到11月7日，窝窝团已启动先行赔付，向141名受骗消费者全额赔付了2800元的团购费用，并代所有的消费者追究商家的法律责任。记者随后从市工商局了解到，不法商家胡立已因涉嫌诈骗罪已被浦东新区公安局逮捕，现正在接受调查。据透露，商家胡立还利用另两家团购网站G团和团拼网诈骗。

加强对登记团购网站的监管

来自市消保委的统计数据显示，今年本市团购投诉数量大幅上升，而且均涉及知名网站，其中对拉手网的投诉达到48个，对窝窝团的投诉达到24个，对美团网的投诉量为8个。消保委一位负责人告诉记者，这些投诉大部分牵涉到购买的团购无法使用、内容虚假等。比如拉手网今年5月上线了一个“上海仅售98元！原价288元的上海雅约臻品酒店商务房1间”团购服务，经调查，“原价288元”为虚假内容。

据悉，今年以来，工商部门已对本市登记的各类团购网站制发责令改正通知书18份，立案查处31件。

来源：腾讯新闻

（三）网络编辑的职业守则

1. 网络编辑职业守则基本内容。国家职业标准规定了网站编辑职业守则的基本内容，主要包括以下两方面：

（1）遵纪守法，尊重知识产权，爱岗敬业，严守新闻出版政策规定。

① 信息要真实、客观、公正，发现错误尽快更正；

② 维护国家安全与司法公正；

③ 以正当方式从事本职工作，不受贿、不剽窃、保守职业秘密；

④ 尊重他人名誉与隐私，不诽谤中伤他人；

⑤ 不伤风败俗，注意保护青少年。

（2）实事求是，工作认真，尽职尽责，一丝不苟，精益求精，发挥团队精神。

例1－2：2011年8月12日，有网站刊登《国家税务总局关于修订征收个人所得税若干问题的规定的公告》即所谓“国家税务总局2011年第47号公告”并做了解读，公告文中标记发布日期为2011年7月31日。由于涉及时下备受关注的“年终奖税收”计算方式，经国内多家媒体转载、放大，引起社会广泛关注和议论。

10月25日，国家互联网信息办公室网络新闻宣传局通报，在网络上流传的“国家税务总局关于修订征收个人所得税问题的规定的47号公告”已查明属于编造的谣言，国家互联网信息办网络新闻宣传局、公安机关已责成属地管理部门依法依规对制造和传播这些谣言的责任人和网站予以惩处。经公安机关查明系上海励某杜撰而成，公安机关对在网上伪造国家相关文件并传播的励某依法作出行政拘留15天的处罚。

分析：从这个案例中可以看出，虚假新闻给社会带来严重危害，影响社会稳定，遵纪守法、实事求是，是每一位网站编辑必须要正视的首要问题，违背了职业守则，也必将会受到法律的严惩。

2.《中国互联网行业自律公约》。2002年4月信息产业部颁发的《中国互联网自律公约》中自律条款部分有13条，对网络从业者提出了整体和具体要求，供网络从业者参考。

（1）整体要求。

①遵守国家有关法规、政策以及我国签署的国际规则；

②接受社会各界的批评与监督，抵制与纠正行业不正之风；

③内部竞争合法、公平、有序。

（2）具体要求如下：

①不制作、发布和传播危害国家安全，危害社会稳定，违反我国法律法规以及迷信、淫秽等有害信息，依法对用户在本网站上发布的信息进行监督，及时清除有害信息；

②不链接含有有害信息的网站，确保网络内容的合法健康；

③制作、发布或传播网络信息，要遵守有关保护知识产权的法律、法规；

④引导广大用户文明使用网络，增强网络道德意识，自觉抵制有害信息的传播；

⑤对接入的境内外网站进行监督检查，拒绝接入发布有害信息的网站，消除有害信息对我国网络用户的不良影响；

⑥营造健康文明的网络环境，引导青少年健康上网；

⑦尊重他人知识产权，反对制作含有有害信息和侵犯他人知识产权的产品。

3.《文明上网自律公约》。2006 年 4 月 19 日，中国互联网协会发布《文明上网自律公约》，号召互联网从业者和广大网民从自身做起，在以积极态度促进互联网健康发展的同时，承担起应负的社会责任，始终把国家和公众利益放在首位，坚持文明办网，文明上网。

（四）网络信息管理相关法律法规常识

1. 我国网络信息立法的现状。目前，我国已制定了上百件有关网络的法律、行政法规、规章、司法解释以及地方性法规。其中，全国人大常委会关于维护互联网安全的决定，是我国互联网安全立法工作的重大成果，是有关互联网安全规定中最重要的法律文件。

就网络信息立法所规定的内容来说，主要有以下几个方面：

一是关于网络安全，我国互联网安全的具体内容包括网络运行安全和信息安全。

二是关于网络信息服务与管理。我国将通过互联网向上网用户提供信息的服务活动，分为经营性和非经营性两类，并实行相应的管理制度。

三是关于网络著作权保护。著作权法将计算机软件纳入调整范围，明确了信息网络传播权。

四是关于电子商务。当事人订立合同，可以采用合同书、数据电文（包括电报、电传、传真、电子数据交换和电子邮件）等书面形式。当事人约定使用电子签名、数据电文的文书，不得仅因为其采用电子签名、数据电文的形式而否定其法律效力。

五是关于个人信息保护。

六是关于未成年人保护。国家采取措施，预防未成年人沉迷网络。国家鼓励研究开发有利于未成年人健康成长的网络产品，推广用于阻止未成年人沉迷网络的新技术。禁止任何组织、个人制作或向未成年人出售、出租或以其他方式传播淫秽、暴力、凶杀、恐怖、赌博等毒害未成年人的网络信息等。中小学校园周边不得设置互联网上网服务营业场所。

七是关于网络侵权以及预防和惩治网络犯罪。

2. 网络信息相关法律法规案例探寻。

例 1－3：凡客违法使用领导人形象宣传案

凡客诚品官方网站推出系列 T 恤，并用国家领导人图片做大幅广告，已构成违反《广告法》第七条第二款不得使用国家机关和国家机关工作人员的名义发布广告的规定，遭到网民批评，事后凡客撤掉了相关广告。

北京市工商局表示，该广告已经违反法律，将依法对相关企业进行查处，具体处罚结果未出。

分析：中国电子商务研究中心特约研究员张延来律师认为，网络营销与传统线下的营销有着非常大的区别，表现在制作成本、传播载体、覆盖范围、持续时间和面向的对象等多个层面，我国《广告法》制定于 1994 年，此时尚无网络营销的概念，大量的广告是以广告主委托他人制作广告牌和宣传册等形式进行的，故广告法规定了违法处罚金额以广告费的倍数为计算标准。但网络营销出现后，这一规定已很难适用，因为广告主和制作者往往身份重叠，并且广告成本极低甚至为零，但其辐射的范围和影响却远超线下的实体广告，所以出台新的网络营销规范势在必行。

除网络广告外，网络打折促销、有奖销售、返利等各种新形式的网络营销手段也应该纳入到法律的调整视野中来。另外，主管机关对网络营销的监管和执法力度也应该有所倾斜，从目前的情况看，线上动辄有网站宣称自己是“第一”、“最佳”、“领先”、“全网最低价”等，但这种现象长期存在却始终没有得到有效治理，说明执法者还没有充分认识到网络营销行为已经逐渐取代传统线下营销的趋势。

来源：东方早报

例 1 -4：“避风港”难避风，韩寒等作家诉百度侵犯著作权

原告韩寒等作家（以下简称原告）认为被告百度在线网络技术（北京）有限公司和百度时代网络技术（北京）有限公司（以下简称被告）作为专业的文档分享平台，在明知文学作品的著作权属于原告的情况下，对网友上传的作品是否取得合法授权不加以审查，而直接对上传作品进行编辑加工，并向社会公众提供下载和阅读，以此来增加用户量和广告投放量，获取经济利益的行为严重侵害了原告对作品应享有的著作权。被告方却认为，文库只是一种资料分享模式，所有的文稿、档案等资料均来自网友上传，而百度本身并不上传侵权的书籍和作品，因此其并未侵害他人权益。

分析：百度的辩驳表面上看似有理，但是翻查我国所有法律、法规及参加的条约便会发现，此辩驳实难立足。理由如下：

一、著作权领域中有个“避风港”概念，是指在发生著作权侵权案件时，ISP（网络服务提供商）只提供空间服务，并不制作网页内容，如果 ISP 被告侵权，则有删除的义务，否则就被视为侵权。

二、我国《信息网络传播权保护条例》（以下简称《条例》）第 23 条规定“网络服务提供者为服务对象提供搜索或者链接服务，在接到权利人的通知书后，根据本条例规定断开与侵权的作品、表演、录音录像制品的链接的，不承担赔偿责任；但是，明知或者应知所链接的作品、表演、录音录像制品侵权的，应当承担共同侵权责任。”此条例规定同著作权领域中的“避风港”概念内容相通。

三、根据《世界知识产权组织版权条约》等国际法律公约，未经著作人许可，提供网络平台供他人上传、阅读、下载，无论是网络平台提供者还是上传者，都涉嫌侵权。

因此，确定被告是否购成侵权的关键有二：（1）被告是否属于“避风港概念中的主体”；（2）如果其主体概念符合，确定其是否“明知或者应知所链接的作品侵权。”如果其被确定主体符合，但不知或不应知所链接的作品侵权的，则不承担赔偿责任，反之则应当承担共同侵权责任。

被告“百度文库”对作者或是网友上传的各作品实施了分类等编辑加工行为，因而它承担了内容提供商的角色，需要对内容产品负法律责任。并且，百度文库页面上发布广告，百度文库并不是一个“文档分享平台”，而是商业经营平台。其提供他人上传、阅读、下载时并未经著作权人许可，不仅如此，原告在发现侵权行为后，多次致电被告，要求立即停止侵权、采取措施防止侵权行为再次发生，但截止到立案之日，被告文库中仍存在着大量侵犯原告著作权的文档。综上，被告在主体适格的情形下，“明知所链接的作品侵权”，却未实施其应尽的删除等义务，其行为当然侵害了原告的权利。

来源：广东新闻出版（版权）网

拓展阅读

中国首例网络话语权案背后的思考

8 月份原告单志东首次在被告上海热线信息网络有限公司经营的上海热线论坛网站上以真实的姓名和个人信息发布了维他奶（上海）有限公司用霉变豆粉生产豆奶一事，不久“维他奶”公司的法律顾问向被告发出了律师函，称原告毁坏了“维他奶”公司的声誉并准备起诉原告。随后上海热线仅根据这份“律师函”，先后将原告的数十个账号封禁，理由为“内容虚假不实”、“破坏论坛秩序”。

1 月 6 日，《法制生活报》（刊号 CN52－0001）在 A8 财经版以整版的篇幅刊登了题为《霉菌超标百倍谁来管?》的记者调查文章，将“维他奶”使用霉变豆粉的事实予以揭露。1 月 9 日，原告单志东在上海热线论坛上发表此篇文章后账号再次被封禁，理由还是“内容虚假不实”。1 月 14 日，原告携《法制生活报》和原告本人的《身份证》前往上海热线信息网络有限公司，接待的网管确认删帖缘于“维他奶”公司的法律顾问发出的那封律师函的压力。1 月 19 日单志东向上海市黄浦区人民法院正式起诉“上海热线”侵犯言论自由。2 月 22 日第一次庭审。开庭后不久，被告当庭提供证据“上海信息产业（集团）有限公司”是 online. sh. cn 的域名所有者的文件资料，提出“信息产业公司”应当成为被告。3 月 1 日单志东向上海市黄浦区人民法院递交新诉状，将“上海热线”和“信息产业公司”一同作为被告。4 月 6 日第二次开庭。4 月 18 日上海市黄浦区人民法院宣布裁定：原告以被告“违宪”侵犯其公民言论自由权为由提起民事诉讼，不属于法院的受理范围。4 月 27 日单志东向法院递交了“上诉状”。6 月 1 日上海市第二中级人民法院公开开庭审理单志东的上诉。6 月 10 日单志东收到上海市第二中级人民法院的终裁，维持原裁定。

如果从胜诉的概率方面考虑，本案原告诉被告合同违约似乎更适宜。原告单志东在被告开设的 BBS 论坛申请账号时已同意论坛提供的协议内容，双方形成事实上的合同关系。论坛应为包括原告在内的网民提供服务。而被告反复删帖且冻结原告数十个账户的行为显然违反了合同约定。虽然被告提供的协议上注明了在某些情况下删帖封账户是符合约定的行为，但是，这样的约定不论是内容还是成立的方式都显失公平。按照我国《合同法》的规定，是可变更可撤销的合同。

为什么网络空间提供者赋予网管如此大的自由裁量权，为什么其订立的协议内容与其自身营业内容相矛盾呢?“网络话语权”这个概念的缺失是问题的关键。单志东诉上海热线侵犯言论自由权案把网络话语权的保护问题首次推至人们面前。此案中，上海热线这个不具备仲裁和裁判职能的组织在事实上承担了辨别言论真伪的任务，必然引发争议。可见，根源还是在于网络话语权的保护问题。

资料来源：http：//www. lawtime. cn/info/shangwu/dzswdt/2011120717315. html

互联网是一个信息的海洋，作为信息的传播者，网编从业人员担任着维护网络信息安全可信，确保用户的权益不受损害，营造健康文明网络环境的重任，在工作中，应关注陆续出台的法律法规，学习相关条款，不断提高自身的职业道德水平，提升法律法规素养。

实战强化

实训一　填写“网站编辑职业学习报告”

一、实训目的

学生学习网站编辑职业相关知识点，能够描述网站编辑职业及职业生涯发展，了解网站编辑的岗位设置，能够归纳电子商务网站编辑岗位的工作内容及技能要求，分析自身与岗位要求之间的差距，制定学习目标，缩短差距，为从事网站编辑岗位做好准备。

二、实训内容

学生在理解的基础上，完成编写学习报告，要求包含以下内容：

1. 网站编辑职业分析。
2. 以下网站招聘网编岗位的招聘要求是什么？

（1）电子商务网站；

（2）门户网站；

（3）论坛网站。

3. 自身与网编职业的差距。
4. 学习计划及实施措施。

实训二　案例分析

小张与某网友曾在网上聊天，近日，网友未经小张同意擅自将他们的聊天记录在网上公开，小张认为网友的做法侵犯了他的隐私，可网友却说聊天记录存在自己的计算机里，发不发是他自己的自由。

问题：请问网友的做法是否侵犯了小张的隐私权？

来源：宋文官、王晓红：《网络信息编辑实务》，高等教育出版社 2008 年版。

项目小结

本章通过一个求职的任务，介绍了网络编辑的工作内容，特别针对电子商务网站介绍网编岗位划分及职责；其次简单说明一般情况下，网编从业人员的职业生涯发展方向：网络编辑、SEO、策划、运营；最后，介绍网编应具备的专业技能、职业道德及职业守则。

通过本章学习，学生能够了解课程学习完毕后，能够做什么，应该做什么，并根据本章内容，分析自身与一名合格的网编从业人员之间的差距，引导学生树立课程学习目标，制定学习训练计划，缩短职业差距。

2 项目二
采集与筛选商城网站信息

知识目标：

1. 能理解信息采集的网络手段与方法；
2. 能理解外围设备采集信息方法；
3. 能理解网站内部、外部信息筛选标准与方法。

技能目标：

1. 能根据工作需要，选择适合的信息采集方法，运用操作方法与技巧，高效精准地获取有效的信息资源；

2. 根据网站的定位及规范、用户浏览网页的行为习惯、外部信息发布的规范与特点，筛选信息，实现网络推广的目标。

情感目标：

根据实际需要选择恰当的问题解决方法，关注行业最新动态，了解电子商务市场需求，提高相关行业敏感度。

任务一
采集商城网站信息

任务要点

- **重点：** 掌握网络信息采集方法
  掌握使用外围设备采集信息
- **难点：** 能够选择恰当的信息采集方法

任务情境

小张成功应聘了一家电子商务网站公司，在网站运营部任实习编辑工作，协助其他编辑完成相关工作，他接受的第一个任务就是收集网站更新的资讯及补充商品信息。

任务分析

完成本任务，需要掌握搜索引擎使用方法，能够高效、准确搜索有效信息，能够通过行业网站进行信息的收集，关注行业最新动态，了解电子商务市场；能够使用外围设备进行信息收集，如：拍摄企业宣传视频、扫描产品合格证书等。

任务实施

步骤一：通过网络渠道采集信息

（一）网络信息采集的相关知识

1. 了解网络信息资源。网络信息资源是一种数字化资源，与非网络信息资源相比有其独特的特点，了解网络信息资源的分类有助于人们对其搜索、开发和利用。网络信息资源的分类有：

（1）按信息形式划分：文字、图像、声音、视频、动画、图表等；

（2）按信息内容的属性划分：新闻信息、学术信息、娱乐信息、教育信息、科技信息、商务信息、体育信息、财经信息、法律信息等；

（3）按人类信息交流方式划分：非正式出版信息、正式出版信息、半正式出版信息；

（4）按信息加工层次划分：网络资源指南搜索引擎、联机馆藏目录、网络数据库、电子期刊、电子图书、电子报纸、参考工具书和其他动态信息等；

（5）按信息发布机构划分：企业站点信息资源、学校及科研院所站点信息资源、信息服务机构站点信息资源、行业机构站点信息资源以及政府站点信息资源等。

2. 网络信息资源的特点。

（1）数量庞大、增长迅速；

（2）内容丰富、覆盖面广；

（3）信息质量参差不齐、有序与无序并存；

（4）信息共享程度高、使用成本低。

3. 认知网络信息采集。

（1）网络信息采集。网络信息采集是指利用计算机软件技术，针对定制的目标数据源，实时进行信息采集、抽取、挖掘、处理，将非结构化的信息从大量的网页中抽取出来保存到结构化的数据库中，从而为各种信息服务系统提供数据输入的整个过程。

（2）信息采集的原则。信息的完整性、信息的时效性、信息的价值性和信息的易用性原则。

（二）网络信息采集的方法

1. 通过搜索引擎采集。搜索引擎是一个系统，能从大量信息中找到所需的信息，提供给用户。搜索引擎的出现，逐渐改变着我们的生活习惯和思维方式。

2. 通过网站采集。根据需要的信息类别，直接到相关网站进行采集。如新闻信息网站可以访问人民网、新华网、中国日报网等；财经信息网站可以访问国家商务部网站、国家财政部网站、人民银行网站等；教育信息网站可以访问各个大学网站、中国教育和科研计算机网、教育部网站等；科技信息网站可以访问国家科技部网站、各门户网站科技频道、中国公众科技网等；网络文学网站可以访问榕树下、红袖添香、潇湘书院等。

3. 通过论坛采集。网络编辑可以到各种论坛中找内容、发现信息源。论坛中的信息质量参差不齐，很多原创内容被埋没在了大量的无关内容中。综合论坛如天涯社区、猫扑、新浪论坛、搜狐论坛等。

4. 通过邮件列表采集。邮件列表是指建立在互联网上的电子邮件地址的集合。利用这一邮件地址的集合，邮件列表的使用者可以方便地利用邮件列表软件将有关信息发送到所有订户的邮箱中。国内提供邮件列表服务的网站如希网、索易等，此外，百度、谷歌等网站也提供分类或关键词邮件新闻订阅等服务。

5. 通过网络数据库采集。网络数据库具有信息量大、更新快，品种齐全、内容丰富，数据标引深度高、检索功能完善等特点，也是获取信息尤其是文献信息的一个有效途径。网络数据库有收费数据库和免费数据库之分。收费数据库一般是需要购买使用权；免费数据库主要是专利、标准、政府出版物，一般是政府、学会、非盈利性组织创建并维护的数据库。

想一想

你是如何理解网络信息采集的？网络信息采集的作用是什么？

（三）通过搜索引擎获取信息

1. 关键词搜索。关键词是指表示文献实质意义的名词或词组，常出现在文献篇名或文献正文中。是科技论文的文献检索标识，是表达文献主题概念的自然语言词汇。关键词选得是否恰当，关系到该文被检索和该成果的利用率。

为了更好的利用关键词搜索我们所需要的信息，我们可以灵活利用运算符号把几个关键词连接起来，以便搜索同时满足这几个条件的信息，具体操作如下：

（1） +：用加号把两个关键词连成一对时，只有同时满足这两个关键词的匹配才有效，而只满足其中一项的将被排除。比如我们键入“电脑 + 计算”，则在查询“电脑”的结果中将不包含“计算”的结果排除。

（2） -：如果两个关键词之间用减号连接，那么其含意为包含第一个关键词，但结果中不含有第二个关键词。例如，我们键入“电脑 - 计算”，则在查询“电脑”的结果中将包含“计算”的结果排除。

（3）（ ）：当两个关键词用另外一种操作符号连在一起，而又想把它们列为一组，就可以对这两个词加上圆括号。我们可以键入“（电脑 - 计算） + （程序设计）”来搜索包含“电脑”、不包含“计算”但同时包含“程序设计”的网站。

（4） *：可代替所有的数字及字母，用来检索那些变形的拼写词或不能确定的一个关键字。比如键入“电 *”后查询结果可以包含电脑、电影、电视等内容。

（5）“”：用引号括起来的词表示要精确匹配，不包括演变形式。比如我们键入带引号的“电脑报”，则“电脑商情报”等信息就不会在结果中出现。

（6）使用元词检索：大多数搜索引擎都支持“元词”（metawords）功能，依据这类功能用户把元词放在关键词的前面，这样就可以告诉搜索引擎你想要检索的内容具有哪些明确的特征。

例如，你在搜索引擎中输入“title：清华大学”，就可以查到网页标题中带有清华大学的网页。在键入的关键词后加上“domainrg”，就可以查到所有以 org 为后缀的网站。其他元词还包括：image：用于检索图片，link：用于检索链接到某个选定网站的页面，URL：用于检索地址中带有某个关键词的网页。

2. 使用常用搜索引擎——百度（图 2－1）。

图 2－1

百度搜索引擎于 1999 年年底由李彦宏和徐勇创建。百度是目前国内最大的商业化全文搜索引擎。百度搜索引擎由四部分组成：蜘蛛程序、监控程序、索引数据库、检索程序。

百度搜索引擎使用了高性能的“网络蜘蛛”程序而自动在互联网中搜索信息，可定制、高扩展性的调度算法使得搜索器能在极短的时间内收集到最大数量的互联网信息。百度搜索引擎拥有庞大的中文信息库，总量达到 6000 万页以上，并且还在以每天几十万页的速度快速增长。

我们以搜索“智能手机”为例，介绍百度的常用功能。

（1）百度快照。每个未被禁止搜索的网页，在百度上都会自动生成一个临时缓存页面，称为“百度快照”。如图 2－2 所示。

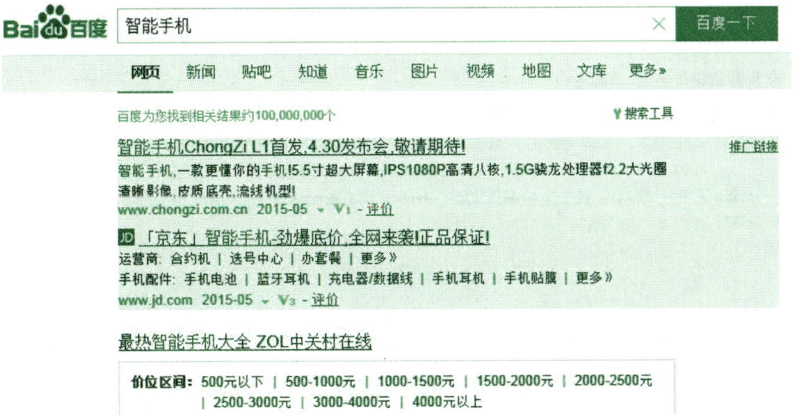

图 2－2

当我们无法打开某个搜索结果，或遇到网站服务器暂时故障或网络传输堵塞时，可以通过“百度快照”快速浏览页面文本内容。百度快照只会临时将网页的文本内容进行缓存，而那些图片、音乐等非文本信息，仍然存储于原网页。当原网页进行了修改、删除或者屏蔽后，百度会根据技术安排自动修改、删除或者屏蔽相应的网页快照。

（2）相关搜索。当不满意搜索结果时，可能是因为选择的关键词不是很妥当。这时可以通过参考别人是怎么搜的，来获得一些启发。百度的“相关搜索”，就是提示和用户的搜索很相似的一系列查询词。相关搜索排布在搜索结果页的下方，按搜索热门度排序。如图2－3所示。

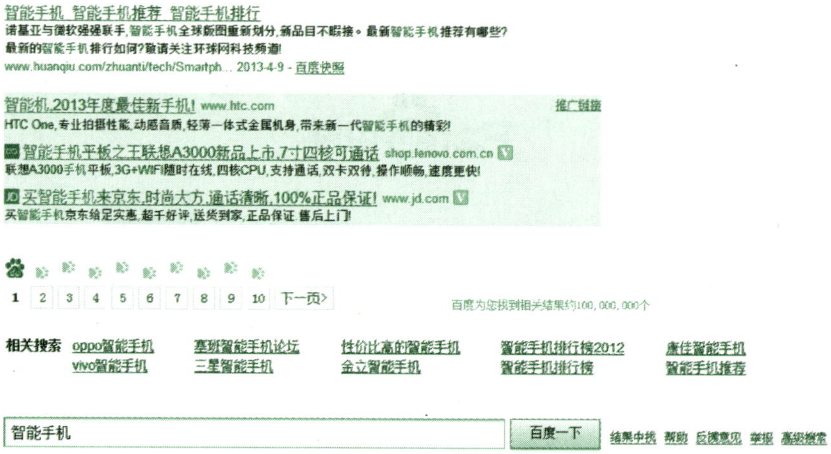

图2－3

（3）拼音提示。如果只知道某个词的发音，却不知道怎么写，或者嫌某个词拼写输入太麻烦，这时就可以用百度的拼音提示功能。只要输入查询词的汉语拼音，百度就能把最符合要求的对应汉字提示出来。它事实上是一个无比强大的拼音输入法。拼音提示显示在搜索结果上方。如图2－4所示。

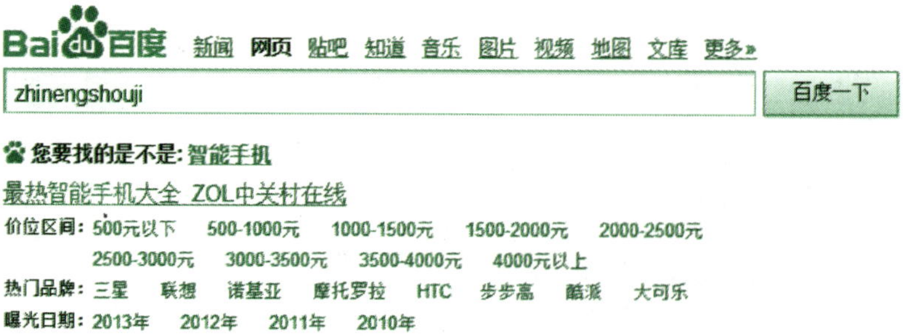

图2－4

（4）错别字提示。由于汉字输入法的局限性，在搜索时经常会输入一些错别字，导致搜索结果不佳。这时百度会给出错别字纠正提示。错别字提示显示在搜索结果上方。如图2－5所示。

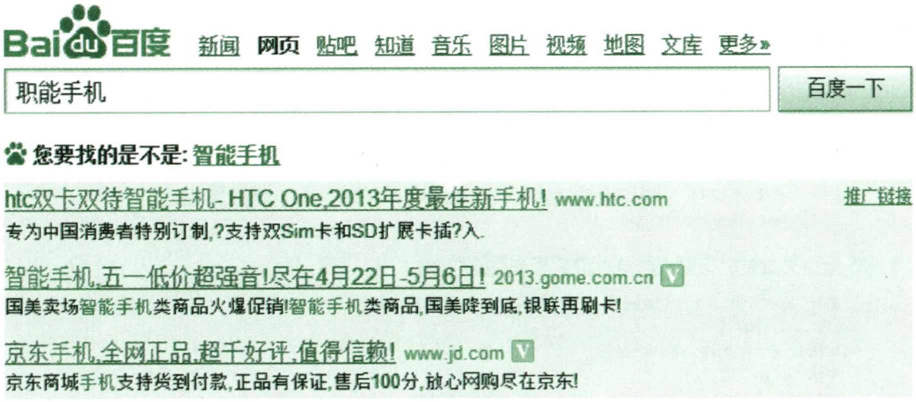

图 2－5

（5）英汉互译词典。百度网页搜索内嵌英汉互译词典功能。如果想查询英文单词或词组的解释，可以在搜索框中输入：“英文单词或词组” ＋ “是什么意思，搜索结果第一条就是英汉词典的解释。如果想查询某个汉字或词语的英文翻译，可以在搜索框中输入：“汉字或词语” ＋ “的英语单词”，搜索结果第一条就是汉英词典的解释。如：智能手机的英语单词。屏幕上就会显示多个选项。如图 2－6 所示。

图 2－6

（6）货币换算。要使用百度的内置货币换算器，只需在百度网页搜索框中键入需要完成的货币转换，单击“回车”键或点击“百度一下”按钮即可。

例：100 美元等于多少人民币，如图 2－7 所示。

百度无法保证计算所使用汇率的准确性。汇率的变化会对交易产生影响，因此在进行任何交易之前，请确认汇率是否准确。

图 2－7

（7）专业文档搜索。很多有价值的资料，在互联网上并非是普通的网页，而是以 Word、PowerPoint、PDF 等格式存在。百度支持对 Office 文档（包括 Word、Excel、Powerpoint）、Adobe PDF 文档、RTF 文档进行全文搜索。因此，要搜索专业文档（如图 2－8 所示），可以在普通的查询词后面，加一个“filetype:”文档类型限定。“Filetype:”后可以跟以下文件格式：DOC、XLS、PPT、PDF、RTF、ALL。其中，ALL 表示搜索所有这些文件类型。

图 2－8

百度还有股票、列车时刻表；飞机航班查询；精确匹配（双引号和书名号）；高级搜索和个性设置等。常用搜索引擎还有谷歌、搜狐、必应、有道等。

练一练

协助小张通过搜索引擎，调研网上超市市场分析，为企业规划网上超市提供参考信息？

（四）通过专业行业网站获取信息

随着计算机技术、网络技术的迅猛发展，使得以网站为依托的信息传播、管理、储存、检索对社会各行业的渗透广度和深度发生了巨大变化。网站专业化发展的趋势表现尤为突出。由于不同网站对不同行业的影响或是其关联度不同、相继出现了门户网站、专业网站、专业垂直网站等。其中，垂直行业门户网站对该行业信息的广度、深度、精细度、准确度更高，时效更好。我们以垂直行业门户网站为例，讲解通过行业专业网站获取信息的方法。

1. 垂直行业门户网站及分类。

（1）垂直行业门户网站是什么？垂直行业门户网站是指面向特定行业领域，为企业以及商务人士提供信息交流、资源互享、提供实物和服务交易的第三方电子商务平台。

“垂直行业门户”是相对传统门户网站内容广泛而全面，覆盖各行各业而言的，“垂直门户”则专注于某一领域（或地域）如 IT、娱乐、体育，力求成为关心某一领域（或地域）内容的人上网的第一站。

垂直网站的特色就是专一。他们并不追求大而全，只做自己熟悉领域的事。他们是各自行业的权威、专家，其吸引顾客的手段就是将网站做得更专业、更权威、更精彩。而垂直网站的顾客也不是普通的顾客。他们基本上都是该行业的消费者。每一个顾客代表的购买力，比综合网站顾客的平均水平要高出许多倍。因此，垂直网站便为顾客提供一条龙式的服务模式——以自己内容指引顾客消费自己的商品。垂直门户网站的电子商务有专家指引，购物方便又明智，吸引了越来越多的消费者。

（2）垂直行业门户网站的分类。企业性质行业门户网站：利用企业在该行业的领先地位而建立，以行业信息资源整合、扩大企业形象宣传为目的。如图 2－9 所示。

图 2－9

运营性质行业门户网站：利用自身技术优势、运营优势等资源优势而建立的，以信息资源整合、为行业供需双方提供服务从而达到赢利目的。如图 2－10 所示：365 网络是一家电子商务服务公司，该公司自主研发的 Emarket 软件（365 面向行业协同电子商务系统软件）是为垂直行业类门户网站量身订做的大型软件系统。

图 2－10

行政性质行业门户网站：利用行业号召力和社会公信力，以行业资源整合推广、服务行业企业和用户、提高辖区行业知名度、进行招商引资等为目的。

2. 通过垂直行业门户网站获得信息。

例 1：慧聪网成立于 1992 年，是国内领先的 B2B 电子商务服务提供商。依托其核心互联网产品买卖通以及雄厚的传统营销渠道——慧聪商情广告与中国资讯大全、研究院行业分析报告为客户提供线上、线下的全方位服务，这种优势互补，纵横立体的架构，已成为中国 B2B 行业的典范，对电子商务的发展具有革命性影响。

通过慧聪网获取商品、交易等方面的专业信息，在检索信息的同时也可以发布信息，用户可以根据自己的需要和屏幕上的提示进行。我们可以在慧聪网上搜索智能手机的相关内容。如图 2－11 所示。

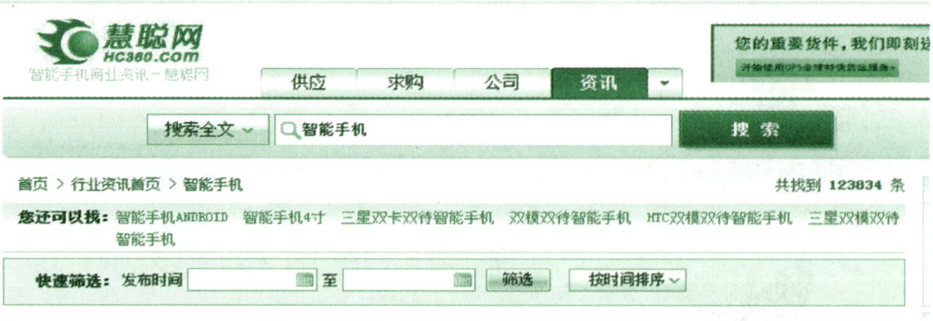

图 2－11

例 2：通过百企网可获得以下信息：

（1）展会信息。为广大中小企业提供最新展会信息、组织企业参加展会，提高企业知名度；

（2）网上订单。为广大中小企业提供网上交易平台，促进企业电子商务发展；

（3）网上融资。为广大中小企业收集网上订单数据，为中小企业选择合适的金融产品；

（4）设备采购。为广大中小企业提供进口大型印刷、纺织等设备融资咨询服务；

（5）网上物流。为广大中小企业收集网上物流数据，提供给银行作为企业信贷评分项之一；

（6）水电数据。为广大中小企业收集水、电单数据，提供给银行作为企业信贷评分项之一。

如图2－12所示。

图2－12

除此以外，还有很多垂直行业网站，可以根据自己的需要选择。

步骤二：使用外围设备采集信息

（一）数码相机的数据采集

数码相机，英文全称：Digital Still Camera（DSC），简称：Digital Camera（DC），是数码照相机的简称，又名：数字式相机。数码相机，是一种利用电子传感器把光学影像转换成电子数据的照相机。按用途分为：单反相机、卡片相机、长焦相机和家用相机等。

单反数码相机指的是单镜头反光数码相机，即Digital（数码）、Single（单独）、Lens（镜头）、Reflex（反射）——DSLR。单反数码相机可以更换多种镜头进行拍摄，可以很好地捕捉动态画面，是普通数码相机不能比拟的。目前市面上常见的单反数码相机品牌有：尼康、佳能、富士等。

卡片相机在业界没有明确的概念，仅指那些外形小巧、机身超薄较轻、外观设计时尚的数码相机。卡片机一般携带方便，功能不强，一般是自动曝光，适合对照片要求不高的拍摄。

长焦数码相机指的是具有较大光学变焦倍数的相机，光学变焦倍数越大，能拍摄的景物就越远，适合在户外拍摄风景等（表2－1）。如：松下FX系列、富士S系列、柯达DX系列等。

表 2－1 常见数码相机

单反相机	卡片相机	长焦数码相机

尼康 D90 单反相机	佳能 ixus105 卡片相机	富士 s205 长焦相机

1. 数码相机的使用。

（1）设定数码相机的参数。数码相机在其设置菜单中，一般都提供多种设定参数，其中包括图像分辨率、聚焦方式、光圈、快门等。对于数码相机来说，最常用的是图像分辨率的设置。每次拍摄之前，必须检查相机的设置菜单，以确认分辨率、快门等参数是否设置正确。否则，拍出的照片可能达不到预期效果。如图 2－13 所示。

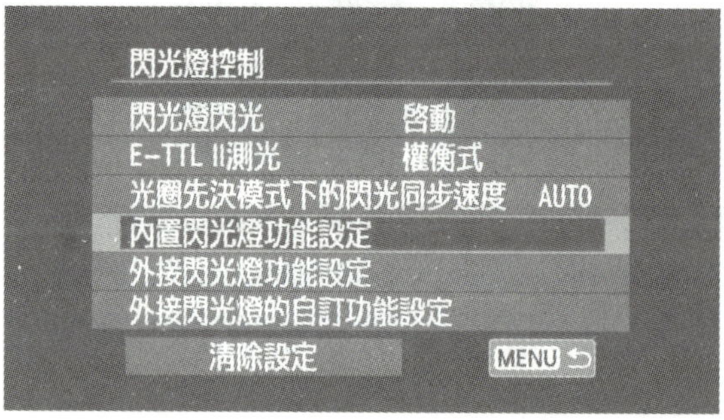

图 2－13

（2）被拍对象主体充满取景框。使用数码相机时，为取得更好的效果，应尽量选择最高分辨率，并使被拍对象主体充满取景框。如果只是拍摄一个单独的对象，例如一个面部特征，这时应将被拍对象主体充满取景框，至于照片的构图，可以不作重点考虑。如图 2－14 所示。

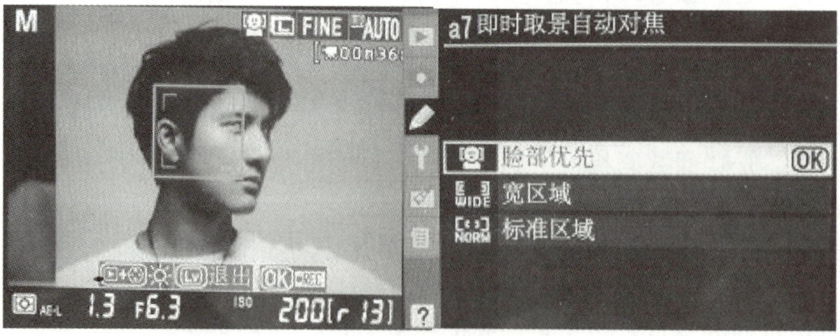

图 2－14

（3）正确运用自然光和闪光灯。由于数码相机是由内置图像传感器（CCD 芯片）拾取图像的，因此，只有在合适的光照条件下才能拍出好的照片。

在拍照之前，应尽可能创造出好的光照条件。如果光照太强，数码相机拍出的照片会受到难以消除的带状干扰。另一方面，由于 CCD 芯片有一定的感光阀值（敏感度），如果光线太暗，达不到数码相机要求的最低光照度，拍出的照片效果极差。即使光照度满足数码相机的最低要求，但也会严重地影响数码照片的清晰度。

大部分数码相机都设内置闪光灯，一般有四档：闪光、不闪光、防红眼闪光和自动闪光。自动闪光这一档是由相机对被拍对象光照度的检测，决定是否需要用闪光来补充光线。闪光灯不像其他光源那么容易控制，闪光灯射出的光线容易被周围附近的物体反射回来，在照片上形成不均匀的光斑。如图 2－15 所示。

图 2－15

2. 商品拍摄环境介绍。

（1）微距，既然是商品拍摄，就要有一款适合静物拍摄的相机，最好有微距功能。如图 2－16 所示。

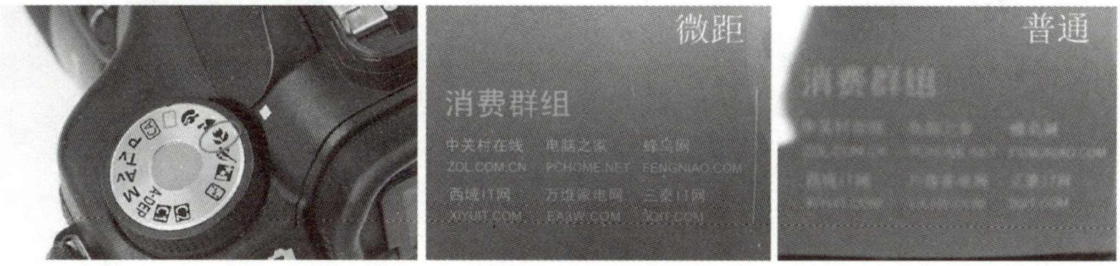

图 2－16

（2）三角架，是我们从事商品拍摄乃至其他各类题材摄影不可或缺的主要附件。为避免相机晃动，保证影像的清晰度，使用三角架是必须的。如图 2－17 所示。

（3）灯具，是室内拍摄的主要工具，如果有条件的话，应具备三只以上的照明灯。建议使用 30W 以上三基色白光节能灯，价格相对便宜，色温也好。很适合家庭拍摄使用。如图 2－18 所示。

图 2－17

图 2－18

（4）商品拍摄台，是进行商品拍摄必备的，但也可以因陋就简，灵活运用。办公桌、家庭用的茶几、方桌、椅子和大一些的纸箱，甚至光滑平整的地面均可以作拍摄台使用。如图 2－19 所示。

（5）背景材料，如果到照相器材店购买正规的背景纸、布，费用很大，在一般小的房间里使用起来也不一定方便。你可以到文具商店，买一些全开的白卡纸来解决没有背景的问题。也可以到市场购买一些质地不同（纯毛、化纤、丝绸）的布料来作背景使用。如图 2－20 所示。

图 2－19

图 2－20

3. 摆拍图的拍摄。开网店，最重要的就是把商品最好的一面展示给买家，有助于买家选择自己的商品。摆拍图的拍摄非常有技巧，不同的商品要应用不同的灯光和相机设置。

（1）整体拍摄。在拍摄之前，要了解物品的材料、颜色和卖点，在拍摄时可以按照物品颜色的深浅、物品材料的种类等进行拍摄。我们在拍摄产品图片时，一般先拍摄一张正面主图（如图 2－21）所示，另外再拍摄几张不同角度的辅图或细节图等。

图 2－21

拍摄时，不同类型的物品会采用不同的布光，比如深色的物品，需要把曝光适当增加，纯白色物品需要适当减少暴光。不同的物品在拍摄时有反光或者大批纹理，数码相机有时分辨率不够或者由于反光等原因会涌现太阳纹。因此，要适当调剂光位，或者调剂拍摄角度，选择光线方面，细腻的纹理比较合实用柔和点的光；粗糙质地比较合适直接打光。选择合适的拍摄角度，假如光的调整还不是非常完整，那么就要借助图片处理工具修饰一下了，留意修饰的过程中不要让图片和实物有太多的差别。如图2－22所示。

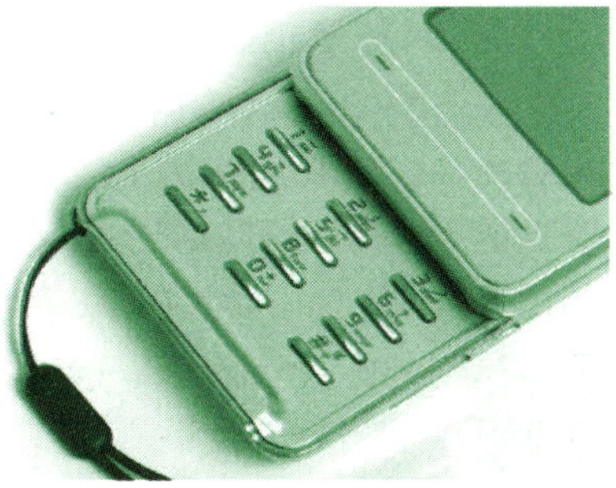

图2－22

对于初学者要多加学习成熟店铺的经验，多多向高人取经，多看精美的图片，要学习和模仿他们的拍摄角度和方法，从中感悟和创造更好的造型和图片。

（2）微距拍摄。带微距档的变焦镜头，这是一种比较流行的方式，使用起来方便灵活，通常微距镜头上都会有放大率的标示。其中一个微距的拍摄技巧是跟据主体大小预先决定大约放大率，预先较好大约的镜头对焦，再接近主体以作拍摄。由于微距拍摄是用上了较高放大率，故有将手震“放大”的效果，因此可以使用三角脚架在拍摄微距相片。如图2－23所示。

图2－23

4. 拍摄的注意事项：

（1）在拍摄前准备好必要的拍摄工具。如：检查电池是否充满电，三脚架，柔光箱要准备好。

（2）使用简单的背景，简单的背景有利于让观看者的注意力集中到画面的主角身上，带来更加清晰、有力的视觉效果。

（3）走近拍摄对象，众所周知，离拍摄物体越近，画面就会越好。因为这样可以避开无关紧要、扰乱视线的背景，清晰地呈现出拍摄物体。

（4）让拍摄对象动起来，在拍摄模特展示服装时，让他们动起来。这样你的画面会变得生动而自然。为了避免僵硬、静止的姿势，多鼓励你的拍摄对象，让他们积极活跃一些。你的鼓励和提示会为他们带来更加轻松自然的表情。

（5）寻找好的光线足够的光线是曝光的基本要求，避免在强光下和逆光拍照。好的光线能使画面更加有趣、多彩、有立体感。强烈的阳光只是好光线的一种。

（6）端稳相机，按快门时，不要过于用力，轻轻一按就可以了。相机的哪怕一个微小晃动，也会影响照片的清晰度。有条件的话，最好给胳膊找一个支点或使用三角架。

（7）使用闪光灯，充分利用内置闪光灯可以提高画面质量。在需要的时候（尤其是室内摄影），可以补光。

做一做

拍摄自己手机的主图及细节图

（二）摄像机的视频采集

1. 摄像机简介。摄像机（video camera）是把光学图象信号转变为电信号，以便于存储或者传输。当我们拍摄一个物体时，此物体上反射的光被摄像机镜头收集，使其聚焦在摄像器件的受光面（例如摄像管的靶面）上，再通过摄像器件把光转变为电能，即得到了“视频信号”。光电信号很微弱，需通过预放电路进行放大，再经过各种电路进行处理和调整，最后得到的标准信号可以送到录像机等记录媒介上记录下来，或通过传播系统传播或送到监视器上显示出来。

2. 摄像机的分类。按质量档级可以将摄像机分为三类：

（1）广播级摄像机：广播级摄像机一般用于电视台和节目制作中心，其质量要求较高，各项技术指标为最优，价格昂贵，主要用于电视台和电视制作公司的电视节目制作。如 BVP－70P，DV－700P 等。

（2）业务级摄像机：业务级摄像机一般常用于教育部门的电化教育及工业监视等系统中。其性能指标也比较优良，各项技术指标为中等，价格也适中，多用于学校教学和工业监视。

（3）家用级摄像机：这个档级的摄像机种类繁多，主要特点是体积小，重量轻，功能多，使用操作简便，价格低廉。其质量等级比不上广播级或业务级，多为单片 CCD 摄录一体机。在教学中也常使用此档级的摄象机制作节目或开展微格教学等。

表 2－2 常用摄像机

广播级摄像机	业务级摄像机	家用级摄像机

索尼 SRW－9000PL 便携全画幅摄录一体机	索尼 DSR－PD150	Sony DSR pd100

3. 摄像机的使用。

（1）准备好摄像机，在机器内的电池和预备电池。

（2）握紧摄像机，两脚间距离为肩宽．画面稳定是拍摄的基本。如果摄像机在拍摄时机体过度晃动，放像时画面将不稳定，会让观众看起来头昏眼花，好象晕船一样。

（3）对准拍摄物体，按下录像键钮，开始拍摄，再按一次便停止录像。一幅景象约拍摄 10 秒左右，一边拍摄，一边慢慢地移动摄像机。如果一个镜头的时间太短，则图像看不明白，观看时疲劳，因此每个镜头最少应拍摄 10 秒。

4. 拍摄技巧介绍。

（1）在拍摄移动的目标时，我们可以用摇摄或推拉镜头的方法也可以用移摄的方法去表现。但拍摄同一个目标，运用的拍摄方法不同，其效果会迥然不同。

（2）在介绍较大的场景时，摇摄有他自己的优点：可以在几秒内从水平线的这一头扫摄到另一头，但大部分画面都在相当距离外，细微部分无法拍出来。如果采用移摄法，就可以靠近所欲拍摄的目标；就可以在同一片段中显示出不同角度的几个画面；就可以拍出移摄无法拍出的细微处。

（3）而对静止目标的拍摄——例如要拍一组表现走近一座大楼时的情景时，这时使用移摄法向前移动拍摄是再合适不过了，因为这会让人真正感觉到画面在动，其效果比较自然。

（4）使用辅助设备。

①三脚架台车。一般来说，一边捧着摄像机走路一边拍摄，可能造成你所拍摄的画面很不稳定。移动拍摄所需要解决的最大难题就是如何防止摄像机的晃动。在拍摄移动物体时，最好能有某种带轮子的支撑物，最专业的做法是使用摄影台车，就是拍摄移摄镜头时在地上铺设简单的铁轨：把摄影机装设在一架装有轮子的平台上，然后推着这个平台在铁轨上移动，这种平台就称作摄影台车。如图 2－24 所示。这是目前专业摄像最常用的做法，也是保证摄像质量最有效的做法。

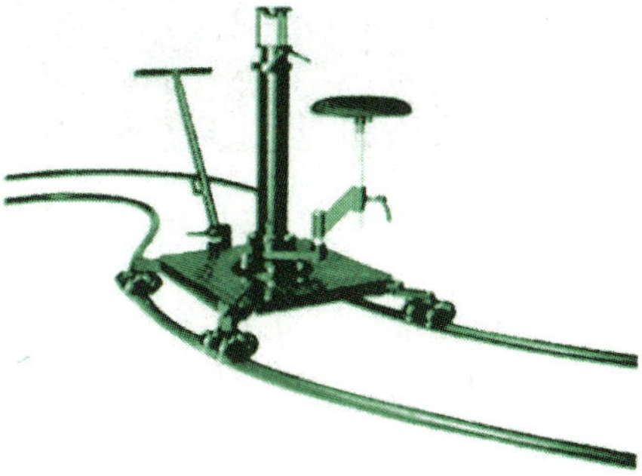

图 2－24

②徒步移摄。许多情况下是无法借助器材来移动拍摄，如家庭录像、新闻采访、旅游摄像等，只能依靠摄像者的步法来维持摄像机的稳定。这就要求摄像师不能像平常那样随便走步，而应双腿曲膝，身体重心下移，蹑着脚走。腰部以上要正直，行走时利用脚尖探路，并靠脚补偿路面的高低，减少行进中身体的起伏。腰、腿、脚三者一定要协调配合好，这样就可以使机器的移动达到滑行的效果。

做一做

拍摄一段手机展示的视频（视频的长度要大于 1 分钟）

（三）扫描仪采集数据方法

1. 扫描仪简介。扫描仪是一种计算机外部仪器设备，通过捕获图像并将之转换成计算机可以显示、编辑、存储和输出的数字化输入设备。对照片、文本页面、图纸、美术图画、照相底片、菲林软片，甚至纺织品、标牌面板、印制板样品等三维对象都可作为扫描对象，提取和将原始的线条、图形、文字、照片、平面实物转换成可以编辑及加入文件中的装置。如图 2－25 所示。

2. 扫描仪的分类。扫描仪的形式多种多样，如按输出颜色划分有黑白扫描仪和彩色扫描仪；如按扫描方式划分有手持扫描仪、平板扫描仪和滚筒扫描仪。手持式扫描仪（如图2－26 所示）诞生于 1987 年，是当年使用比较广泛的扫描仪品种，最大扫描宽度为

105mm，用手推动，完成扫描工作，也有个别产品采用电动方式在纸面上移动，称为自动式扫描仪。

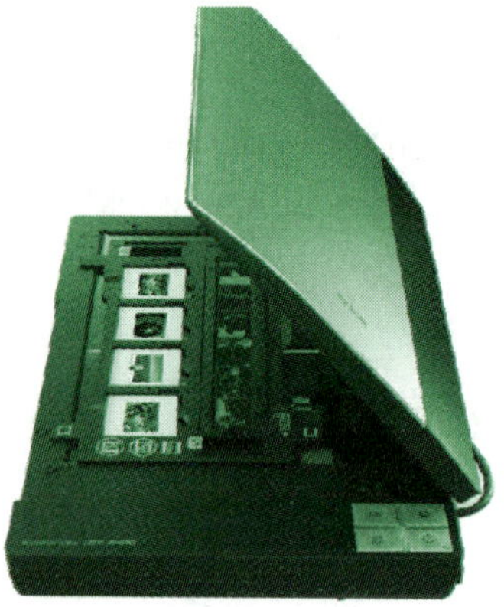

图 2 – 25

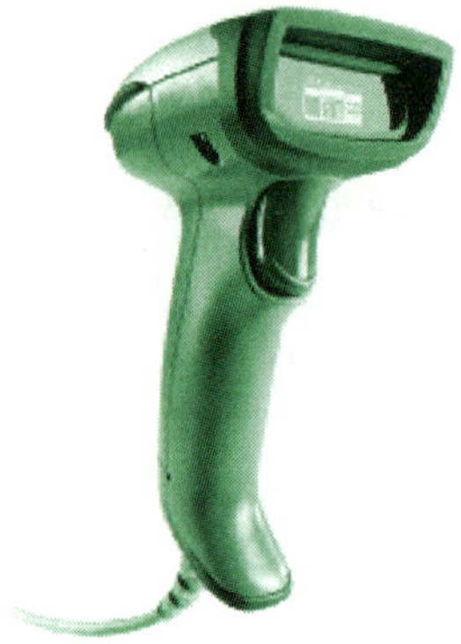

图 2 – 26

平板扫描仪（如图 2 – 27 所示）使用的则是光电耦合器件 CCD（Charged – Coupled Device），具有用途广、功能强、价格适中的特点，已广泛应用于图形图像处理、电子出版、广告制作、办公自动化等许多领域。

滚筒式扫描仪（如图 2 – 28 所示）一般使用光电倍增管 PMT（Photo Multiplier Tube），因此它的密度范围较大，而且能够分辨出图像更细微的层次变化，它用于专业印刷领域。

图 2 – 27

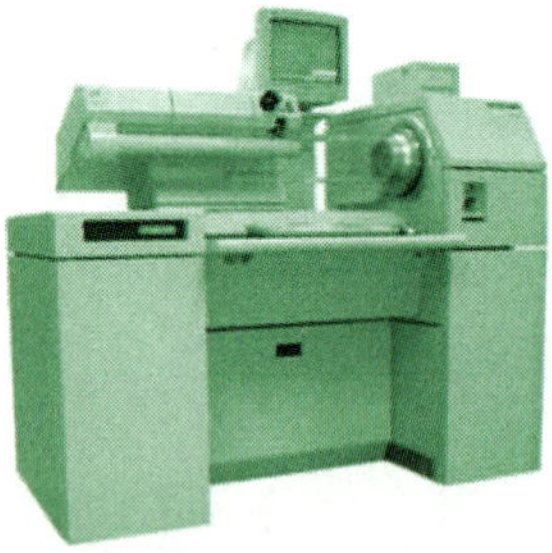

图 2 – 28

3. 扫描仪采集对象。网络编辑者进行信息采集的时候，需要使用到扫描机将商品的证件进行扫描并在网页上进行展示，是消费者得到最直观的信息，如品牌授权证、报关证、珠宝证书等等。

比如同样的商品在不同的网店中销售的价格是不相同的，消费者如何辨别真伪呢？有些消费者会以价格来进行比较，选择价格低廉的商品，有些消费者会选择价格适中的商品，感觉价钱中等应该不会买到假货等等。那如果说有几家网店价格相差不多，其中只有一家有品牌授权认证，那你会选择哪一家店铺呢？下面就简单介绍几种产品认证方式，如图 2 – 29 至图 2 – 32 所示。

品牌授权证

相宜本草 INOHERB 授权书

上海相宜本草化妆品股份有限公司兹授权：聚美优品 JUMEI.COM

上海相宜本草化妆品股份有限公司授权聚美优品（www.jumei.com)为本公司销售相宜本草品牌系列商品。

授权网站地址：http://www.jumei.com
授权期限：至2015年1月1日至2015年12月31日

上海相宜本草化妆品股份有限公司

图 2－29

报关证

QG08

中 华 人 民 共 和 国 海 关
进出口货物收发货人报关注册登记证书

海关注册登记编码 1111960171
注 册 登 记 日 期 2006 年 3 月 6 日

中华人民共和国 平谷 海关

企业名称	中投国际贸易（北京）有限公司
企业地址	北京市顺义区北务镇商业街14号
法定代表人（负责人）	王泰山
注册资本	1000万人民币
经营范围	销售金属材料，1类医疗器械，汽车配件，化工产品（化学危险品及一类易制毒化学品除外）日用百货，日用杂品，文化办公用品，电子计算机软，硬件及外围设备，针纺织品，五金，交电，机械电子设备，技术开发，技术转让，技术咨询，技术服务，技术培训，货物进出口，代理进出口，技术进出口，结算运杂费，承办展览展示，信息咨询（中介服务除外）

主要投资者名称	出资额及比例

备注：本证书有效期至 2009 年 3 月 6 日，报关单位应当在有效期届满前三十日至海关办理换证手续，逾期自动失效。

图 2－30

珠宝鉴定证书

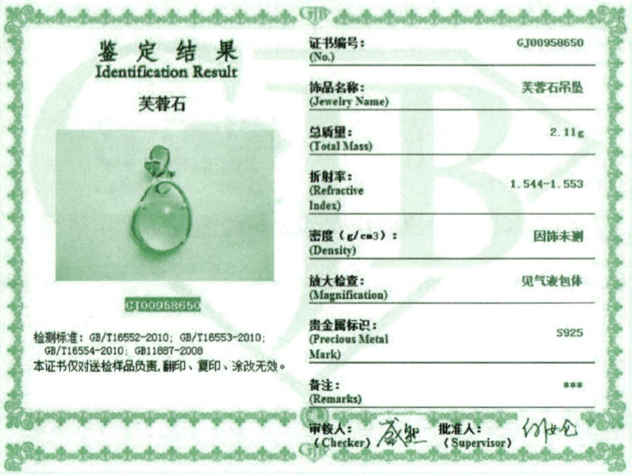

鉴 定 结 果
Identification Result
芙蓉石

GJ00958650

检测标准：GB/T16552-2010；GB/T16553-2010；GB/T16554-2010；GB11887-2008
本证书仅对送检样品负责，翻印、复印、涂改无效。

证书编号：(No.)	GJ00958650
饰品名称：(Jewelry Name)	芙蓉石吊坠
总质量：(Total Mass)	2.11g
折射率：(Refractive Index)	1.544-1.553
密度（g/cm3）：(Density)	因饰未测
放大检查：(Magnification)	见气液包体
贵金属标识：(Precious Metal Mark)	S925
备注：(Remarks)	***

审核人：(Checker) 批准人：(Supervisor)

图 2－31

海外代购单

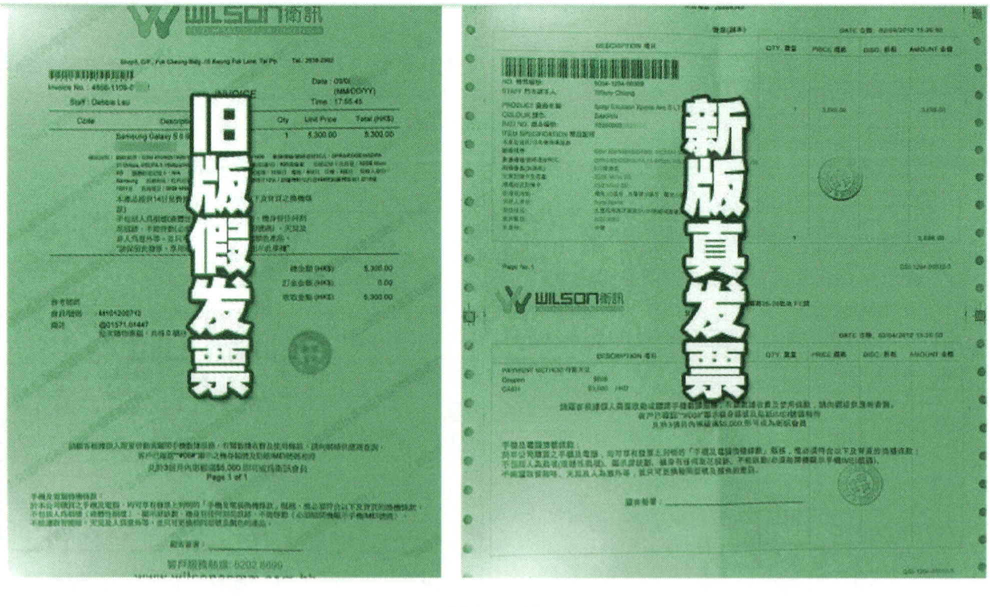

图 2－32

步骤三：企业内部采集信息

（一）客户信息获取

1. 什么是客户信息。客户信息是指客户喜好、客户细分、客户需求、客户联系方式等一些关于客户的基本资料。

2. 客户信息的采集。客户信息采集指客户数据的采集、整理和加工；客户知识获取指客户信息的统计、分析和预测；客户知识运用指客户知识的发布、传递和利用。

客户信息的采集是企业营销活动的一项系统性工作，面临着如何高效获取并不断更新客户信息的问题，而且客户信息的不同维度来源途径和获取程度存在各种差异。

不同的行业和企业定义客户的信息视图有所差别，企业需要通过客户的信息和行为来描述特征，尤其当定义潜在目标客户群时，更是需要如此。

3. 获取客户信息的来源。一般来说，企业获取客户信息的来源主要来自企业内部已经登记的客户信息、客户销售记录、与客户服务接触过程中收集的信息，以及从外部获得的客户信息。

很多企业也有意识的组织一些活动来采集客户信息，比如经常采用的有奖登记活动，以各种方式对自愿登记的客户进行奖励，要求参加者填写他们的姓名、电话和地址等信息，这样的一些活动能够在短时间内收集到较大量的客户信息。

收集客户资料的方法还包括：有奖登记卡和折扣券、会员俱乐部、赠送礼品、利用电子邮件或网站来收集等，如图 2 – 33 和图 2 – 34 所示。

图 2 – 33

图 2 – 34

科学的客户信息管理是凝聚客户、促进企业业务发展的重要保障。客户信息是一切交易的源泉。由于客户信息自身的特点，进行科学的客户信息管理是信息加工、信息挖掘、信息提取和再利用的需要。通过客户信息管理，可以实现客户信息利用的最大化和最优化。

4. 客户信息包含内容（表 2 – 3）。

表 2 – 3

客户名称	描述客户名称，可以客户的公司名称也可以是易记简称。比如：广州市富强软件技术有限公司。
所属区域	按照客户的业务范围进行定义，如果客户的经营范围是国内大区，可以分为：华南、华东、华中、华北、西南、西北等。
客户性质	就是客户的企业性质。可以设置为：国有企业、中外合资、私营或个体户、合伙企业、外商独资等等。这项字段的定义是在“系统设置”→“系统字典”→“客户性质”中设置。
客户来源	可以设置为：网站广告、展览会、客户推荐、电话、邮件、报刊广告、黄页、朋友介绍等等。这项字段的定义是在“系统设置”→“系统字典”→“客户来源”中设置。
客户类别	可以设置为：潜在终端客户、潜在代理、现有终端客户、现有代理、流失终端客户、流失代理等等。这项字段的定义是在“系统设置”→“系统字典”→“客户类别”中设置。
所属行业	按照用户的客户的所属行业进行定义；可以设置为：教育、医疗卫生、政府、化工等等。这项字段的定义是在“系统设置”→“系统字典”→“行业”中设置。

续表

信用状况	销售人员自行衡量评估客户的信用状况。一至五星。
联系策略	设定这个客户的联系周期，系统为了防止用户长时间不与客户联系，系统将按照这个策略给用户提醒跟进计划。这项字段的定义是在“系统设置”→“系统字典”→“联系策略”中设置。但是设略的定义是在“系统设置”→“系统字典”→“客户联系策略定义”中定义。
购买策略	设定这个客户的购买周期，是为了防止客户流失而用户又没留意，当客户超出这个策略时间没有购买记录的话，系统自动生成一条客户业务下滑提醒，让用户及时采取一些行动，挽留客户。这项字段的定义是在“系统设置”→“系统字典”→“购买策略”中设置。但是设略的定义是在“系统设置”→“系统字典”→“客户购买策略定义”中定义。
员工数量	这个字段是为了能更清楚地了解客户的现状。
规模	这项字段的定义是在“系统设置”→“系统字典”→“销售规模”中设置。
从业时间	这项字段的定义是在“系统设置”→“系统字典”→“从业时间”中设置。
行业地位	这个字段是为了能更清楚地了解客户的重要程度。可以设置为：领导者、较有影响、影响一般和没有影响力等等。这项字段的定义是在“系统设置”→“系统字典”→“行业地位时间”中设置。
结算方式	例如：现款现货、一个月回款、票到付款、2 个月回款、3 个月回款等等。这项字段的定义是在“系统设置”→“系统字典”→“结算方式”中设置。
希望代理	了解经销商客户的发展动向。
电话	客户的常用联系电话，是公司的电话。
传真	客户的传真号码。
电子邮件	用户可以通过系统给客户发送电子邮件，而不用重复输入。
单位网址	纪录客户的单位网址。方便查找和了解客户的更多信息。
通讯地址	方便给客户邮寄资料。
邮政编码	纪录客户所在地区的邮政编码。
交易次数	系统自动统计客户的消费次数。
交易金额	系统自动统计客户的总交易金额，方便了解客户的重要程度。
首次交易	系统自动纪录客户的业务往来开始时间。
最近交易	系统自动纪录客户的最近一次购买时间，方便跟踪客户。

（二）商品信息获取

1. 什么是商品。会计学中商品的定义是指商品流通企业外购或委托加工完成，验收入库用于销售的各种商品。商品的基本属性是价值和使用价值。价值是商品的本质属性，使用价值是商品的自然属性。

2. 商品信息的采集。经销商采购新产品、不能一味听从厂家的宣传和推荐。经销商需培养主动分析、独立判断的能力。为此，经销商必须建立新产品信息的收集渠道，以及开拓新厂家的快速反应机制。

（1）下级客户。经销商的下级客户可紧密接触消费者，能及时掌握消费者的需求动向。他们为了迎合消费者不断产生的新需求，往往会在第一时间内把相关产品需求信息上报给经销商。经销商一定要重视这一点，应该积极、主动地定期询问下级客户，及时掌握来自消费者的信息反馈。

（2）报刊媒体。新闻媒体以追新求变为生命，往往能预示新消费潮流的出现，其中蕴含了许多新的消费需求。当某类新产品在一些区域的媒体报道中反复出现时，就直接道出了商机。同样，很多厂家的宣传意识也越来越强，常会想方设法在大众媒体和专业媒体宣传自己。所以经销商应坚持关注媒体信息，寻找商机。

（3）网上搜索。网络快捷的信息传递手段。一些新产品的信息，往往在第一时间就被发布在网上。有些新产品因概念过新，或因存在区域性的传播速度问题，未能在市场上迅速走红。不过，经销商也应把握了解，以便为将来承销同类产品奠定基础。

（4）同行。每位经销商都有一定的信息来源渠道，因此，有时还可以直接借鉴同行的信息资料。因为同行所推荐的新厂家往往是经过一定实践验证的，至少比厂家自己宣传的内容要更真实些。不管这个同行是本地还是外地的，都应保持主动的联系与沟通，以期多获得一些新产品、新厂家以及市场新动向的信息。这就需要经销商在参加各种经销商年会时，要有意识地结交异地的同行。

（5）厂家的业务人员。厂家的业务人员都有广泛的关系和人脉，自然也比较熟悉市场新动向和产品新信息。所以，经销商应有意识引导厂家的业务人员介绍相关的新产品信息，甚至可以引导他们为经销商收集新产品新厂家的信息。

（6）厂家的市场部。厂家的市场部是专业的市场研究部门，专门研究市场的趋势动态，开展对新产品的市场的市场调查工作。与厂家市场部保持紧密的良性关系，不但可以得到第一手的新产品信息，而且还能获得完整的市场现状和未来发展趋势的分析报告。不过，这些报告一般都价值不菲。

（7）具有代表性的终端。几乎任何一个城市，都会有代表性的本地终端，如本地人最喜欢的百货公司，人气最旺的超市卖场，或是代表当地最高消费水平的零售店等。一些新产品往往都会率先选择这些具备代表性的终端，及时收集信息。

（8）鼓励员工参与收集新产品信息。让自己的员工参与新产品的信息收集工作，不但成本低廉并且还可长期坚持。加之员工多是当地人，他们往往能从业务人员和本地消费者的双重视角来评判消费动向。

（9）各类展会。利用各类行业性的展览会议，广泛接触新厂家。目前，在快速消费品行业，每年的行业项目展会是大多数经销商与新厂家接触的最佳契机。但此类展会的时间往往只有短短数日，因此，经销商在参会前就应有计划的设定自己的接触目标，并应尽可能设法弄到相关的会议资料，及早锁定目标，争取在短时间内接触较多的新厂家。

（三）订单信息获取

1. 什么是订单。企业采购部门向原材料、燃料、零部件、办公用品等的供应者发出的定货单。

2. 订单管理。订单管理是客户关系管理的有效延伸，能更好的把个性化、差异化服务有机的融入到客户管理中去，能推动经济效益和客户满意度的提升。订单供货的目的，是能让客户自由选择，货源安排做到公开透明，产品能更加适应和满足消费者的需要。其业务流程的变化首先体现在企业客户经理的工作上。客户经理对辖区内客户需求预测和具体订单是否准确，不但关系到工业企业和零售户对公司的满意度，更关系到按客户订单组织货源这项工作能否得以顺利的开展。

订单管理是一个常见的管理问题，包含在公司的客户订单处理流程中。由于客户下订单的方式多种多样、订单执行路径千变万化、产品和服务不断变化、发票开具难以协调，这些情况使得订单管理变得十分复杂。订单管理可被用来发掘潜在的客户和现有客户的潜在商业机会。订单取决于需求，订单管理就是处理订单。

3. 订单的主要内容。在网上销售时订单是卖家与买家订立的购货合同，大部分的运输途径是通过物流来实现的，所以在订单中要标明客户的准确信息。订单的主要内容通常包括以下内容：

（1）物品名称。该名称必须与网店页面中的名称一致。

（2）物品规格。即使同一品名的商品，一般都有不同的规格，因此订单必须清楚、准确地表明物品的规格，如：颜色、号码等。

（3）订购数量。详细规定订购货物的数量及单位。

（4）单价与总额。一般以人民币表示单价和总额。

（5）订单编号。在网上下单的具体编号。每一个订单都有唯一的编号，方便顾客的售后查询和检索。

（6）支付方式。客户可以自由选择付款方式，如：网上已付款，货到付款等，多种支付方式相结合，可供客户进行灵活的选择。

（7）物流选择：具体标明所选择的物流公司，并提供物流编号方便客户进行查询。

（8）客户信息：客户的家庭详细住址、联系电话（手机、固定电话），便于与客户的沟通交流，可以向客户发送促销信息等。

通过统计以上的订单内容，方便买家与卖家之间的沟通和交流，为顺利完成交易做好充分的保障，便于整个交易过程的管理和规范，促进市场的良性循环。

案例：

利用淘宝 API 来获取淘宝订单详细信息

淘宝 API 默认下发的订单都是已经付款的，所以可以通过接口直接取到订单数据后做后续处理；发货的操作要具体看你的业务场景，如果是使用物流宝的仓库，可以使用物流宝的 API 做发货处理，如果是第三方的仓库，需要做一些系统的对接，原理相差不大；买家的信息查看就是一个订单的跟踪过程，API 提供了一系列的从仓储到发运流程的节点信息（表 2－4）。

表 2－4

卖家信息		
昵称：飞越单车国 旺旺在线	真实姓名：姜娟娟	城市：
联系电话：	邮件：feiyuedancheguo@ 126. com 发送站内信	支付宝：feiyuedancheguo@ 126. com

续表

订单信息							
订单编号：105889150041677			支付宝交易号：2011102069032817				
成交时间：2011－10－20 19：21：15			付款时间：2011－10－21 11：18：16			确认时间：2011－10－30 20：40：38	
宝贝	宝贝属性	状态	单价（元）	数量	优惠	商品总价（元）	运费（元）
 奔驰自行车 特价 20 寸折叠自行车 轻便 正品折叠自行车 V 刹折叠车	颜色分类：白色款	已确认收货	499.00	1	卖家优惠 63.00 元	500.00	0.00（快递）
实付款：500.00 元							

任务二
筛选商城网站信息

任务要点

- **重点：** 掌握网站内部信息筛选标准与方法
  掌握网站外部信息筛选标准与方法
- **难点：** 能根据网站自身的信息诉求，筛选适合发布在网站内部的信息
  能根据用户的特点及浏览习惯，合理筛选适合发布在外部渠道的信息

任务情境

小张运用收集方法迅速完成信息收集工作，根据网站自身需要、网站外部推广及用户的需求，总编要求他筛选有效信息，分别发送给商品编辑、文案编辑使用。

任务分析

为了完成总编布置的工作，小张首先了解了企业网站的作用、功能、类别，在学习的基础上根据网站的需要，分析具体情况，找准本网站的定位。然后根据本网站的特点和定位，了解信息发布的外部渠道，学习在网站外部发布信息时遵循相关的行业标准及规范。最后熟悉用户浏览网页的习惯，设计网站主要页面的结构，选择适当的内容。熟悉用户在浏览网页时筛选信息的方法，根据其特点，设计网站内部和外部的筛选工具，如设置网站内部的搜索栏、将网站信息加载到搜索引擎等等，以达到适应用户需求，满足用户习惯，以及宣传网站的目的。最终，将符合要求的有效信息发给商品编辑和文案编辑。

任务实施

知识准备：

信息准备充分的条件下，究竟什么样的信息适合我们的商城网站使用，不同的信息又适合以什么样的方式展示出来，带着这样的疑问，我们开始本任务知识部分的学习。首先，让我们认识一下企业网站。

（一）企业网站

在 Internet 上，每一个企业都面向全球，这个特性本身就可能带来意想不到的商机。而企业网站的最低目标是：大大降低信息发送成本和客户服务成本。网站放在网上，就相当于一本宣传手册或服务手册，与传统的印刷品相比，它的最大好处就是：能够随时更新，且费用低廉。

企业网站按照其功能大致可以分为四大类：

1. 信息提供型。现在绝大多数企业网站都属于这一类型，这些网站实际上就像传统的企业宣传册。根据目标侧重不同，又可细分为：产品展示型、信息发布型、品牌宣传型、服务中心型。如图2－35 所示为产品展示型网站，图 2－36 所示为服务中心型网站。

图 2－35

图 2－36

2. 电子商务型。通俗的说，电子商务就是实现网上买卖商品，参与买卖的对象可以是企业，也可以是消费者。为了确保采购成功，该类网站需要有产品管理、订购管理、订单管理、产品推荐、支付管理、收费管理、送发货管理、会员管理等基本系统功能。本类型网站可以开辟新的营销渠道，扩大市场，同时还可以接触最直接的消费者，获得第一手的产品市场反馈，有利于市场决策。根据参与的对象不同，可分为 B2B、B2C、C2C 型。如图 2－37 所示为 C2C 型网站，而图 2－38 为 B2C 型网站。

图 2－37

图2－38

3. 综合门户型。本类网站是所有各企业类型网站的综合，是企业面向新老客户、业界人士及全社会的窗口，是目前最普遍的形式之一。这种被称为公司门户的网站提供了许多资源或服务。例如，电子邮件，论坛和公司相关的新闻和文章、会员社区等。门户是为企业特定的浏览者提供的入口。如新浪网。

4. 沟通交流型。作为沟通交流型的网站，论坛型网站是个典型实例，论坛是针对某些话题（或课题）的讨论型网站，为业内人士、专家、爱好者或普通大众提供一个讨论和发表看法的场所，例如发烧友论坛、学术论坛等。如机锋论坛网站。

想一想

分析阿里巴巴网站（www. alibaba. com. cn）的类型。

类型	
子类型	

（二）网站的定位及风格

1. 网站定位的含义。所谓网站定位就是网站在internet上扮演什么角色，要向目标群（浏览者）传达什么样的核心概念，透过网站发挥什么样的作用。因此，网站定位相当关键，换句话说，网站定位是网站建设的策略，而网站架构、内容、表现等都是围绕网站定位展开的。

简单的说，网站定位即确定网站是做什么用的。

2. 网站定位包括的内容。网站定位的内容通常包括：网站的主题和名称、目标用户、网站功能、市场等等。

3. 常见的网站主题。对于网站主题的选择，要做到小而精，主题定位要小，内容要精。不要试图制作一个包罗万象的站点，这往往会失去网站的特色，也会带来高强度的劳动，给网站的及时更新带来困难。

根据相关统计数据表示，目前常见的网站主题类型主要有如下 10 种：第 1 类：网上求职；第 2 类：网上聊天/即时信息/ICQ；第 3 类：网上社区/讨论/邮件列表；第 4 类：计算机技术；第 5 类：网页/网站开发；第 6 类：娱乐网站；第 7 类：旅行；第 8 类：参考/资讯；第 9 类：家庭/教育；第 10 类：生活/时尚。如图 2－39 为第 7 类，旅行类网站。图 2－40 为第 3 类，网上社区类网站。而我们主要研究的电子商务商城网站，根据其主营商品的不同，有些属于旅行类，有些属于生活时尚类。

图 2－39

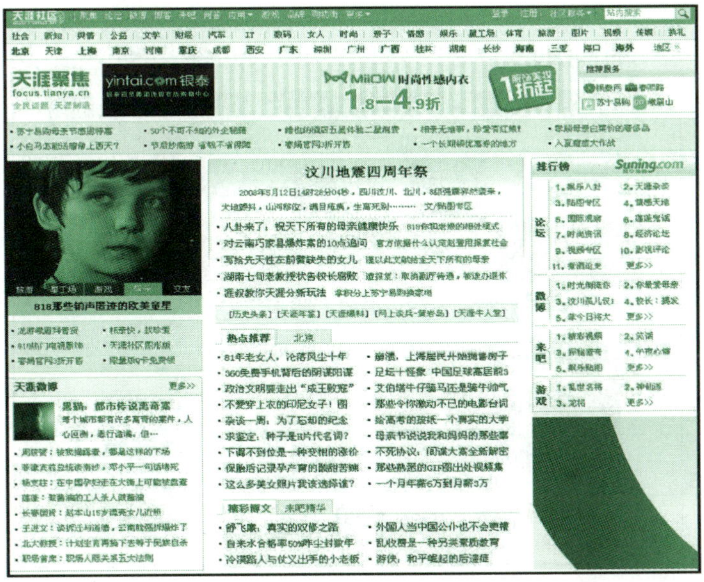

图 2－40

4. 信息的表现形式。信息的表现形式决定了主页的骨架，主页风格的大方向也就可以确定了。网站基本的表现类型有：

（1）检索型。检索型以文字信息为主体，图片比较少，一般包括按钮和图标就可以了，这种类型最大限度地登载了文字信息。如果希望突出内容，并使之便于查询，使用这种形式十分奏效，它类似于报纸上热门消息的组织结构（图 2 – 41）。

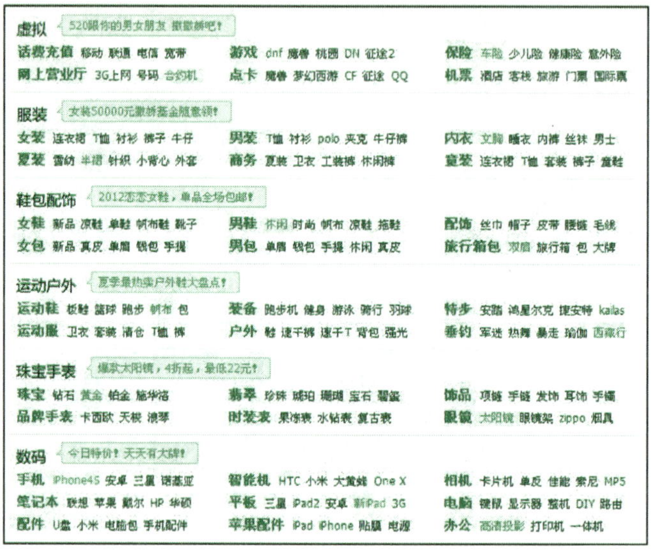

图 2 – 41

（2）均衡型。与前面的相比，均衡型增加了图形要素，这可以增强网页的开放感，给人以轻松的感觉。在图像的运用上，可以使用更加自由的插图和照片等形式。此种类型既拥有文字信息，又有相对强的视觉性，便于应用（图 2 – 42）。

图 2 – 42

（3）印象型。此类型的网页以照片为主体，减少了商业性较强的文字信息，远离了日常性和实用性，产生安静、自我的感觉（图 2－43）。

图 2－43

（4）超印象型。这种类型的网页几乎没有文字信息，最大限度地表现网页印象。空白以及图像的空间成为页面的主体，画面的视觉性很强。用图片、颜色和空白表现的信息此时显得十分重要。对于这种文字类型几乎为零的网页，就像影片中的无声电影一样，是一个十分寂静的空间。因此，画面的品质极为重要（图 2－44）。

图 2－44

5. 网站风格。“风格”是抽象的，是指站点的整体形象给浏览者的综合感受。这个“整体形象”包括站点的 CI（标志，色彩，字体，标语）、版面布局、浏览方式、交互性、文字、语气、内容价值等等诸多因素，网站可以是平易近人的、生动活泼的也可以是专业严肃的。不管是色彩、技术、文字、布局，还是交互方式，只要你能由此让浏览者明确分辨出这是你网站独有的，这就形成了网站的“风格”。

想一想

360top 商城（http：//www.360top.com/）是京东旗下一电商网站，请登录网站，思考该网站的类型、目标定位和风格，写出一份简要的对该网站的分析报告。

步骤一：了解用户筛选信息的习惯和方法

要想很好的筛选信息并发布到合适的位置，首先我们应该了解用户是如何浏览网页的，以及用户是如何筛选他们想要的信息的。

（一）用户浏览网页的行为习惯

网页是企业给用户传递信息的直接媒体，网页制作的质量高低影响了用户的反应，网页制作和设计的过程中既应该考虑美观实用，也应该考虑用户浏览网页的习惯。

1. 从页面信息布局看用户浏览网页的习惯。

（1）关键部位“左上角”。眼球的第一运动聚焦于网页的左上角，用户浏览网页的这一习惯应该在意料之中，毕竟左上部为主要操作中心这一点已经被大多数重要的计算机应用程序的设计所采用。在构建网站，考虑网站设计时，应该尽量保持这一格式。因为，如果你希望搭建一个成功的网站，就必须尊重用户们的习惯。

下面来看看京东商城的左上部页面是如何设计的（图 2 – 45）。

图 2 – 45

从上图可以看出，上部是目前正在推广的大型活动，然后是 LOGO，搜索栏，而左侧则是多级商品类别，方便顾客搜索，这些正是顾客所关心的大部分内容。

（2）“眼球轨迹”效应。用户浏览网页时，首先观察网页的左上部和上层部分，之后再往下阅读，浏览右边的内容。

2006 年 4 月，美国长期研究网站可用性的著名网站设计师杰柯柏·尼尔森（Jakob Nielsen）发表了一项《眼球轨迹的研究》报告，报告称，大多数情况下浏览者都不由自主的以“F”形状的模式阅读网页（图 2－46），这种基本恒定的阅读习惯决定了网页呈现 F 形的关注热度。浏览者浏览网页一般是按如下步骤进行的：

第一步：水平移动。浏览者首先在网页最上部形成一个水平浏览轨迹。

第二步：目光下移，短范围水平移动。浏览者会将目光向下移，扫描比上一步短的区域。

第三步：垂直浏览。浏览者完成上两步后，会将目光沿网页左侧垂直扫描，这一步的浏览速度较慢，也较有系统性、条理性。

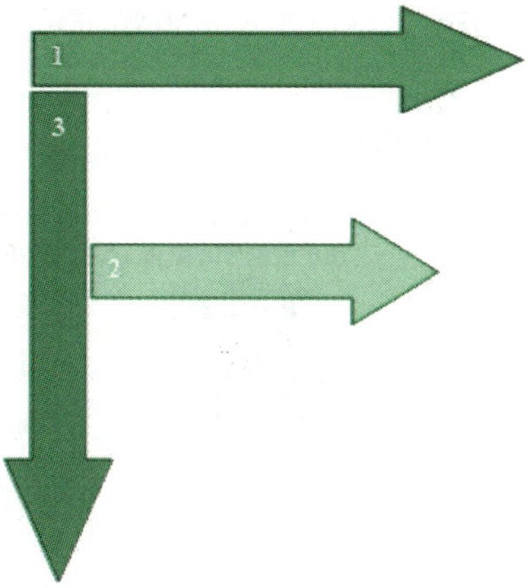

图 2－46

保证网站内容的重要要素集中于这些关键区域，以此确保读者的参与。在此放置头条，副题，热点以及重要文章，保证用户在第一时间看到网站要传达的信息。

下面来看看浏览“1 号店”时重点关注的 F 型区域都是什么内容。

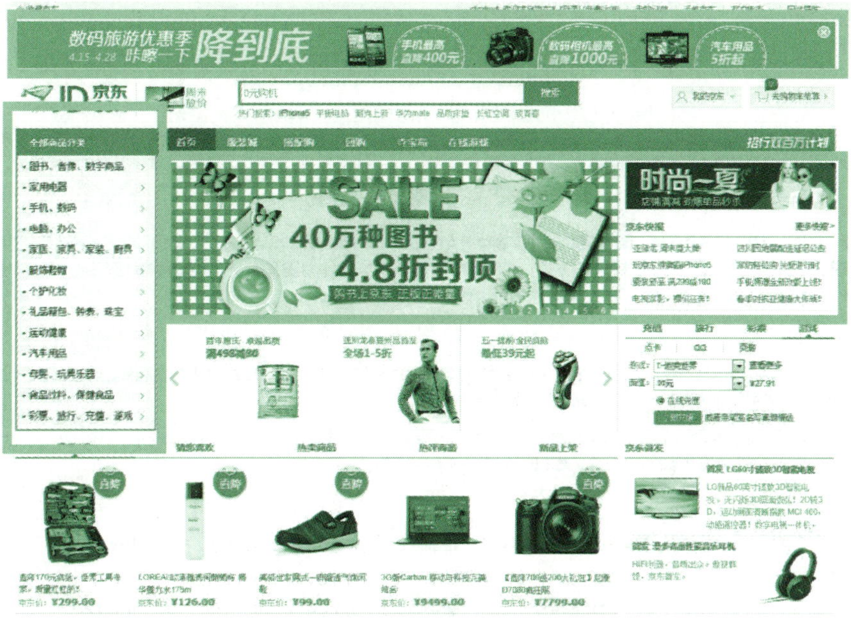

图 2－47

从图 2－47 可以看出，“眼球轨迹”效应和前面所说的左上角重点部位有相同的地方。在上图的 F 型区域中，有重点促销活动，有横幅 banner，还有多级产品目录，这些都是网站希望用户关注的内容。

（3）小部分内容是重点。人们大都只浏览网页的小部分内容，如果在用户浏览的时候，提供信息使他们尽快锁定目标，就可以把这一点发展成为你的优势。突出某些部分或者创建项目列表使网页信息容易找到和阅读。

继续关注“1 号店”网站，图 2－48 展示的是在 F 型区域附近的内容，“促销精选”能够吸引多数电子商务网站浏览者的目光。

图 2－48

（4）简短段落的优势。网页信息是为大多数强调快速浏览的联网用户提供的，除非上下文的衔接要求，保持信息由简短的段落和句式组成，可以方便浏览者快速提取所需信息。例如：电子商务网站的介绍。

图 2－49 展示的是红孩子网站的介绍，精炼、简短，表现力强。

> 关于红孩子

红孩子公司成立7年以来，构建了B2C网站、直投DM商品目录、呼叫服务中心、社区网站、特别渠道联盟等多个平台，以及分布在9个省市的分公司，为全中国的消费者提供随时随地、方便快捷的购物服务。并且始终坚持以消费者为导向，以数据库营销为特色。

以母婴、化妆、食品、家居、保健、厨电等品类为主，围绕着女性安心、快乐购物的需求，红孩子公司组织着5万多种商品，支持货到付款、信用卡、快钱、支付宝、分期等多种结算方式，利用简便即可注册的会员制，为全国300余万消费者提供着足不出户即可享受的现代购物体验。

公司06年开始创建的redbaby.com.cn"红孩子"网站，已经成为中国最大的孕婴妈妈安心购物网站，为孕婴妈妈和宝宝们提供最专业、安全的商品与服务，呵护宝宝的健康成长，并将一直陪伴在孕婴妈妈的身边；

公司11年全新重磅推出的"缤购"binggo.comB2C网站，基于已经发展3年的化妆、食品、家居、保健等品类经验，特别为时尚、注重生活品质的女性人群提供增添幸福体验的网购服务，是中国女性第一安心购物平台；

公司制作的母婴用品、时尚红妆、健康美食、彩色家居等直投DM商品目录，精选新品与促销信息，根据会员的订阅需求，每年进入千万家庭，是中国最大发行量的直投产品目录；

公司建立的500座席的call center，是中国B2C领域最大规模之一的呼叫服务中心，及时响应您的需求，倾听您的声音；

公司自建以及签约第三方物流的配送体系，承诺同城订单36小时送达，金卡会员与足额订单免配送费，支持货到付款，努力达成您的满意。

图 2－49

（5）简单格式更有表现力。根据视觉锁定，一栏格式比多栏格式拥有更好的表现力。繁杂的格式会扰乱浏览者的目光，虽然多栏格式可能会增加信息量，可是这也容易让过多的信息淹没网站来访者，不如突出重点，选择简单。大多数情况下，简洁更具力量（图 2－50）。

图 2－50

2．从信息形式看用户浏览网页的习惯。

（1）文字比图像更具吸引力。与大多数人所认为的相反，在浏览一个网站的时候，能够直接吸引用户目光的并不是图像。大多数通过偶然点击进入网站的用户，他们是来寻觅信息的而不是图像。因此，保证你的网站设计凸现出最重要的信息板块，这才是设计的首要原则。

图 2－51 展示的网站中，除了上述所说的 F 型区域外，在靠右上的部位采用了文字叙述的形式表达信息，正是凸显了其重要性。

图 2－51

（2）容易忽视的横幅广告。研究表明，读者常忽视大部分的横幅广告，我们费尽心思的制作横幅广告，浏览者的视线往往只停留几分之一秒。此时，如何能利用这大众化的模式带来不同凡响的效果呢？传统的横幅广告肯定不能满足要求，很多网站设计者开拓思路，使用一些方法来吸引浏览者的视线，从而让横幅广告达到它应有的作用。

下面两幅图展示的是缤购网最近的促销活动，为了能吸引浏览者的目光，设计人员先设计了大幅展示活动信息，占据了网页上部大部分的空间，如图 2－52 所示，停留几秒钟后，再缩小成为横幅的广告模式，放在页面的顶端，如图 2－53 所示，让浏览者打开网页时，先看见了整幅广告，然后在缩小展示其他信息，避免了广告被忽视的弊端。

图 2－52

图 2－53

（3）花哨的字体和格式要慎用。花哨的字体和格式会被用户认为是广告，并非他们所需要的信息。事实上，研究表明用户很难在充满大量颜色的花哨字体格式里寻找到所需的信息，因为视觉线索告诉他们把这些忽略。保持网站的清爽，不要因为华而不实的表面，让重要的信息被忽略。

在电子商务网站上，特别是商品分类、品牌列表等信息，是用户搜索信息的重要通道，不需要华丽的修饰，保持清晰明了是最关键的。

如图 2－54 所示的商品和品牌列表就是很好的例子。

图 2－54

（4）字号大小影响浏览行为。改变人们对网页的看法的主要方法是改变网页字体的大小。大的字体刺激浏览，而小一些的字体则提高焦点阅读量。根据你的需要，合理配置两者的比例。

图 2－55 是某化妆品网站中的一部分，对比其他文字，“惊喜地带”四个字大且颜色醒目，很容易吸引浏览者的目光。

图 2－55

（5）活用副标题。遇到感兴趣的内容，用户仅会多看一眼副标题，所以不要过分坚持副标题固定的格式，可以保证它们的相关性和兴趣。你也可以让副标题包含关键词，这样可以有效利用搜索引擎，让它带来读者。图 2－56 所示框内为该帖子的副标题，它利用赠送体验装的方式吸引读者的视线，“500 份”的数量也必然增加了该帖子的点击量。

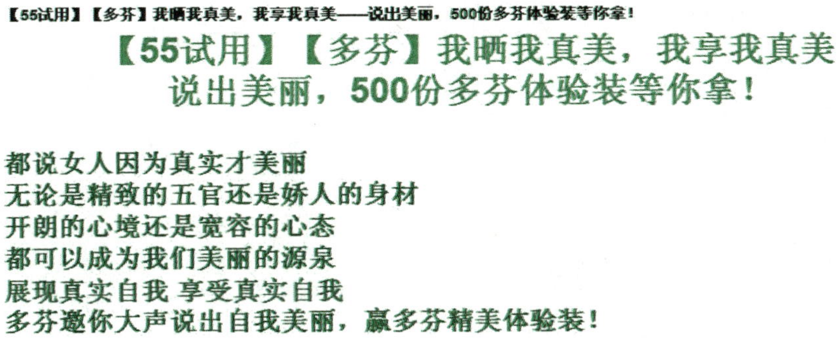

图 2－56

想一想

用户浏览网页的习惯有哪些？

（二）用户获取信息的途径

知道了设计网页和布局网页时，应把重要信息放在什么位置。下面我们将探讨用户是如何找到网站的商品、促销等信息的，也就是，研究用户筛选信息的一般方法。

当今社会，人们在日常生活中，最离不开的是网络信息。中国互联网络信息中心（CNNIC）将网络信息定义为：互联网上公开发布的网页和在线数据库的总和。美国微软公司总裁比尔·盖茨于2002年在美国互联网专业学会年会上发言时称：“有效的信息是竞争取得胜利的关键因素。”随着社会信息化程度的不断提高，信息已达到空前丰富的程度，信息已深入到人们社会生活的每个角落，当今时代，人们日常生活已经离不开互联网。这其中，人们的商务活动同样离不开电子商务网络信息。如此一来，在互联网电子信息中筛选自己所需要的信息，就成为一个急需思考、探索的问题。

用户在互联网上搜索商品相关信息一般分成两种形式：第一，没有固定的购买网站，通过门户网站、搜索引擎、导航网站等进行大面积搜索；第二，有固定的购买网站，这类网站可能是综合性的，也可能是专门性的，通过站内提供的一些途径进行搜索。下面就这两种形式展开介绍。

1. 站外筛选。刚刚进入网上购物的用户一般都采用站外搜索，此时用户还没有固定的购物网站，是我们锁定客户的最好时机。设计网站时应尽可能多的将网站信息发布到各种渠道中，便于被潜在用户发现。

（1）搜索引擎。搜索引擎是提供给用户进行关键词搜索或分类搜索的工具。简言之，搜索引擎就是一种在互联网上查找信息的工具。用户提出检索要求，搜索引擎代替用户在数据库中进行检索并将检索结果反馈给用户。

① 按关键词搜索。例如：想要搜索购买鲜花与礼品类的相关信息，打开浏览器，进入百度页面，输入“鲜花和礼品”，点击搜索后，会出现如图2－57所示的页面。

图2－57

在这个搜索结果页面中，不难找到提供网上鲜花礼品销售服务的站点，进入站点，则可以进行进一步的商品选择，比如选择第一个链接，则进入中国鲜花礼品网，如图2－58所示。

图 2－58

② 按分类目录搜索。例如：想要在网上购买美容护肤类的商品，此时，可能不知道搜索的具体关键字是什么，那么怎么办呢？可以采用分类目录搜索。进入百度页面，首先点击右侧的“更多”，进入如图 2－59 所示页面。

图 2－59

点击“网站导航”，进入如图 2－60 所示页面。

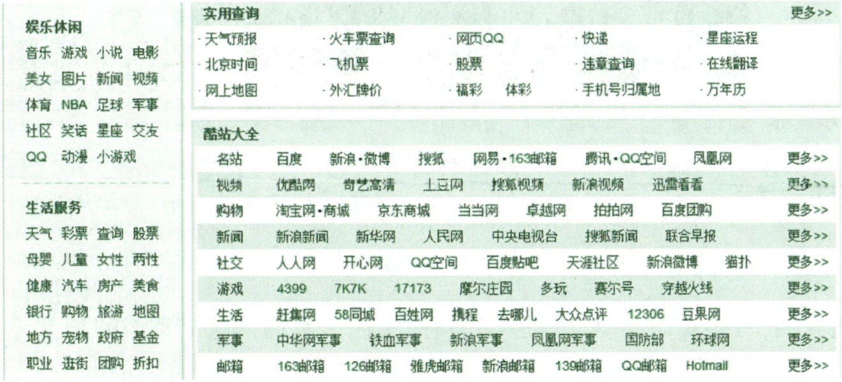

图 2－60

点击左侧列表中的“购物”或者右侧“酷站大全”中的“购物”，都可以进入百度推荐购物网站页面，此时，就可以从中选择站点，进入购物（图 2－61）。

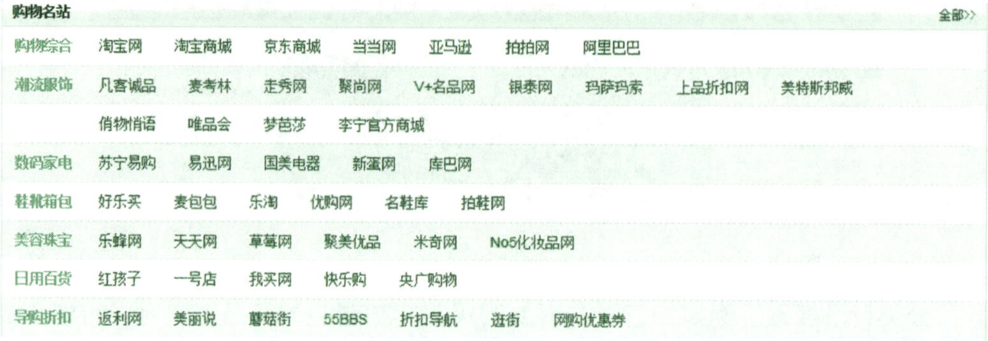

图 2－61

（2）门户浏览。门户网站，是指通向某类综合性互联网信息资源并提供有关信息服务的应用系统。门户网站最初提供搜索服务、目录服务，后来由于市场竞争日益激烈，门户网站不得不快速地拓展各种新的业务类型，希望通过门类众多的业务来吸引和留住互联网用户，以至于目前门户网站的业务包罗万象，成为网络世界的“百货商场”或“网络超市”。

门户网站的一个主要盈利方式就是广告，各类电子商务网站争相在知名门户网站做广告，以求得门户网站浏览者通过链接方式了解和认识其网站。图 2－62 是新浪网的首页，可以看到其页面上部已经包含很多文字或图片的广告链接。

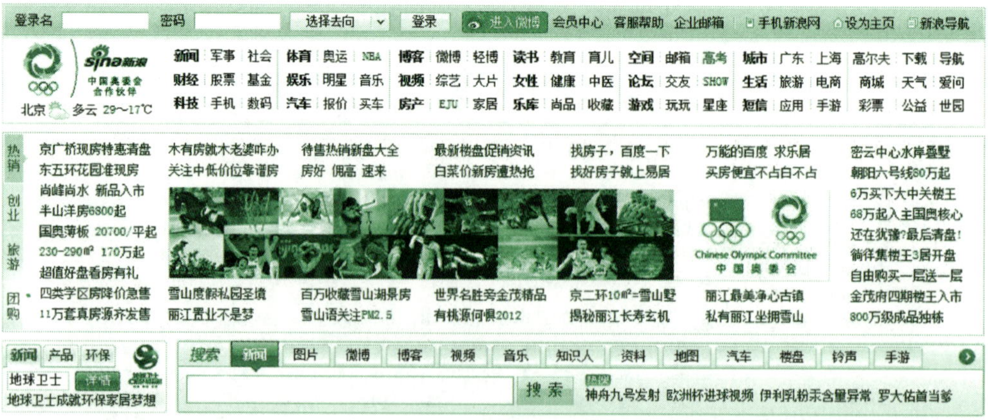

图 2－62

点击导航栏上的“女性”，可以进入“新浪女性”页面，这个页面的最上方就是一个横幅广告——麦考林。点击广告，则可以进入麦考林网站，如图 2－63 所示。

图 2－63

在门户网站中，像上面的例子举不胜举，在每一个分类页面中都可能至少有一个电子商务网站的广告嵌入。用户在浏览门户网站中，自然的就可以获取相关的信息，进而可以进入相关网站。

（3）购物导航。购物导航网站是电子商务网站发展到一定阶段的产物，该类网站主要将电子商务网站集中、分类、展示，让用户可以在该网站中找到想要去的购物网站。

图 2－64、图 2－65 展示的就是购物导航类网站中的两个实例。

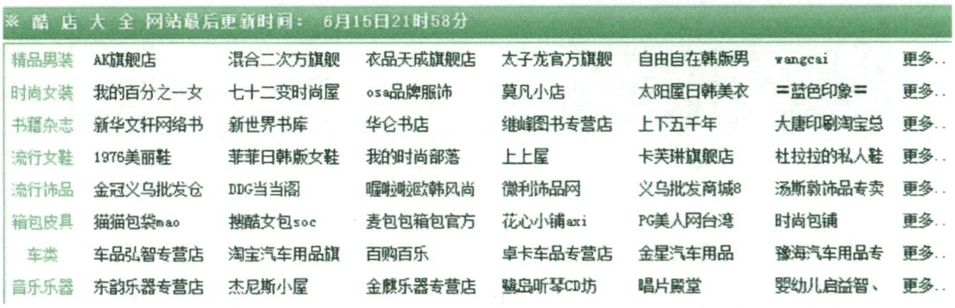

图 2－64

图 2－65

2. 站内筛选。

（1）导航搜索。一般的网上商城，都在主页上设置有导航搜索，导航搜索中列出了网站所有的频道，鼠标滑过后有相关的分类，查找相关的类别（图2－66）。

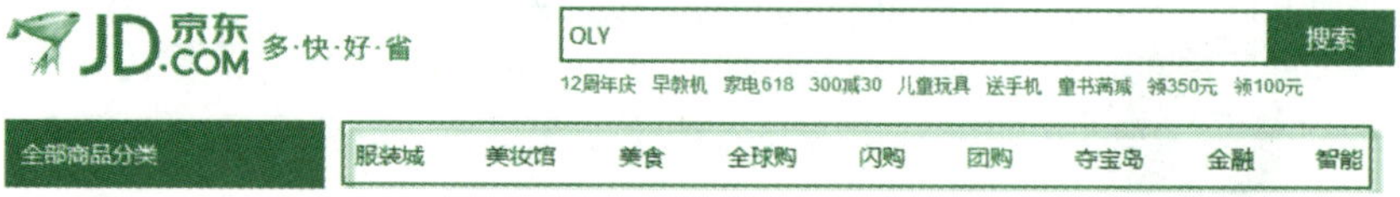

图2－66

（2）分类搜索。如果通过商城导航查找商品不能满足需要的话，那还可以试试其他的搜索方式。不同类型网站的首页都会按一定的分类方法列举出了热门的关键字，如化妆品网站按照功效、服装服饰类网站按照材质等等。图2－67展示的是某包类网站的分类目录。

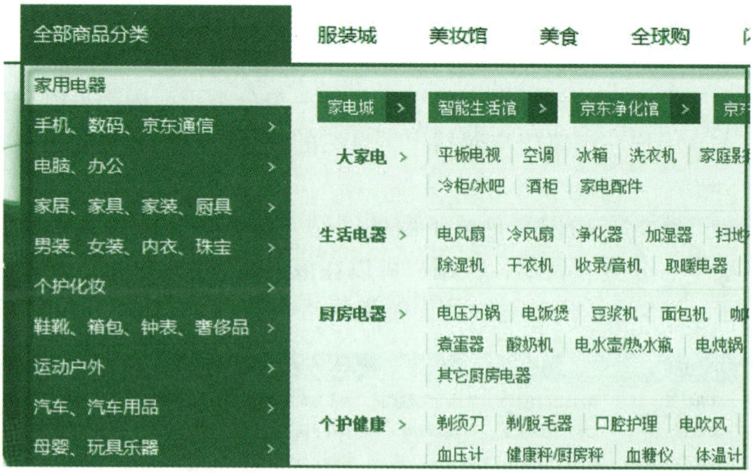

图2－67

（3）关键字搜索。如果觉得以上两种筛选方法比较麻烦，还可以直接进行关键字搜索。基本上所有的电子商务网站都具备站内搜索功能，在主页上可以找到搜索栏，输入商品的关键字，即可以查找相关信息。

例如，在京东商城的搜索栏中输入“三星手机”（图2－68）。

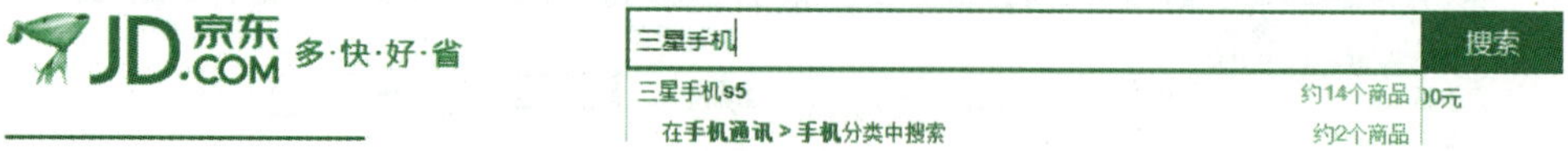

图2－68

搜索的结果如图2－69所示，此种方法也不乏是一种比较便利的方法。应用时关键在于关键字的确定，这对于搜索结果有着直接的作用。

图 2－69

练一练

请利用至少三种方法（站内、站外均可）搜索苹果手机 IPHONE 4S 的相关信息。

步骤二：筛选发布在网站内部的信息

网络信息的来源渠道是多元化的，不同来源的信息质量可能不一样，因此，对信息来源做出判断，是处理信息的基本出发点，也是判断信息价值的一个方面。

网站内部的信息从选题到内容的采集、加工都是由网站自己控制，因此质量容易得到保证。其内容原创的方式是本网站的编辑队伍对内容进行搜集整理以及特约比较有影响力的评论员在自己网站开设专栏，或者建立一支写作群，负责评论栏目。

（一）信息筛选的概念

所谓信息筛选，是指对大量的原始信息以及加工的信息材料进行筛选和判别，从而有效地排除其他不需要的信息，选择所需要的信息。现代信息社会已从提供信息发展到选择信息阶段。

作为网络编辑，面对纷繁复杂的稿件，首先要做的就是对稿件进行基本的筛选与判断，挑选出适合于在网络上传播且能满足受众需求的稿件，并分门别类，在不同的栏目中发布。网络信息筛选的意义主要体现在两个方面，一方面要满足网民的信息需求，另一方面也应满足每个网站的定位及个性等需要。

（二）内部信息筛选标准

电子商务网站的构成一般包括主页面、商品详情页面、物流配送说明页面、会员管理页面等等，不同的页面所需要包含的内容是不同的，表现形式也是多样的，下面就商城主页和商品详情页面来说一下信息选择的标准。

1. 商城主页。商城主页一般包括如下信息：企业标志 LOGO、横幅广告 BANNER、产品类别目录、产品等等。

（1）企业标志 LOGO。LOGO 是徽标或者商标的英文说法，起到对徽标拥有公司的识别和推广的作用，通过形象的 LOGO 可以让消费者记住公司主体和品牌文化。网络中的 LOGO 徽标主要是各个网站用来与其他网站链接的图形标志，代表一个网站或网站的一个板块。LOGO 的规格一般满足以下标准（表 2－5）：

表 2－5

	LOGO 规格	备注
1	88×31	互联网上最普遍的 LOGO 规格
2	120×60	用于一般大小的 LOGO 规格
3	120×90	用于大型的 LOGO 规格
4	200×70	这种规格 LOGO 也已经出现

网站中的 LOGO 有很多表现形式，如：圆形标志、三角形标志、汉字标志、数字标志、动物造型、自然造型等。而我们所需要编辑的电子商务网站的 LOGO 一般采用文字（中文、英文）的形式来呈现，有的也加上了以图表示的网站标志（图 2－70、图 2－71）。

图 2－70

图 2－71

（2）横幅广告 BANNER。横幅广告，是互联网广告中最基本的广告形式，尺寸是 468×60 像素，或 233×30 像素，一般是使用 GIF 格式的图像文件，可以使用静态图形，也可用多帧图像拼接为动画图像。除普通 GIF 格式外，新兴的 Rich Media Banner（丰富媒体 Banner）能赋予 Banner 更强的表现力和交互内容，但一般需要用户使用的浏览器插件支持（Plug－in）。

Internet Advertising Bureau（IAB，国际广告局）的“标准和管理委员会”联合 Coalition for Advertising Supported Information and Entertainment（CASIE，广告支持信息和娱乐联合会）推出了一系列网络广告宣传物的标准尺寸。这些尺寸作为建议，提供给广告生产者和消费者，使大家都能接受。现在网站上的广告几乎都遵循 IAC/CASIE 标准。

2001 年公布的标准中规定 banner 大致可以使用如下尺寸（2－6）：

表 2－6

尺寸（像素）	类型
120×600	“摩天大楼”形
160×600	宽“摩天大楼”形
180×150	长方形
300×250	中级长方形
336×280	大长方形
240×400	竖长方形
250×250	“正方形弹出式”广告

现在随着大屏幕的显示器出现，banner 的表现尺寸越来越大，760×70；1000×70 像素的大尺寸 banner 也悄然出现。

（3）产品类别目录。产品目录一般放置于网站主页，用于方便用户根据类别查找需要的产品。产品目录一般分为两种类型。

① 分类目录。综合型电子商务网站，一般使用分类目录，因为综合型电子商务网站销售的产品种类繁多，很难简单将目录体现在主页有限的空间内，于是采用分类的形式，这种目录一般带有一级或多级子目录。

② 功能目录。如果网站的销售主要是一类商品（如化妆品、服装、鞋等），则可以根据产品的功能或用户来设置目录（图 2－72、图 2－73）。

图 2－72

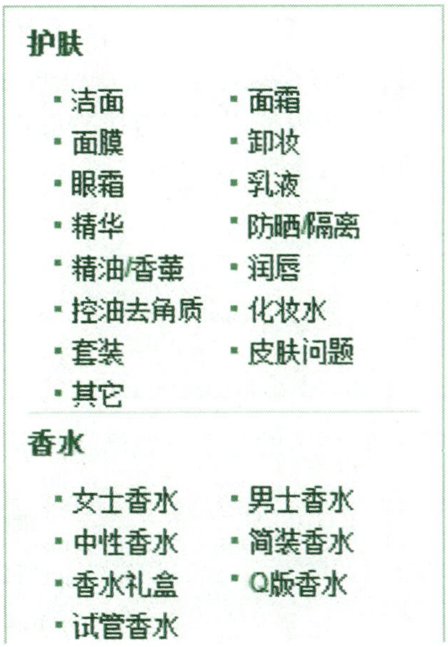

图 2－73

除此之外，当然还可以有别的设置产品目录的方法，随着电子商务的不断发展，各种新类型也不断出现。（如图 2－74 展示的是按品牌设定的目录）

图 2－74

（3）产品。电子商务网站主页中展示的产品毕竟是销售产品的一小部分，所以多数情况选择展示的是新品、特价品、热卖品、专卖品等等。不管是什么类型的产品，放在主页上，都是为了更好的吸引顾客的注意力，提高销售量。

在主页上展示产品的形式有两种：

① 图片形式。图片是展示产品最好的方式，当今的电子商务网站已经很成熟，多数采用滚动图片，或者动画的形式在有限的空间展示更多的产品。

图 2－75

从图 2－75 可以看出，该网站采用 5 图滚动的形式，在主页上展示 25 个主要宣传产品。

② 文字链接形式。主页上的空间是有限的，如何才能吸引顾客留在网站浏览更多的产品呢？我们还可以采用文字链接的形式，打开新页面，使顾客选择。此处的文字在编写时应注意以下原则（表 2－7）：

表 2－7

1	文字少而精，9～15 为宜
2	通常须句型完整、通顺
3	有吸引力，关键字突出

图 2－76 展示的是某商城网站主页上的文字链接。

"非诚勿扰"幸福专区

"外公"来了，半价开抢！

欧美范女装65折封顶

电脑数码半价商品天天

图 2－76

2. 商品详情页面。商品详情页的作用是让顾客了解产品。商品详情页编辑的好坏直接影响着顾客是否会购买该产品，所以商品详情页编辑的过程中应着重考虑顾客想要什么样的产品，商品详情页一般包括以下几方面内容（图 2 –77）：

图 2 –77

（1）主图。主图是商品在商品列表里呈现的图片，也就是给顾客第一印象的图片。高质量的主图可以提高被顾客发现的概率，影响顾客的购买决策。主图一般都是商品的正面照片，需体现商品的完整效果。什么样的主图才算是好的呢？一般要满足如下要求：① 色彩纯正，光线良好，无偏色和曝光问题；② 构图合理，突出主题；③ 尺寸大小合适，节约空间，加载速度快；④ 必要时可以用相关软件进行修正。

图 2 –78 展示的两幅图，很容易的可以分出哪一幅更适合当做主图。

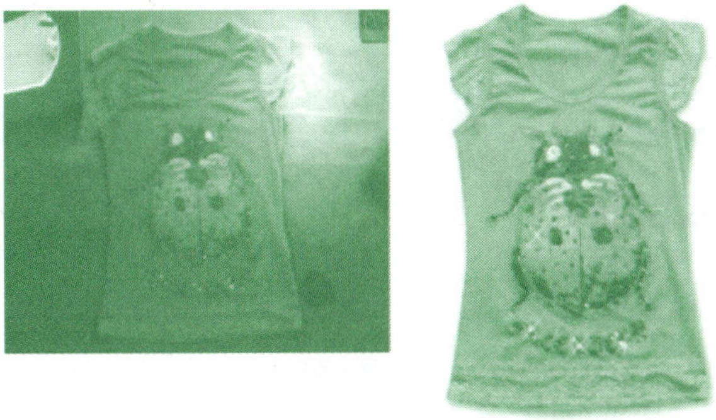

图 2 –78

选择图片的标准是（表 2 –8）：

表 2 –8

图片尺寸	宽 × 高 < 480 × 600
图片格式	尽量不要超过 80KB
图片来源	真实拍摄（非真实拍摄注意版权问题）
图片大小	jpg /Gif 格式

（2）辅图。辅图的作用是辅助主图，更有效的展示产品的细节。辅图可以分为商品细节图和对比细节图两类。此处的图片标准同主图一致，不过辅图的呈现类型更为生动活泼一

些，比如可选择不同图片的形状，可以添加说明文字、促销信息等内容。

① 商品细节图。一般采用实拍商品的形式，展示商品最优的一面给顾客。突出商品的做工，材质以及其他有特色的地方（图 2－79）。

图 2－79

② 对比细节图。对比细节图是指商品在不同状态的图片展示，如弹力拉伸试验的对比图等等，目的在于通过对比试验更加突出宝贝的优势（图 2－80）。

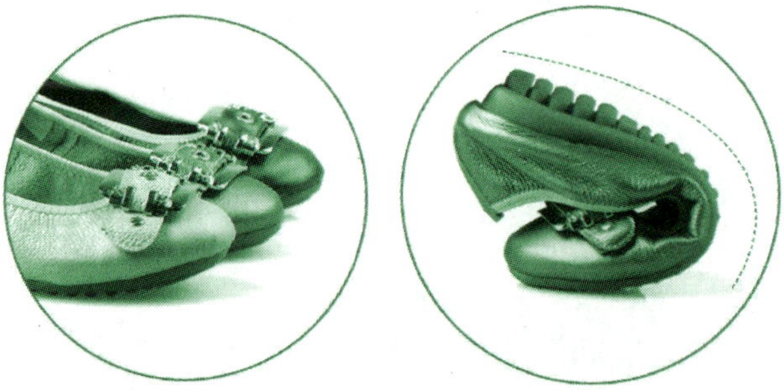

图 2－80

③ 文字说明。商品详情页上的文字说明内容很广泛，理论上说，凡是跟商品相关的文字信息都可以罗列，但是繁杂的文字会影响顾客选择商品的耐心，所以此部分信息在罗列上也要有一定的选择标准。商品的文字说明一般可以包括如下内容（表 2－9）：

表 2－9

内容	说　明
产品名称	利用关键字准确的概括商品
产品价格	一般采用市场价与店铺价对比的形式
基本信息	材质、尺寸、使用方法、提示信息等
品牌说明	理念、品牌介绍等
促销信息	单品活动、组合促销、新品上架等
产品评价	已购买者的评价文字及分数

如图 2－81 展示的是产品名称和价格，图 2－82 展示的是商品基本信息，图 2－83 展示的是品牌介绍，图 2－84 展示的是组合促销，图 2－85 展示的是已购买用户的评价。

图 2－81

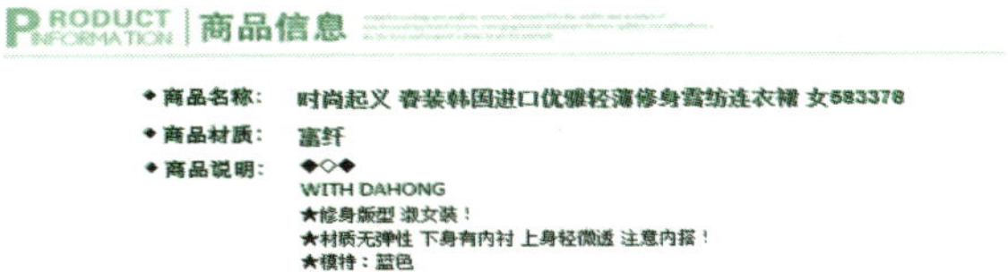

图 2－82

图 2－83

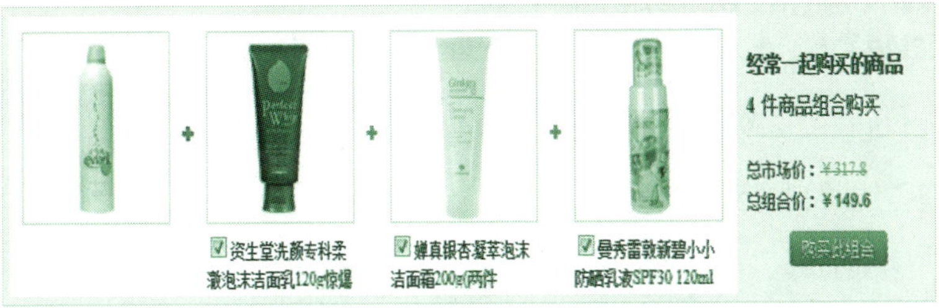

图 2－84

图 2－85

做一做

在京东商城（www.360buy.com）上搜索一款产品，将网页截图，并说明网页各部分展示出的信息。

步骤三：筛选发布在网站外部的信息

（一）网站外部渠道介绍

网站内容编辑得好，是为了更好的进行电子商务活动。而只靠网站内部信息，能够传播的范围太有限了，为了更好的推广我们的网站，下一步我们要考虑利用外部渠道发布信息。

1. 网站外部信息。网站外部信息，可以简单的理解为在企业网站外部发布的和企业相关的信息，包括企业的介绍、企业的宣传内容、企业与客户的沟通等等。其主要功能是辅助企业网站快速扩大其知名度和影响力。

在企业网站外部发布信息的方式我们称之为网站外部渠道。利用网站外部渠道发布信息的最终目的是指让更多的客户知道你的网站在什么位置。让尽可能多的潜在用户了解并访问网站，从而利用网站实现向用户传递营销信息的目的，用户通过网站获得有关产品和公司的信息，为最终形成购买决策提供支持。

下面首先看一下哪些信息可以发布在外部渠道。

（1）网站主页信息。网站主页也称首页，是网站的入口，即进入网站首先看到的页面。通常可以将网站的中文名称或者是地址作为外部信息通过各种渠道发布出去，吸引顾客点击进入。

网站主页是一张完整的网页页面，一般发布这类信息时，多数采用链接的形式，比如将链接添加到搜索引擎，或者和相关网站建立友情链接的形式来呈现。具体的表现形式上，可以使用文字，也可以使用图片。

图 2－86 为网站“好乐买”在搜索引擎发布的地址链接。

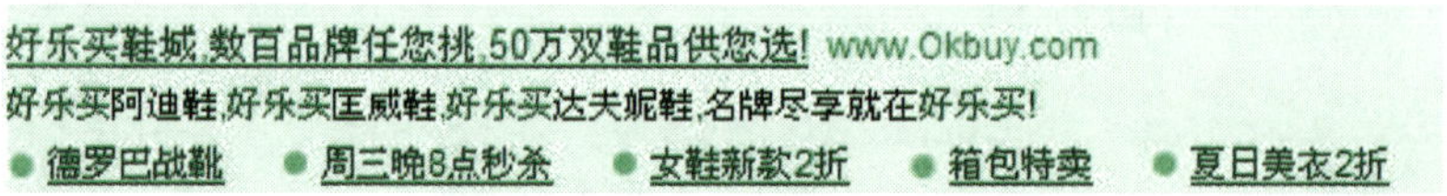

图 2－86

图 2－87 为网站“钻石小鸟”中的友情链接页面。

图 2－87

图 2－88 为几家婚纱摄影工作室在 99 结婚网上的主页链接。

图 2－88

（2）网站介绍信息。大多数企业网站都会有单独的页面进行企业介绍，内容一般包括企业的概况、企业的文化、经营的理念、经营品牌的介绍以及主要业务和服务的介绍。

网站介绍可以采用搜索引擎链接的方式的发布，也可以采用微博、社交网站等渠道发布。

图 2－89 为大众点评网介绍页面在搜索引擎上的链接。

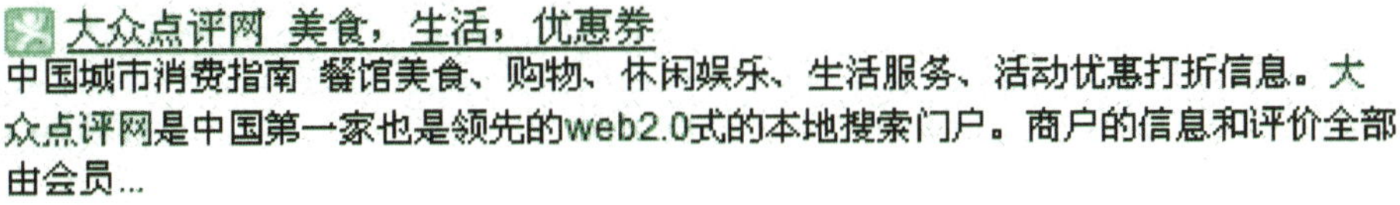

图 2－89

图 2－90 为雅诗兰黛在开心网上的介绍。

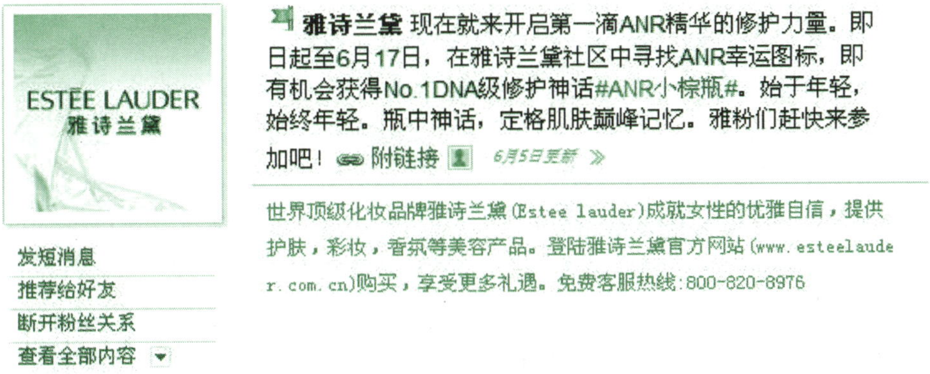

图 2－90

（3）网站宣传和促销。企业的宣传和促销信息是企业向外发布的主要信息。宣传信息主要用来扩大网站的影响力，促销信息则是在传播网站的活动。此类信息的发布形式也是多样的，如可以采用图文广告、邮件群发、微博传递等等（图 2－91）。

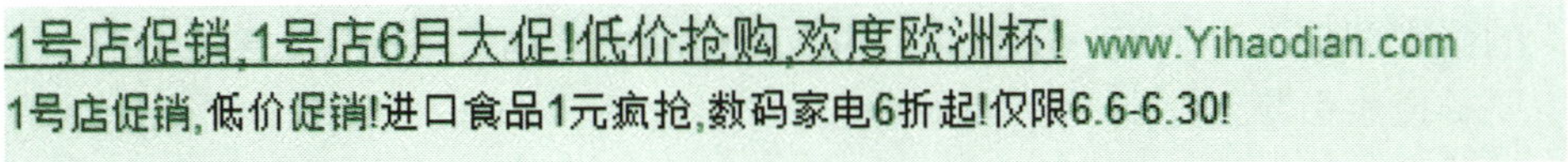

图 2－91

拓展阅读

麦包包视频广告风暴预示“蜕变”？

一个月前，麦包包正式启动了在北京、上海、广州、深圳、杭州、南京、宁波等20多个城市的视频广告投放，锁定了城市白领工作、生活及通勤的必经路线，覆盖楼宇电视、地铁电视、公交电视，形成立体包围的态势。“要神马包，有神马包。买包包？就上麦包包！”的广告语一时间蔚为风行。麦包包的视频广告成功吸引了大众的眼球，也引来各路媒体的争相关注，但这似乎仍然无法满足麦包包的时尚王国梦。在不间断地连续一个月的全国20多个城市大投线下视频广告之后，麦包包让人浮想联翩：是进攻传统强势媒体央视？还是继续精准投放公众视频？又会在何时开始它的下一波线下攻势呢？

麦包包是2007年成立的垂直型电子商务网站，专注于时尚箱包的在线销售，短短几年已经成长为大中华区最具价值的箱包在线渠道品牌。对于现阶段的国内电商企业来讲，单一品类的视频广告投放达到像麦包包这样的大范围、高频次、多渠道的程度，是很少见的。从广告内容分析，麦包包首次同时推出的两款15秒视频广告，无论是爱包包篇，还是神马包篇，都导向对麦包包的“时尚认同”。对于此前一直热衷于网络传播的麦包包来说，也许是日渐成熟的品牌价值已经足以支持去开启新的传播空间，以赢得互联网人群之外更多线下消费者的心，所以，麦包包就毫不迟疑的迈上了线上、线下营销同时出击的道路。当然这只是推想之一。

另外一个饶有兴味的猜想话题则是关于麦包包的“上市”。2007年接受意大利天使投资创立的麦包包，其创始人叶海峰多次表示，麦包包销售目标是5年内突破10亿元，至于到底在达到哪个数值时酝酿上市，就不得而知了。但不管麦包包是否受到了国内互联网企业IPO潮的影响，如果麦包包要实现建立时尚箱包王国的梦想，上市是必须走的一步，相对于梦想的实现，此次城际之间的视频广告推广无疑是为其上市做铺垫的信号，所以推想麦包包距离进行首次公开募股（IPO）已为期不远了。但不管麦包包是不是在为上市做谋划，此次大手笔的视频广告投放都将成为麦包包品牌历史中一个新起点。

资料来源：网易新闻 http：//news. 163. com/11/0720/17/79E21DJK00014AEE. html

2. 外部渠道介绍。作为电商网站编辑，要树立网站推广意识，能够筛选适合用于推广企业、网站或产品的相关信息，进行再编辑，发布到第三方平台或其他网络渠道。一般情况下，企业通过一种或多种渠道实现网站推广目标。在Internet上信息发布的外部渠道主要有以下六种：

（1）在搜索引擎上发布。搜索引擎是网站建设中针对“用户使用网站的便利性”所提供的必要功能，同时也是“研究网站用户行为的一个有效工具”。高效的站内检索可以让用户快速准确地找到目标信息，从而更有效地促进产品/服务的销售，而且通过对网站访问者搜索行为的深度分析，对于进一步制定更为有效的网络营销策略具有重要价值。

在主要的搜索引擎上注册并获得最理想的排名，是网站设计过程中需要考虑的问题之一，网站正式发布后应尽快将相关信息提交到主要的搜索引擎上。在使用搜索引擎这种渠道发布信息时，还应该注意以下原则（表2－10）：

表 2－10

推广信息的内容质量	（1）信息要简洁明了，字数控制在 100 到 500 之间效果最好，不要长篇大论。 （2）排版整洁，结构清晰，具有良好可阅读性。 （3）重点提及要宣传的产品或服务的优势和特色。
真实准确的联系方式	网址打不开、电话打不通、地址不详细都可能增加用户的疑虑，因此注册用户时候一定详细填写所有联系资料，详细的联系方式让信息的可信度大大加强。
提高信息的原创率	各大搜索引擎会优先收录原创性信息，并能获得很好的排名，一味地粘贴复制雷同的信息只能淹没在信息的海洋里。
充分利用图片资源	在信息中插入一张或几张相关图片让信息更有说服力和视觉冲击力，同时也加深客户对产品的印象。

图 2－92 所示是在百度上搜索“凡客诚品”的结果页面。

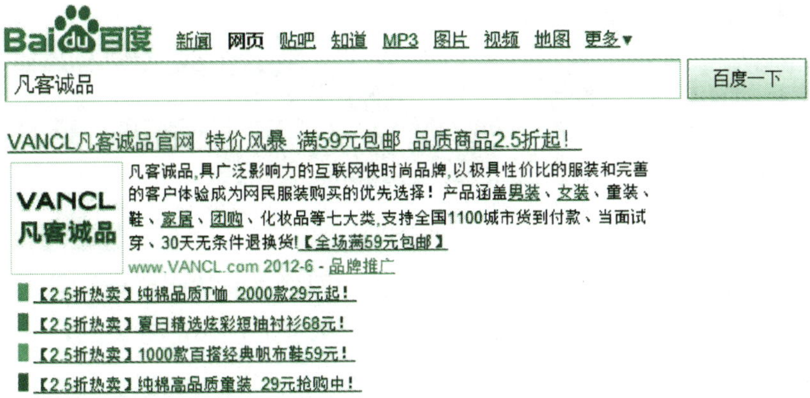

图 2－92

图 2－93 所示是在百度上搜索“京东商城”的结果页面。

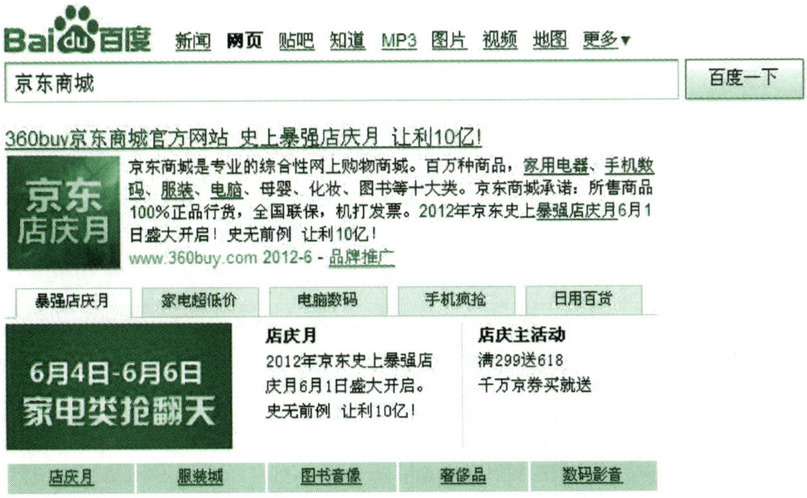

图 2－93

（2）通过外部网站链接发布。网站链接相对于搜索引擎来讲，能够更迅速、更有效的吸引访问者，扩大影响力，网站链接有多种模式可供选择使用。

① 行业链接。所谓行业链接，就是在本行业比较权威性的网站添加链接。通常每一行业都会有一个或几个访问量比较大的权威性网站。通过在这样的网站上加入链接，能够比较准确地圈定访问者，提高网站利用率。此时应注意“权威性”，Internet 上的网站鱼龙混杂，挑选行业网站时应着重检查认证，即是否被相关部门认证为权威网站，再决定是否在上面添加链接。

图 2 –94 所示为中国珠宝玉石首饰行业协会网站，图 2 –95 是网站会员单位的列表。

图 2 –94

图 2 –95

② 友情链接。友情链接是具有一定互补优势的网站之间的简单合作形式，即分别在自己的网站上放置对方网站的 logo 或网站名称，并设置对方网站的超链接，使得用户可以从合作网站中发现自己的网站，达到互相推广的目的。

友情链接既可以吸引潜在用户的访问，又间接地丰富了网站的内容，且无额外花费，因此是互联网上广为采用的推广手段。

友情链接的作用主要体现在：

- 获得访问量；
- 增加用户浏览时的印象；
- 在搜索引擎排名中增加优势；
- 通过合作网站的推荐增加访问者的可信度。

建立友情链接时需要遵循的原则有（表 2 –11）：

表 2 –11

杜绝链接无关的网站	要慎重选择链接对象，大量无关的或低水平网站的链接会降低访问者对你的信任，严重影响网站的声誉。
建立友情链接尽量使用文字形式	使用分别来自不同网站的图片链接会影响自己网站的整体效果和下载速度。
回访友情链接伙伴的网站	建立友情链接后，要回访友情链接伙伴的网站，检查对方网站是否正常运行、自己的网站是否取消或出现错误链接等。
避免出现错误的或无效的链接	因为友情链接通常出现在网站的首页上，错误或者无效的链接对自己网站的质量有很大的负面影响。
使用打开新窗口链接	这种方法有助于用户在跳转到新的网站之后，还可以回到原来的网站。

图 2－96 是拉手网主页上的一部分内容，其中最左侧链接中含有“合作伙伴”，即友情链接。

图 2－96

图 2－97 展示的是在上图中点击“合作伙伴”后所打开的页面。

图 2－97

③ 有偿广告。在线营销的一个非常重要的工作，就是如何在互联网上建立尽可能多的指向我们页面的链接。这类链接越多，访问量会越大。但是，什么类型的访问对我们才真正有意义呢？那就是目标客户或潜在客户，他们的访问才是我们努力的追求，才是我们所说的有意义的访问。

网络广告的意义在于，第一，在网络中树立企业的形象和塑造网络品牌，第二，吸引目标客户点击，进入网站的制定页面，进而使目标访问者进入站点的营销页面并下订单，形成站点的销售。

根据自身网站的推广对象筛选若干热门网站放置你的广告，可以提高网站的访问率。

图 2－98 为中粮我买网在新浪网首页做的广告。

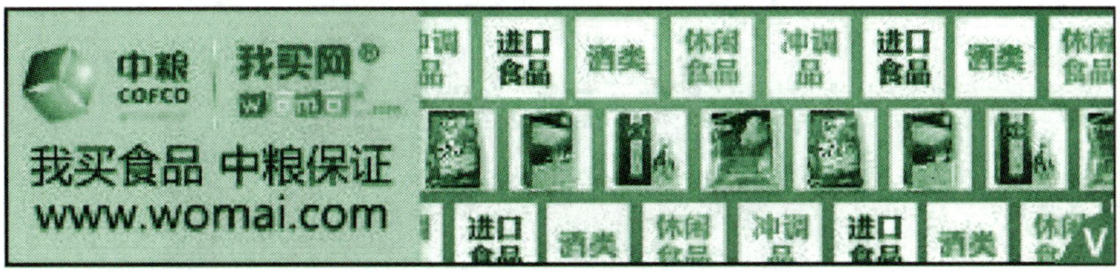

图 2－98

采用广告的形式开展网站推广，应注意三个问题：锁定目标受众、做好广告文案、实时效果监控。具体的可从以下几方面看：

• 了解广告面向的顾客。知道广告面对的是什么顾客，才能因地制宜的在适合的网站发表广告。

举例来说，如果某老年用品要发表广告，而广告发布在适合年轻人的网站上，其效果可想而知。这就是对媒体的选择，要看广告主的广告目的、策略，选择对口的媒体。如果选择恰当，可以收到事半功倍的效果。

如图 2－99 所示为酷派手机在某通信公司网站上的广告。

图 2－99

• 选择收费相对低廉的网站。控制成本是一切营销的基础。当然，投入与所得收益也是成正比的，关键要看广告主要达到的目的。

• 寻找免费的机会。免费的广告是有的，但是广告商给你免费的目的是要你在他的网站上面投入更多的广告。

• 模糊用语的作用。有的产品广告的目的在于获取更多的点击率，那么模糊广告用语是很有用的，它可以吸引很大一部分受众。

例如：某公司曾做了一个 banner 广告，内容为“免 15 天费用”，白底黑字，很简单，但做的很漂亮，其点击率达到了 3.1% 以上（图 2－100）。

图 2－100

（3）电子邮件。电子邮件也称 E－mail，是 Internet 上应用最频繁的业务之一。应用电子邮件，可以及时与顾客进行联系，也可以定期将网站的新信息发布给顾客。利用电子邮件推广网站的主要方法是在网站上添加邮件列表功能。每一个访问你的网站、对你提供的信息感兴趣的用户，在加入该邮件列表后，就可以收到你定期或不定期发送的相关信息。

图 2－101 展示的是京东商城给注册用户定期发送的促销邮件。

图 2－101

电子邮件虽然是一种公认的高效廉价的网上推广手段，但是如果不了解 E－mail 推广的规则，往往会得到事与愿违的结果，甚至遭到收件人的强烈抗议，将其作为垃圾邮件处理，严重的还会引起法律纠纷。因此，在利用电子邮件进行网络信息发布时需要遵循以下原则：

① 争取得到客户许可。在电子邮件推广中要争取使用户主动订阅电子邮件，进行许可营销。在利用邮件发送信息时要允许用户退订并提供简单方便的操作，可以结合传统营销的方式与客户联系，提高客户的信任度。

② 明确邮件的主题。电子邮件的主题是收件人最早可以看到的信息，邮件内容是否能引人注意，主题起着相当重要的作用。邮件主题应重点突出、引人注意，以便收件人决定是否继续阅读邮件内容。

③ 邮件内容要简洁。邮件目的明确，语言简练通顺，注意文明礼貌，结构合理，尽量不带附件和过多的图片。如果需要，可以给出一个关于详细内容的链接，收件人如果有兴趣，会主动点击你链接的内容。

④ 发送邮件的频率要适当。发送邮件的频率不要过于频繁，同样的内容不要重复发送，一般每周不超过一次。

图 2－102 是来自倩碧官网的邮件推广，我们可以看到详细内容的链接。

图 2－102

在此封邮件的最后，可以看到"点击退订"链接，如图 2－103 所示。

图 2－103

（4）网络社区。网络社区是指包括 BBS/论坛、贴吧、公告栏、群组讨论、在线聊天、交友、个人空间、无线增值服务等形式在内的网上交流空间，同一主题的网络社区集中了具有共同兴趣的访问者。

网络社区主要通过把具有共同兴趣的访问者集中到一个虚拟空间达到相互沟通的目的。网络社区不仅仅具备交流的功能，实际上也成为一种营销场所。这种场所不仅能发布网站的消息，还能够作为一种平台与顾客联系。

图 2－104 展示的是 55BBS 论坛上注册用户为“全城热恋”做的宣传。

图 2－104

网络社区宣传，虽然花费精力，但是效果非常好。网络社区宣传要选择自己潜在客户在的网络社区，或者人气比较好的网络社区。网络社区宣传注意以下几个原则：

①不要直接发广告。这样的帖子很容易被当作广告贴而被删除。

②用好头像、签名。头像可以专门设计一个，宣传自己的品牌，签名可以加入自己网站的介绍和连接。

③坚持质量第一的原则。社区宣传不在乎发贴的数量多少，发的地方多少，而在于帖子的质量。因为发的多，但总体流量不多，也是毫无意义的。我们发贴，关键是为了让更多的人看，宣传自己的网站。所以追求的是最终流量。因此高质量的帖子，就可以花费较小的精力，获得较好的效果。

④适当“托”一把。在论坛，有时候为了帖子的气氛，人气。你也可以适当的找个“捧场人”，也可以自己注册两个账号演一把。

图 2－105 是某论坛上团购网站进行的宣传。

图 2－105

（5）微博。微博是一种通过关注机制分享简短信息的广播式的社交网络平台，微博推广是刚刚推出的一个网络推广方式，随着微博的火热，每一个人或企业都可以在新浪，网易等提供微博平台的网站注册一个微博，然后利用更新自己的微型博客，每天更新信息来跟大家交流，或者有大家所感兴趣的话题，这样就可以达到传播往网站信息的目的，这样的方式就是新兴推出的微博推广。

微博推广可以归纳为三个步骤：

①明确并找到目标粉丝。可以通过寻找标签、微群等方式实现；

②吸引目标粉丝关注你。根据目标粉丝喜好撰写稿件和组织活动；

③潜移默化的把企业信息传递给粉丝。

微博推广的注意事项如表 2－12 所示：

表 2－12

关键是人气	也就是明确粉丝，聚集粉丝
不是广告发布器	注意与粉丝的感情互动，而不仅仅是发布广告
不要只记流水账	也可以像普通用户一样转帖一些话题，与粉丝互动
尊重用户	遇到问题，不与粉丝争辩，把问题尽量化小，尽可能的让粉丝满意
对产品与品牌进行监控	通过微博的链接，监控用户点击量和购买量
全员上阵	可采用多个员工同时利用微博渠道的方式
引发别人在微博中讨论	讨论的多，微博转发的就多，看到的人就多
适度结合热点	通过热点话题吸引更多的粉丝加入
善用图片	微博以微小而得名，图片选择要少而精
经常回馈粉丝	采用转发有奖的活动吸引更多粉丝加入，同时加大促销信息的转发量

图 2－106 为拉手网北京站在新浪微博上做的推广。

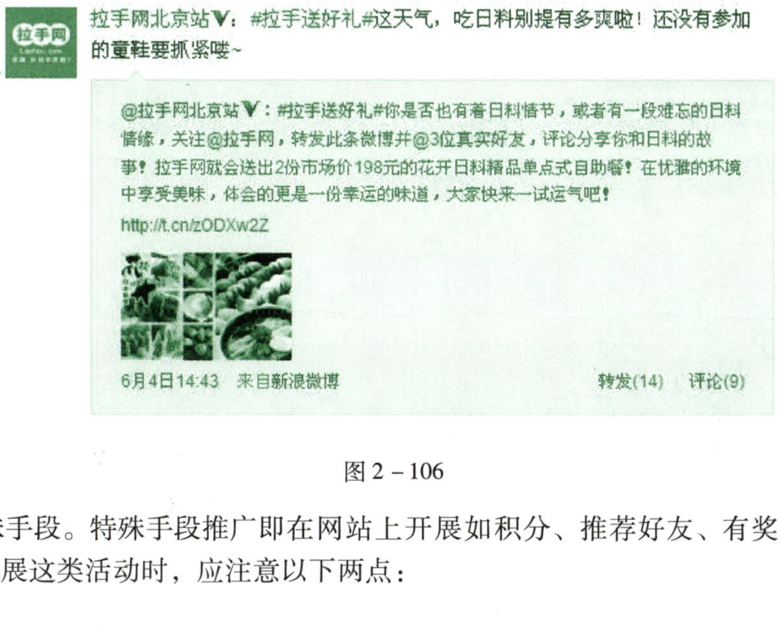

图 2－106

（6）特殊手段。特殊手段推广即在网站上开展如积分、推荐好友、有奖调查、在线游戏等活动，开展这类活动时，应注意以下两点：

① 活动的规范性。做活动要及时公布活动流程，定期公布活动进行情况，按照活动最初制定的规则，按时公布获奖名单，保证真实性。

② 活动类别要丰富。很多网站喜欢开展抽奖活动，但抽奖活动中受益的毕竟是少数访问者，如果网站总是开展这类活动，参与的顾客可能会越来越少，所以网站开展宣传时，应采用多种类型的活动，如推荐好友注册，就可以100%的保证会员得到受益等等。

图 2 - 107 所示为某网站开展每天签到送积分及购物券活动。

图 2 - 107

图 2 - 108 是某团购网站的推荐好友界面，推荐好友可获得一定的优惠。

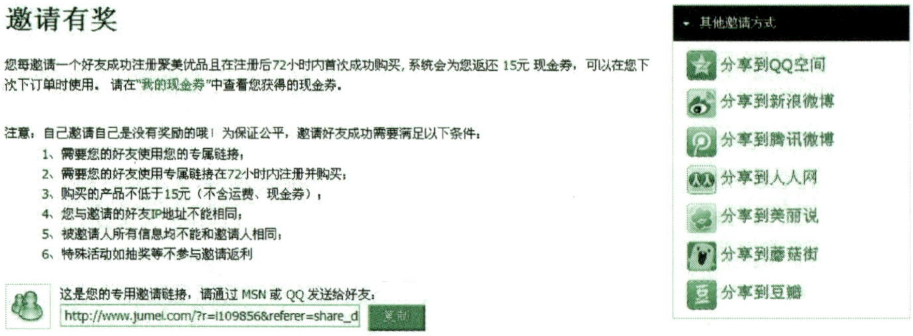

图 2 - 108

想一想

利用微博发布外部信息时的主要步骤

3. 外部渠道选择依据。

(1) 根据内容选择。

① 整张页面。如果想要将网站中的某一页（如主页、网站介绍页面等）的内容发布到外部渠道中，一般选择发布链接的方式，可以选用上述介绍的将页面发布到搜索引擎上，也可以采用外部网站链接的形式，简单的可以采用文字链接，复杂的可采用图片链接。用户可以点击链接地址访问指定页面。

② 宣传促销信息。宣传促销信息有时候是不需要整个页面的，有时用几句文字，或者用一张图，就可以将所表达的内容传递给用户，此时可以使用电子邮件、微博等渠道传达，简单而易编辑。

（2）根据更新速度选择。

① 需要及时更新的。如企业的动态、活动或者促销活动，都是根据市场变化，随时更新的，这类信息要以最快的速度占据用户眼球，就要采用简单、更新快的方式，此时，像微博、社交网络等能及时发布的渠道是最适合不过的了。

② 可以短期保留的。如企业的介绍这类的信息，在一定时间内是不会有变化的，一旦编辑好，选择好渠道发布即可。这类信息，我们可以采用行业链接、搜索引擎等方式。

（3）根据企业运营阶段选择。

① 起步期。企业的起步期，最重要的工作就是宣传。要尽可能的利用一切渠道去传播信息，占有市场，吸引注意力。此时，在条件允许下，可以采用上述介绍的各种渠道去发布信息，以达到最好的效果。

② 稳定期。企业进入稳定期后，有固定的客户群体，此时，发布的信息应着重在定期的促销活动上。对于老客户，可以采用邮件列表发布、微博发布吸引粉丝关注的形式。而对于新客户，仍不能放松企业的宣传，可继续采用门户广告、加入搜索引擎等方式。

想一想

企业网站发布外部信息的主要作用

实战强化

实训　填写“采集与筛选商城网站信息－学习报告”

一、实训目的

学生通过学习采集与筛选商城网站信息的相关知识，能够根据实际工作需要，选择合适的信息采集方法收集商城所需要的信息，并根据相关行业规范和用户习惯，有效筛选信息，并合理发布于网站内外，达到网站推广宣传的目标。

二、实训内容

背景：小 A 是某中职校电子商务专业的学生，为实践所学知识，小 A 决定尝试开设网店，销售住校生常用的生活用品与学习用品。请你根据本项目所学内容，完成开店计划。

1. 选择哪些商品线上销售?
2. 网站如何定位?采用什么样的风格?
3. 根据商品特点确定需采集的信息种类。
4. 确定使用什么方法采集需要的信息。
5. 根据网站规范,筛选合适的商品信息。
6. 根据用户习惯,合理安排信息发布渠道。

项目小结

本项目通过两个任务,介绍了商城信息的特点和作用,学生了解了采集商城网站信息的方法,学会了采集信息外围设备的初步使用,在了解相关行业规范的基础上,能够根据网店销售商品的特点,确定所开设商城网站的风格与定位,合理使用筛选方法,选择信息并发布于网站内部与外部。根据用户浏览网页的习惯,合理安排商城网站的布局,方便用户快速查找所需商品。

学生通过本项目的学习,能够根据实际工作的需要,运用多种商品信息采集方法收集信息,再根据相关规范筛选出在网站内部、外部适用的信息,并根据用户习惯,有效设计筛选方法,达到网站推广宣传的目标。

3 项目三 商城网站内容编辑

知识目标：

1. 了解组成商城网站的基本页面。
2. 理解商城网站首页内容组成及编辑规范。
3. 理解商城网站内容页面的内容组成及编辑规范。
4. 理解商城网站其他页面的内容组成及编辑规范。

技能目标：

1. 能根据企业需求，调整商城网站布局，完善企业网站首页，符合规范。

2. 能根据产品详情页的规范，使用恰当的工具，制作产品页面，图文并茂。

3. 能根据网站推广的需要，撰写具有推广意识的资讯或软文，实现网站或产品推广的目的。

4. 能使用多媒体工具编辑多媒体信息，满足企业信息展示的需要。

5. 能使用恰当的形式呈现网站帮助中心页面内容，便于用户浏览，顺畅使用网站。

情感目标：

遵纪守法，站在用户的角度看需求，树立服务意识；实事求是，不发布虚假信息；养成使用规范语言的习惯，树立规范意识；

任务一
商城网站布局编排

任务要点

- **重点：** 能理解网上商城系统及模板。
  能理解获取、选择及使用模板的方法。
  能理解商城布局及编排商城布局的方法。
- **难点：** 能根据电子商务网站定位，筛选适合的模板，运用网上商城系统，安装使用模板，搭建网上商城。
  能根据网站需求，运用网上商城系统，编辑版块，调整商城的布局，符合用户浏览习惯。

任务情境

经过一段时间的工作，小张能够顺利完成信息收集和筛选工作，并且对网站的各方面有充分的了解，企业近期通过建设网上超市的方案，部门经理允许他参与建设工作，首先，他要配合美工编辑完成网上超市的基本框架搭建。

任务分析

小张与美工商量，为了能更高效完成任务，决定选择使用网上提供的模板，既节约成本，又节约时间。首先，他与美工一起在网上专业的模板网站购买适合的模板；其次，将模板应用到企业的商城管理系统上；最后，按照企业的规划，调整模板的版块符合企业的需求。

任务实施

步骤一：选择并下载网上商城模板

（一）轻松搭建网上商城—模板的应用

1. 什么是模板？搭建网上商城，首先我们要把商城的框架搭建起来，再进行商城的内容建设。网上商城系统提供给用户做好的商城网页框架文件，解决用户不会做网页的困扰，用户只需通过商城后台选择应用，就可完成网上商城的框架搭建，我们将这样的框架网页文件称之为模板。见图 3－1、图 3－2 所示。

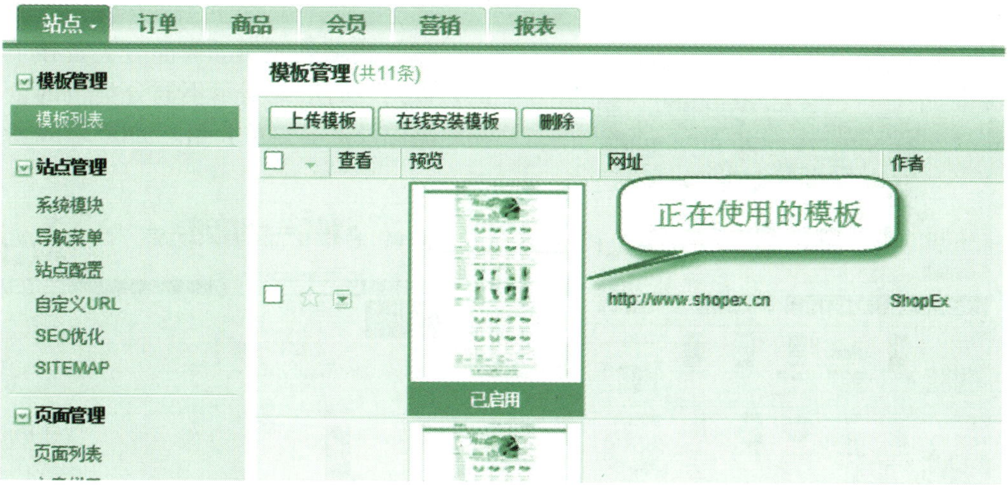

图 3－1　模板的后台应用

图 3－2　应用模板后的前台呈现

2. 模板的组成。模板是网上商城系统的外观控制文件，从技术层面上讲，一套模板内含有模板所需的网页 html，css 源码以及配套所使用的网页素材图片，从应用层面上讲，一套模板中含有商城所需的基本框架页面。它们是：

（1）网上商城首页。用户浏览商城看到的第一个页面，是商城网站的门面，一般具备导航、商品分类、搜索功能、商城公告等功能。如图 3－3 所示。

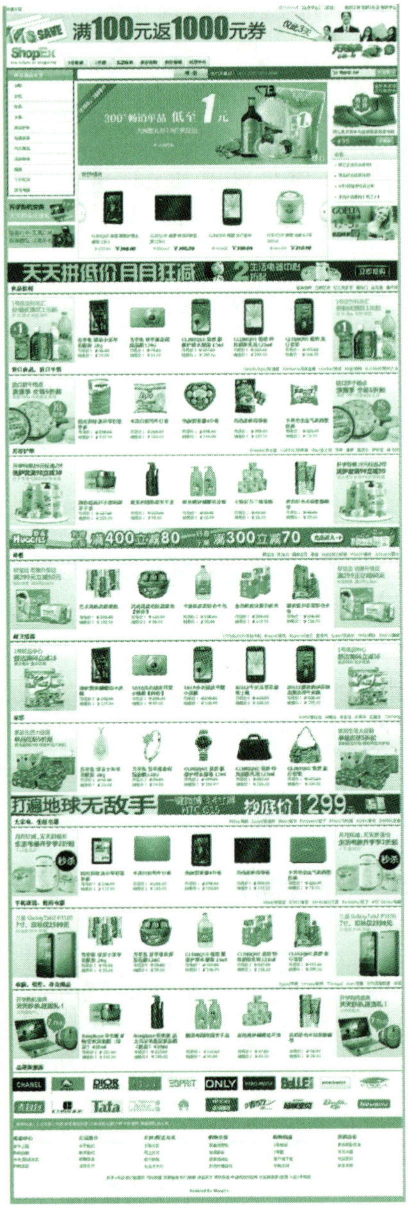

图3－3　网站商城首页

（2）商城列表页。商品分类链接下的页面，以列表的形式展示不同分类下的全部产品缩略图及产品简单介绍。如图3－4所示。

图3－4　网站商城列表页

（3）商品详情页。某一款商品的详细信息展示页面，包括产品的整体展示及细节展示，实现用户下订单购买，如图3－5所示。

（4）商城其他页面。包括如会员中心、帮助中心、企业介绍等商城信息的相关页面。如图3－6所示。

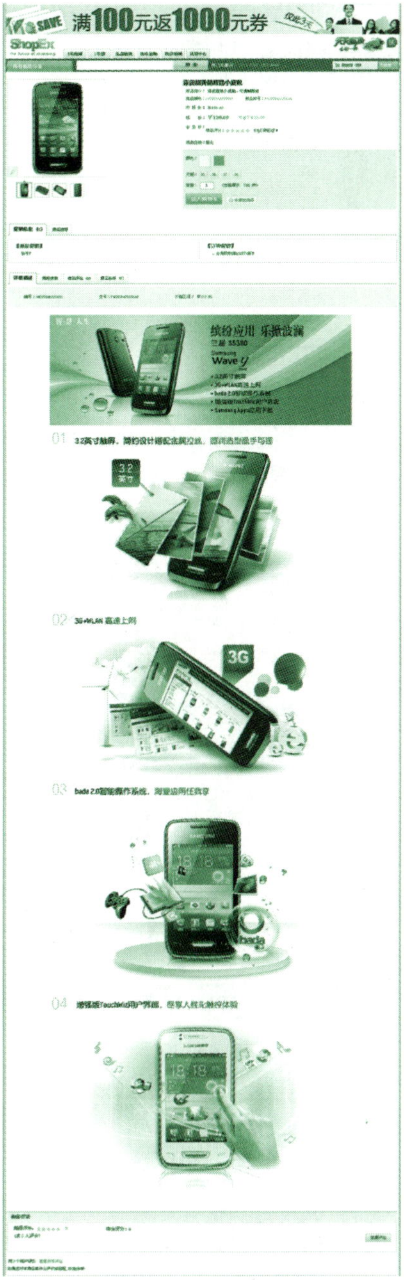

图 3－5　商品详情页

图 3－6　网上商城其他页面

3. 选择模板。一般情况下，网上商城管理系统自带 2～4 套模板，如果不能满足用户需求，一方面用户可通过搜索引擎搜索互联网获得需要的模板，另一方面用户可登录专业的模板网站下载模板，选择模板要注意以下三点：

（1）不同的网上商城系统只能运营与之配套的模板，电子商务服务提供商旗下开发不止一种网上商城系统产品，为了提供更好的建站服务，通常会建设以商城模板为主题的网站，方便用户购买下载使用，如下例所示：

例： ShopEX（商派）电子商务服务提供商针对个人、大中小型企业等不同类型的用户需求，开发了 ShopEx、Ecshop、Ecstore、易开店等多种网上商城管理系统产品，与之配套的商城模板就可直接到“ShopEX（商派）模板堂”网站购买下载使用，如图 3－7 所示。

（2）网络上的模板分为收费模板和免费模板，收费模板做了全面优化和拓展制作，适用于有一定规模的网上商城，免费模板适用于商城的初步搭建及学习者使用；如图 3－8、图 3－9 所示。

图 3－7　ShopEX（商派）模板堂 http：//mb. shopex. cn/index. html

图 3－8　收费模板

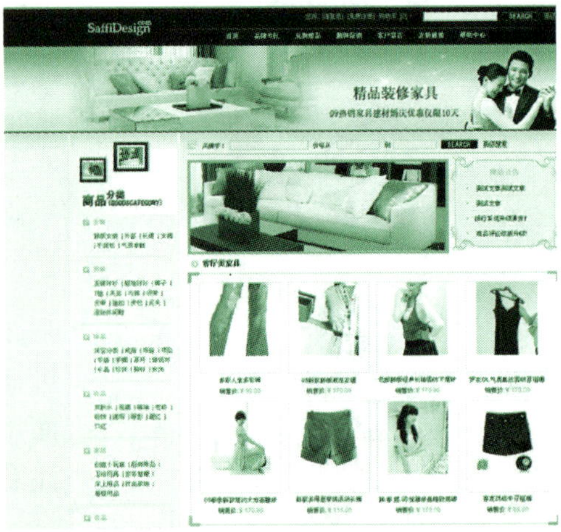

图 3－9　免费模板

（3）根据行业选择相应的模板。行业不同，商城的定位、风格、色调、布局等应各有特色，选择行业专属模板将更切合企业经营特色，放大公司的整体形象价值，如图 3－10 所示。

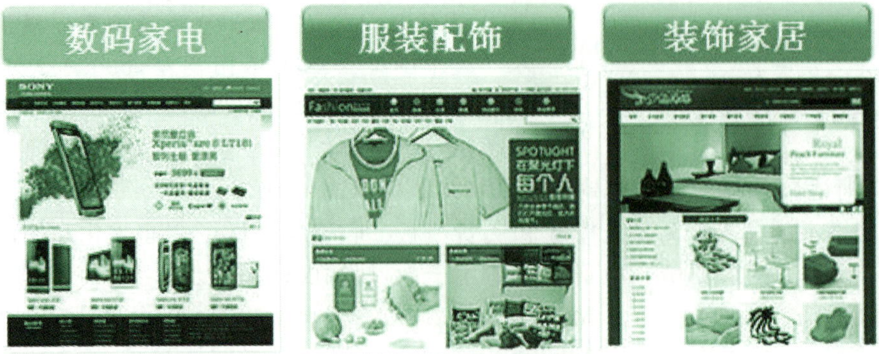

图 3－10　不同行业的商城模板

（二）操作过程

本书以“shopEX（商派）模板堂网站”为例，讲解选择并下载商城模板的操作过程，其他系统模板网站使用方法雷同。

1. 注册并登录 ShopEX（商派）模板堂网站，域名为 http：//mb. shopex. cn/index. html。

2. 在“网店系统模板分类”列表中，选择企业使用的网上商城系统，如“ShopEx4. 84”，如图 3 – 11 所示。

图 3 – 11

3. 在出现的列表中，根据网上超市的定位，“行业”选项选择“食品保健”，“价格”选项选择“免费”，单击“立即选购”按钮；如图 3 – 12 所示。

图 3 – 12

4. 在网站模板列表页中，选择“绿意欣然”，打开该模板的详情页。如图 3－13 所示。

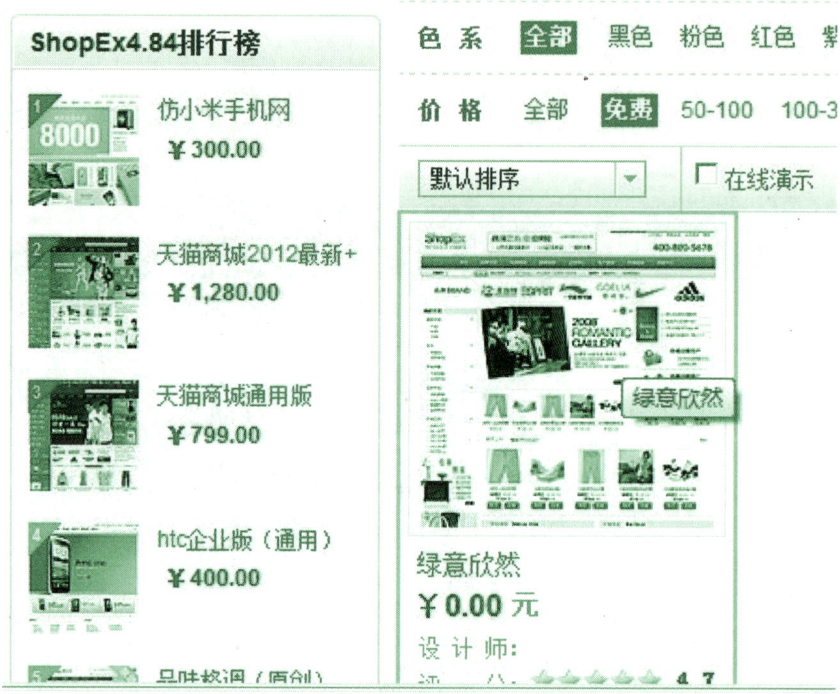

图 3－13

5. 在模板详情页中，单击左侧“购买”按钮，填写相关信息，完成支付；如图 3－14、图 3－15 所示。

图 3－14

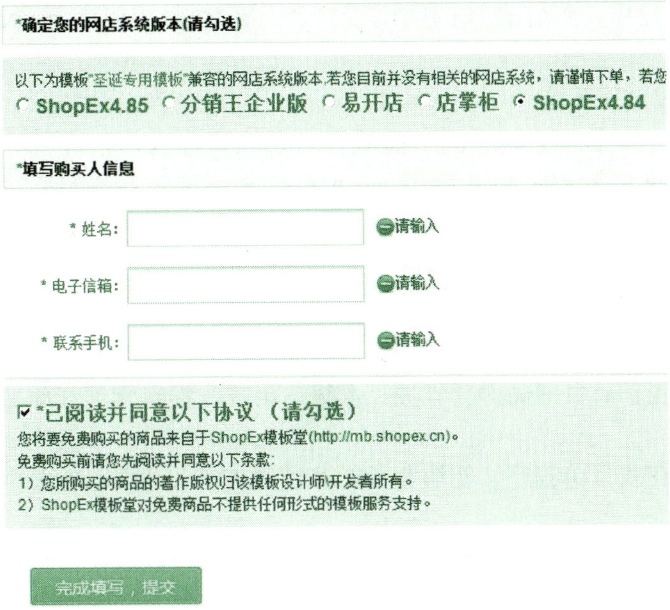

图 3－15

6. 打开“我的订单”页面，单击“下载模板”按钮，下载刚刚买到的免费模板至本地，文件是以”. tgz”为后缀的压缩文件。如图 3－16 所示。

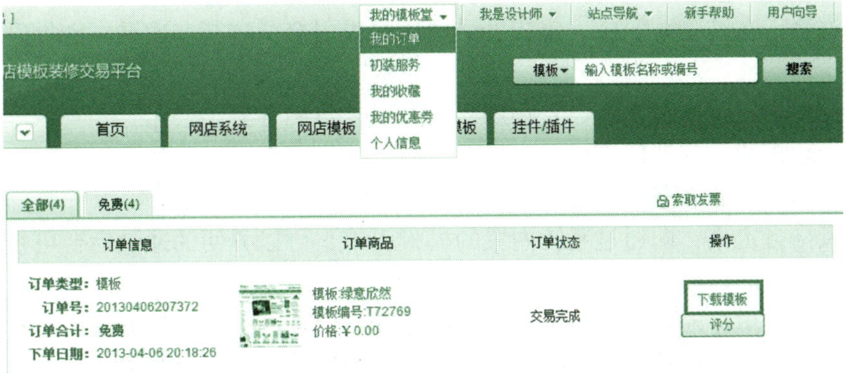

图 3－16

步骤二：使用网上商城管理系统安装使用模板

（一）网站内容管理系统

网站内容管理系统，即 Content Management System ，英文缩写是 CMS。就是让你不需要学习复杂的网站建设技术，不需要学习专业的编程语言，就能够利用 CMS 构建出一个风格统一功能强大的专业网站。

网站内容管理系统具有许多基于模板的优秀设计，可以加快网站开发的速度和减少开发的成本。网站内容管理系统的功能并不只限于文本处理，它也可以处理图片、Flash 动画、声像流、图像甚至电子邮件档案。网站内容管理系统其实是一个很广泛的称呼，从一般的博客程序，新闻发布程序，到综合性的网站管理程序，购物车程序都可以被称为内容管理系统。

（二）网上商城管理系统

1. 什么是网上商城管理系统？网上商城管理系统又称购物系统、网店系统、购物车程序等，是一个建设网上商店的 WEB 程序。一般的购物系统多具备傻瓜性操作的特性，通过可视化操作，完成网上商城的内容管理与功能维护，为企业或个人提供了一个低成本、高效率的网上商城建设方案。

2. 网上商城管理系统有哪些功能？

（1）后台常见功能模块：

①商品管理：包括后台商品库存管理、上货、出货、编辑管理和商品分类管理、商品品牌管理等。

②订单管理：在线订单程序，使消费者能够顺利的通过 WEB 在线的方式，直接生成购买订单。

③商品促销：一般的购物系统多有商品促销功能，通过商品促销功能，能够迅速的促进商城的消费积极性。

④支付方式：即通过网上钱包、电子支付卡。进行网上资金流转换的业务流程；国内主流支付方式包括：支付宝、财富通、网银在线等。

⑤配送方式：购物系统集成的物流配送方式，从而方便消费者对物流方式进行在线选择。如：EMS、顺风等等。

⑥会员模块：在购物系统中，集成会员注册是吸引会员进行二次购买和提升转换率最好的方式。

⑦管理员模块：管理员发布、管理商品信息、上传图片等。

⑧订单管理模块：支持历史订单存档。

（2）前端界面功能模块：

①模板风格自定义：即通过系统内置的模板引擎，可以方便的通过后台可视化编辑，设计出符合自身需求的风格界面。

②商品多图展示：随着电子商务的发展商品图片成为吸引消费者的第一要素，多图展示即提供前台多张图片的展示，从而提升消费者的购物欲望。

③自定义广告模块：内置在系统中的广告模块，网站管理员能够顺利的通过操作就可以在前端界面中添加各种广告图片。

④商品展示：通过前端界面，以标准的或者其他个性化的方式向用户展示商品各类信息，完成购物系统内信息流的传递。

⑤购物车：用户可对想要购买的商品进行网上订购，在购物过程中，随时增删商品。

（三）操作过程

本书以“shopEX 网上商城系统”为例，讲解安装模板操作过程，其他系统操作方法可参见系统使用手册。

1. 登录 ShopEX 网上商城系统后台管理平台，单击“站点”选项卡，打开模板管理页面；如图 3－17 所示。

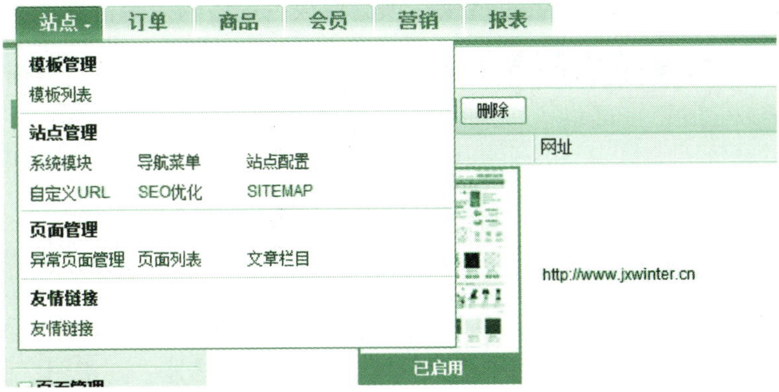

图 3－17

2. 模板列表中，单击“上传模板”按钮，打开上传模板对话框，选择下载到本地的“绿意欣然”商城模板，上传至模板列表中。如图 3－18 所示。

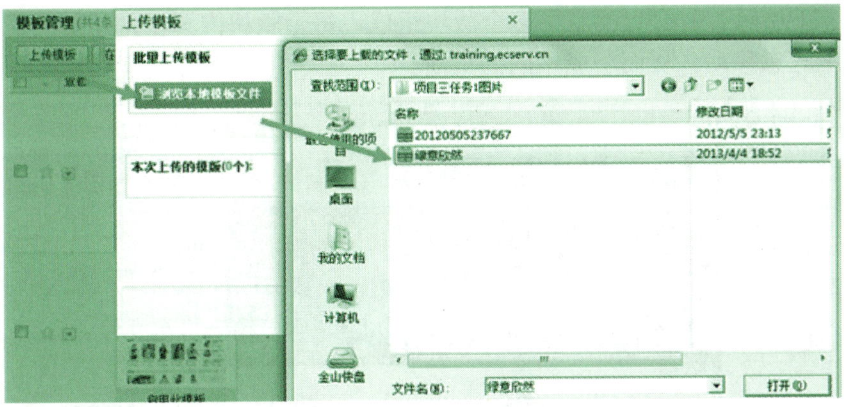

图 3－18

3. 在模板列表中，单击“使用模板”，启用“绿意欣然”商城模板，如图 3－19 所示。

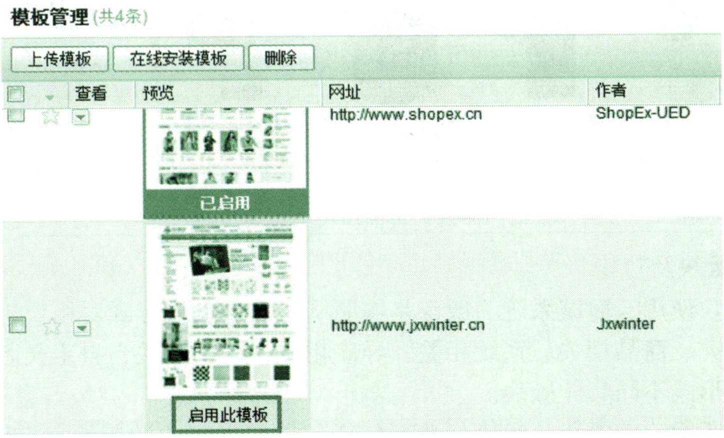

图 3－19

4. 单击页面右上侧“浏览商店”链接，预览模板启用后的效果。如图 3－20 所示。

图 3－20

步骤三：根据企业需求，编辑模板，调整网站页面的版块布局

（一）什么是版块?

我们知道，在“拼图”游戏中，一个拼图是有很多拼块组成，拼块来回移动就可以组成一幅完整的拼图。那么在网站页面中也是这样，一个页面就是一副拼图，而拼块就是版块（英文通常称为 widget）。

设计师在完成一个模板后，通常其中已经包括了商店日常能用到的基本功能。上传模板后，直接启用就可以了，不需要再做特别的修改。在模板的每一个页面中，都是由若干个版块组成的。

如图 3－21 所示，一个页面就由多个版块组成，每个版块内置了常用的功能，这些版块可以在页面中随意移动，从而组成不同的页面。

图 3－21　页面由很多版块组成

（二）常用版块及功能

为了便于用户使用，商城系统一般都是按照网站前台表现形式对版块进行分类，包括辅助工具、广告相关、商品相关、系统相关、导航相关、订单相关、自定义版块等。每一分类包括了多种表现形式不同具体版块。

如图 3－22 所示，广告相关版块分类下包括各种广告形式的版块，有图片和文字轮播、商品旋转展示等，图 3－23 为图片和文字轮播的前台呈现形式。

图 3－22　版块类型

图 3－23　图片和文字轮播版块

由于版块的表现形式繁多，在此不一一列举说明每个具体版块的功能，使用时可参照所用商城系统的帮助信息或咨询客服。

要添加某个版块时，先决定功能，再选择版块分类，然后选择具体版块就可以了，就如同在多个商品分类中选择商品一样。

（三）调整模板版块

当模板中的版块不能满足需求时，可对版块进行编辑、增加、删除等操作，有两种方法，一是可视化编辑，适用于缺少网站建设专业知识的人士，解决不会编程，不会网页软件的困扰；另外一种是源码编辑，适用于有一定网站建设专业知识或 HTML 语言基础的人士。在此，以上海商派“ShopEx 网上商城系统”为平台，只讲解可视化编辑版块的方法。

1. 添加“品牌热卖排行榜”版块。

（1）打开可视化编辑界面。在模板管理界面，单击“查看”列的展开按钮，打开模板编辑对话框；单击“首页”的“可视化编辑”按钮，打开编辑界面；选择“可视化编辑”，如图 3－24 所示。

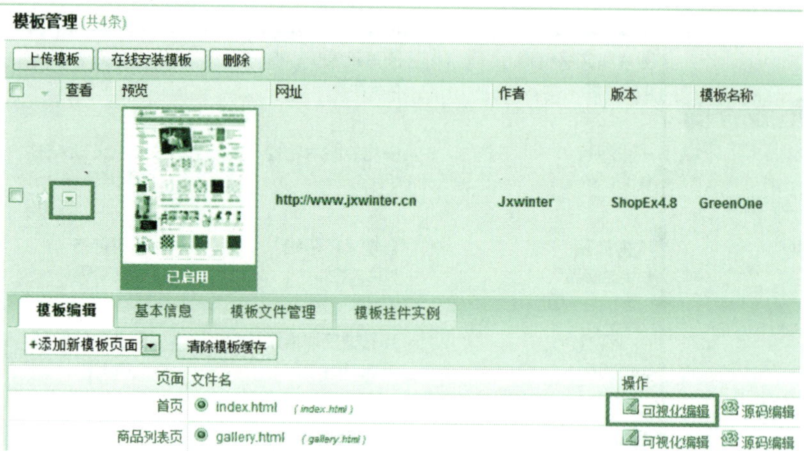

图 3－24

（2）在“首页”添加“品牌热卖排行榜”版块。单击界面上方“添加版块”按钮，选择“商品相关”“品牌热卖排行榜”版块，如图 3－25 所示。

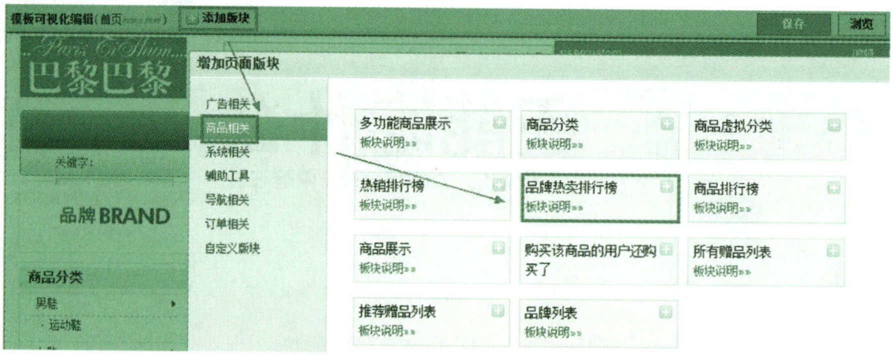

图 3－25

（3）选择添加版块的位置。在模板中添加版块时，只能往蓝色区域中添加，一般会在这些区域的下方，如图 3－26 所示。

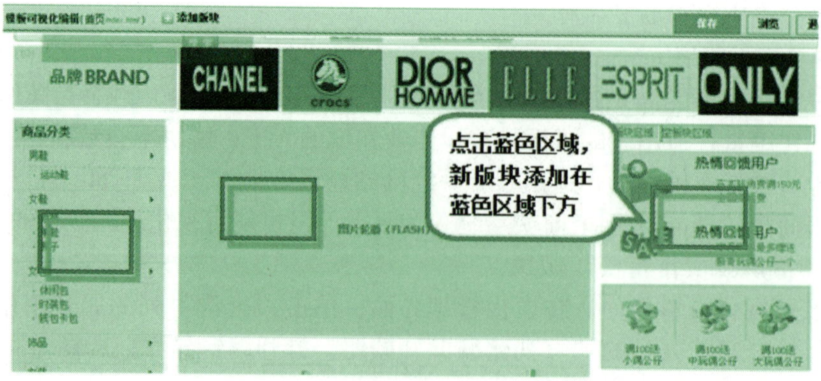

图 3－26

（4）点击后，会显示版块的具体内容，设置版块的参数，如图 3－27 所示。

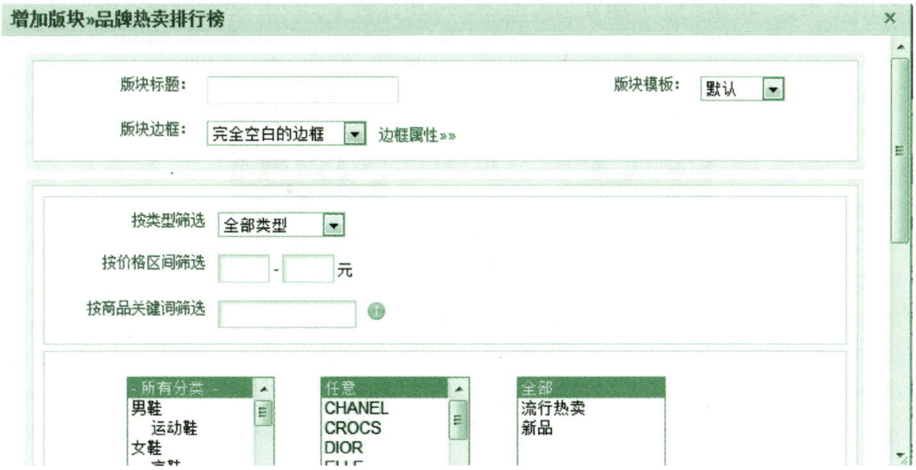

图 3－27

3. 编辑版块。版块添加完成后，可以立即对版块内容进行设置，也可在运行后的任何时间对此版块内容进行编辑。以刚才添加好的品牌热卖排行榜版块为例，点击编辑，如图 3－8 所示，会再次进入版块参数设置对话框，允许用户重新设置版块参数。

4. 删除版块。如果对某个版块不满意，可以点击版块上的 删除 按钮，模板就会删除此版块，如图 3－29 所示。

5. 移动版块。调整版块在页面中的位置，拖住版块蓝色边框，移动至页面适合位置，单击即可，如图 3－30 所示。

图 3－28

图 3－29

图 3－30

6. 保存。版块进行完添加、编辑或删除后，需要对模板进行保存，才会有效，点击上方的保存按钮即可。如图 3－31 所示。

图 3－31

任务二
编辑商城网站首页信息

任务要点

- **重点：** 能理解首页在网站中的作用
  能理解首页应具备的元素
- **难点：** 能理解编辑首页信息的方法和技巧

任务情境

节日临近，部门经理希望网上超市能尽快投入运营，美工编辑忙得不可开交，小张协助美工编辑设计制作网上超市 LOGO、秒杀活动促销图、团购促销图及节日促销图，并上传至网站首页的轮播区，更新首页相应区域的商品信息。

任务分析

网络编辑的岗位，应首先了解网站的整体规划、主营方向和经营手段。而首页中，合理的布局、精彩的视觉效果与亲和地交互方式，能够很好地反映出网站的整体特色。首页内容编辑是网络编辑岗位应具备的能力，其在工作中配合策划部门与美工部门完成首页的制作。

任务实施

步骤一：了解首页

（一）网站首页是什么

一个网站的首页是一个文档，当一个网站服务器收到一台计算机上网络浏览器的消息链接请求时，便会向这台计算机发送这个文档。当在浏览器的地址栏输入域名，而未指向特定目录或文件时，通常浏览器也会打开网站的首页。亦称主页、起始页。

大多数作为首页的文件名是 index、default、main 或 portal 加上扩展名。

（二）网站首页的功能

网站首页是一个网站的入口网页，故往往会被编辑得易于了解该网站，并引导互联网用户浏览网站其他部分的内容（图 3－32）。

图 3－32

首页的设计是一个网站成功与否的关键。人们往往看到第一页就已经对你的站点有一个整体的感觉。是不是能够促使浏览者继续点击进入，是否能够吸引浏览者留在站点上，全凭首页设计的“功力”了。首页设计的第一步是确定首页的内容模块，主要目的是帮助用户找到他想要的东西，在访问一个电子商务网站时，我们一般会考虑到以下问题：

1. 这是什么网站？这通常由站点标题和网站标识 LOGO 解答这个问题（图 3－33）。

案例：

京东商城

图 3－33　京东商城站点标题

分析：从京东商城首页的标题中能够看出，这是一个网上购物网站，并且添加了如正品行货等附加信息，这些附加信息可以提升网站的可信度以及加深用户的好感度。

结论：站点标题要表明网站的用途，最好主 logo 能让用户一看就明白网站定位。

2. 我需要什么？怎么找？我从哪里开始逛？访问网站的用户可以分为主动用户和被动用户两种类型：

（1）主动用户：主要体现用户自身确切知道自己想要的是什么商品，或知道自己大概想要什么商品。满足这类用户需求的功能是：

①网站搜索功能（图3－34）。

案例：

京东商城

图3－34 京东商城搜索功能

分析：搜索功能一般放在网页顶部容易发现的位置，附近需要设置一些通过SEO计算出来的搜索热门关键词，辅助用户快速准确搜索所需要的产品或其他信息。

结论：对于商品繁多内容庞大的电商网站来说，搜索是个非常重要的功能，几乎所有用户都能用到。

②分类目录（图3－35）。

案例：

京东商城

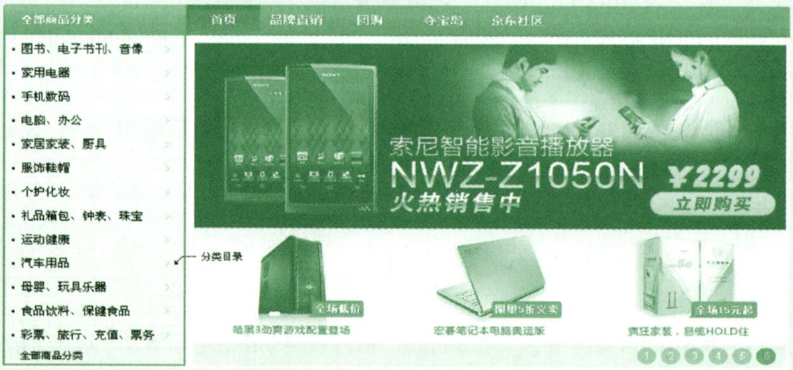

图3－35 京东商城分类目录

分析：分类目录作为副导航，它一般都位于页面左上部的焦点位置，从这个入口，通过各种分类链接我们可以找到几乎所有需要的商品。

结论：常规分类目录导航浏览操作步骤多，需要多层级访问，页面中酌情加入一些导购标签链接，如图3－36所示：提供热门商品的直接入口，减少用户操作步骤，缩短访问层级，提高搜索效率。

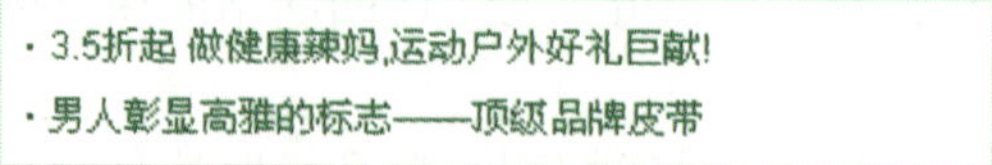

图3－36 导购标签

(2) 被动用户。一类被动用户出于实惠需要，会留意一下有哪些促销活动在进行，进而选择适合自己的商品购买。

案例：

京东商城

京东商城布局图（图3－37）。

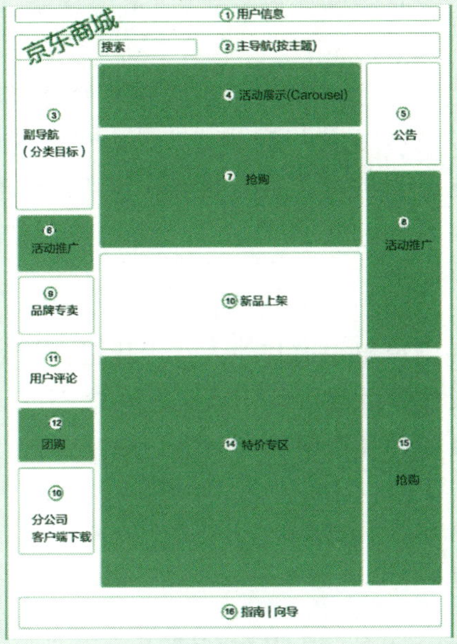

图3－37

分析：京东商城在网站首页第一屏正中的位置，以首页轮播的模式对当前网站正在进行的销售活动进行宣传。另外，还搭配有团购、限时抢购这些对用户吸引力较大的版块，放在页面靠近顶部的位置。除此以外，京东商城在每类产品推荐区域设置“特价产品”，满足用户对不同产品的特价需求。

结论：各类活动（促销、团购、抢购、特价等）放在视觉热点会带来更好的宣传作用，促进销量。

另外一类用户没有具体的需求，只是浏览网站，随便逛逛有没有正好需要的商品，那么网页内容的组织系统对用户发现和探索商品极其重要，即如何将页面上的内容组织起来，有效的呈现给用户。很多网站采取按照主题分 tab 的水平导航将信息组织起来，属于模糊组织方式（图3－38）。

案例：

京东商城

图 3－38　京东商城主导航

分析： 关于品牌专卖，京东将其作为独立的 tab 页面放在主导航栏上，说明京东对品牌重视程度；

关于团购，京东将其放上了主导航栏，团购相关的内容较多，选择面相对比较广。“夺宝岛”是京东开展二手货物交易的一种模式，使其经营模式更灵活；“京东社区”及“全部商品分类”放在主导航，体现京东在社区营建及商品种类齐全性具有独特的优势。

结论： 信息组织方式要清晰，按主题、按任务、按用户，或者按年份、按地理位置，将全站的主要版块串接起来。

3. 大家都喜欢什么？有些用户想知道其他人在用什么，其他人在买什么，常会去查看一些热门话题、最流行文章以及热卖商品，我们就利用从众心理，提供各类热销排行告诉他们这些信息。只要保证数据的真实性和资料的即时性，从销售排行还是能挖掘到一些潜在的购物需求的（图 3－39 至图 3－41）。

案例：

京东商城

图 3－39　排行榜

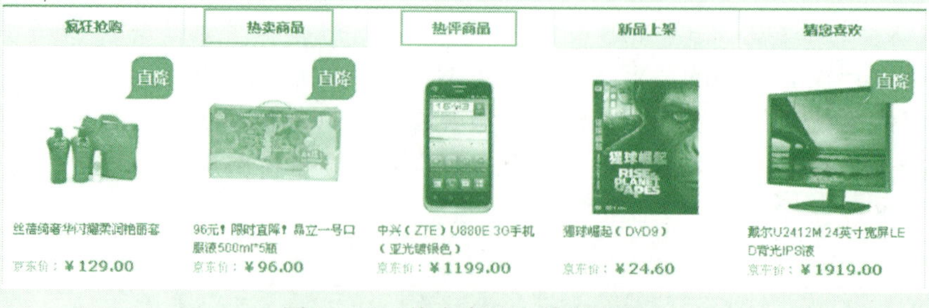

图 3－40　热卖商品和热评商品

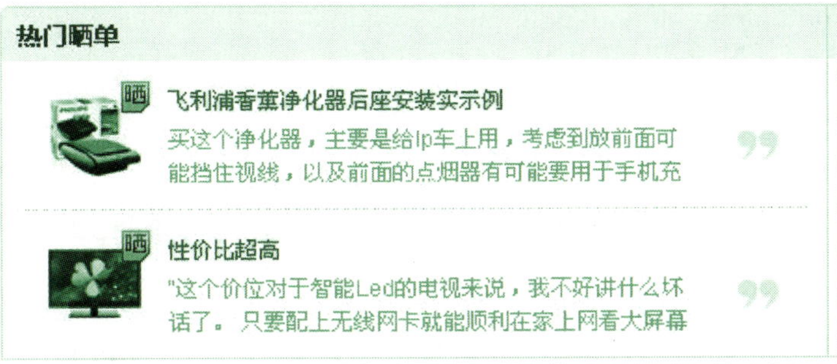

图 3－41　热门晒单版块

分析：在页面靠近顶部的位置设置"热卖商品"和"热评商品"，在图书音像类产品设置"排行榜"；在页面底部，设置"热门晒单"版块，这些版块都是在利用用户从众心理提升销量。

结论：热门排行等购物参照信息能利用从众心理挖掘用户潜在需求。

4. 如何提供反馈？为了收集用户的需求、意见和建议，一般网站特别是消费购物网站都会提供一个反馈通道，方便用户提交自己对网站的看法。

案例：

京东商城

图 3－42

分析：主页上的投诉中心是京东提供给用户购物评价之外的唯一反馈通道，它在用户信息栏（图 3－42）客户服务下，不太容易发现。点击进入后需要登录才能继续，然后提交反馈时需要与订单号绑定才能生效（图 3－43）。这等于是说，一个新用户通过浏览京东的网页想提一些意见还必须注册和购物。

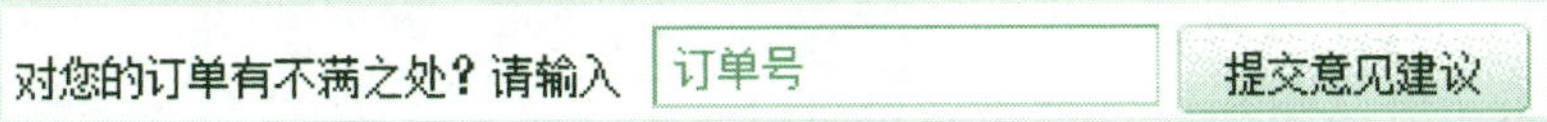

图 3－43

结论：提交网站反馈环节要步骤从简、无需注册，京东商城在反馈模块的易发现性及易用性方面需要改进。

5. 注册及常见问题解答。

案例：

图 3－44

分析： 京东商城注册入口放在了网页的顶端靠左，如图 3－44 所示，方便用户第一时间找到；在网站页面底部统一提供了指南和向导，此处用户能找到有关新手指南、支付流程、配送方式和服务条款等网站使用相关问题的解答。如图 3－45 所示。

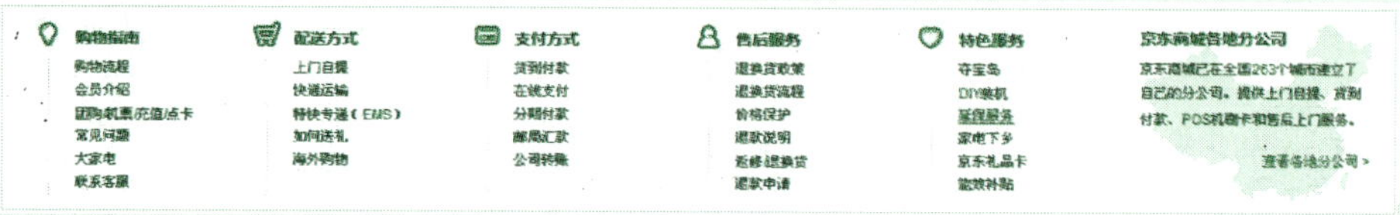

图 3－45

结论： 注册入口和网站常见问题解答要易被发现，前者通常放在顶部，后者通常放在底部。

（三）如何布局网站首页内容模块

1. 选择合适的布局方式。界面布局指的是网页的整体结构分布。清晰的布局将有效提升网站的可阅读性和整体视觉效果。不同类型的网站、不同类型的页面使用不同的布局，才能在页面内容和视觉美观间取得平衡。目前，最普遍使用的布局方式是按照分栏方式划分的，一般将网站布局划分为一栏式、两栏式和三栏式。

（1）一栏式。采用一栏式布局的首页优点在于信息展示集中、重点突出，缺点是信息展现量相对有限，需要在首页中添加导航或者重要的入口链接等，起到入口和信息分流的作用。

一栏式布局的网页信息展示区常通过有吸引力的图片，带来视觉冲击力，引起用户的共鸣和认同感，进一步提升品牌形象，所以图片的选择是最为关键的因素。

常见的一栏式首页包括企业网站及小型商务网站的首页（图 3－46）。

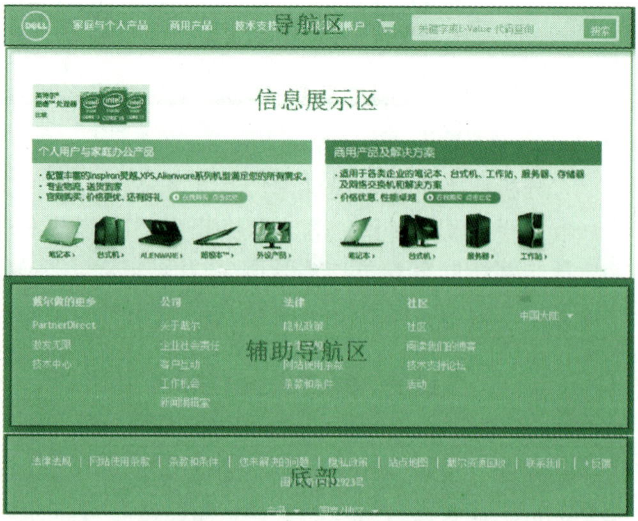

图 3－46 DELL 公司首页

分析：Dell 公司网站，首页将最新最热门的推广活动以图片的形式展现出来，同时提供常用入口，起到了分流和推广两大作用。

（2）两栏式。两栏式的排版是最常见的布局方式之一，它中和了一栏式和三栏式布局的优缺点：相对一栏式布局，它可以容纳更多内容，相对三栏式布局来讲，信息不至于过度拥挤和零乱，但它不具备一栏式布局的视觉冲击力和三栏式的超大内容量的优点。

根据电子商务管理咨询公司 Groove Commerce 对全球 100 家电子商务网站的统计数据（以国外的电子商务网站为主），采用两栏式布局的电子商务网站占到 79%，可见两栏式布局的流行。

两栏式布局根据其所占面积比例的不同，将其分为左窄右宽、左宽右窄、左右均等这 3 种类型。虽然从表面上看只是比例或者位置的不同，但实际上它影响到的是用户浏览的视线流以及页面的整体重点。

①左窄右宽。左窄右宽型的导航位置相对突出，引导用户从左至右地浏览网站，即从导航寻找信息内容；多用于博客类的网站，如图 3－47 所示。

②左宽右窄。左宽右窄型的左侧往往放置信息内容，可以让用户聚焦在当前内容上，浏览完之后才会通过导航引导用户浏览更多相关内容，如图 3－48 所示。

③左右均等。对于左右均等型，如果两侧放置的均为内容，那么用户的视线流主要从上到下，两侧间存在一定的交叉性，如果左侧或者右侧放置了导航，那么左、右侧的视线会出现很多的交叉性，从一定程度上增加了用户的视觉负担，如图 3－49 所示。

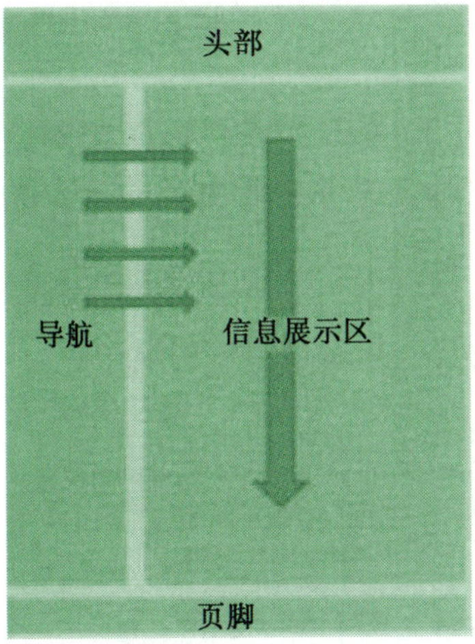

图 3－47

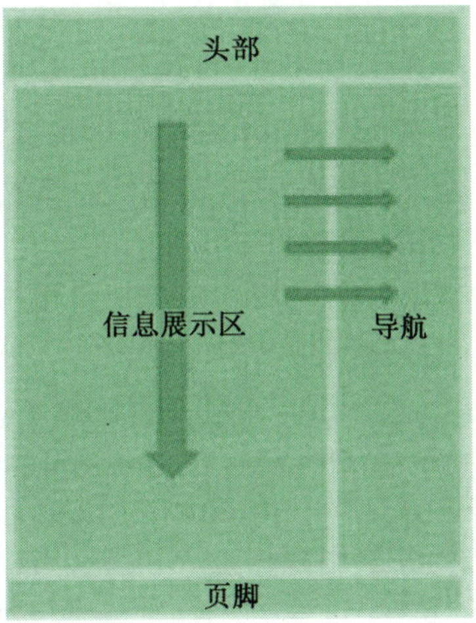

图 3－48

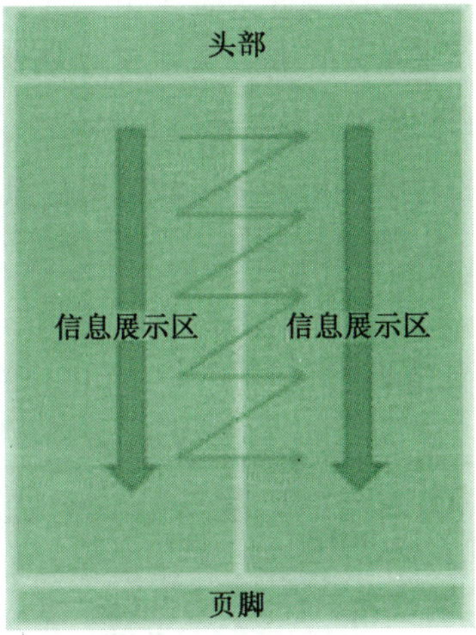

图 3－49

案例:

京东商城

图 3-50

分析:新改版的京东商城首页(图 3-50)采用两栏式布局,左宽右窄,将分类目录、活动推广等重要版块放置左侧的信息展示区,将每一类产品相关的品牌和促销活动放置右侧,浏览完主要信息,还可根据导航浏览更多的内容。首页内容结构清晰了,注重用户体验,页面布局符合用户的浏览习惯。

(3)三栏式。三栏式的布局方式对于内容的排版更加紧凑,可以更加充分地运用网站的空间,尽量多地显示出信息内容,增加信息的密集性,常见于信息量非常丰富的网站,如门户类网站首页。

但是内容量过多会造成页面上信息的拥挤,用户很难找到所需要的信息,增加了用户查找到所需要内容的时间,降低了用户对网站内容的可控性。如图 3-51 和图 3-52 所示。

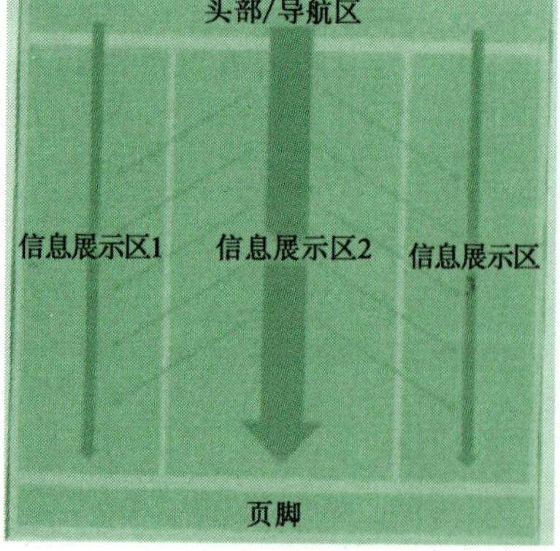

图 3-51

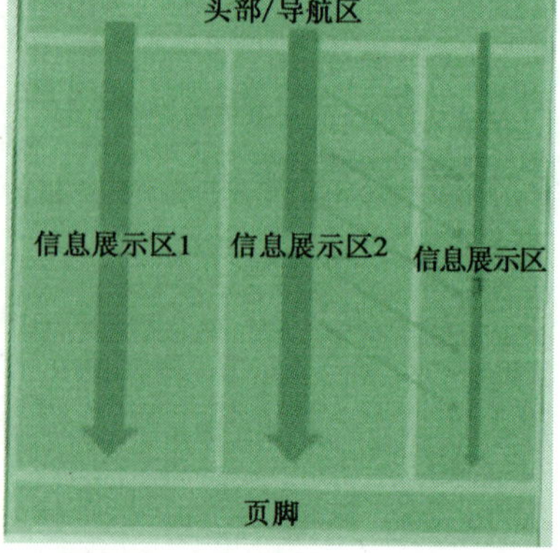

图 3-52

2. 通过明显的视觉区分，保持整个页面的通透性。有时候，网站版块间的设计缺少统一的规范，就很容易导致各版块间的比例不一致，从而在视觉上给用户一种凌乱的感觉，也容易打断用户较为连贯流畅的视觉流，如图 3 - 53 所标示的版块结构。

保持整个页面的通透性，可以增加用户阅读的流畅性和舒适性，只需要统一各版块间的比例，同时通过线条、颜色等视觉元素增加各栏间的区分度，就可以轻松做到。如图 3 - 54 所示的网站的分栏设计（此图只是为了示意结构，故模糊其内容），就能增加用户浏览网站的舒适感。

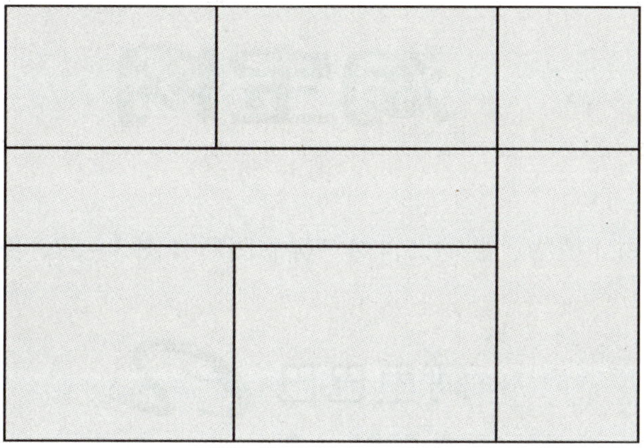

图 3 - 53

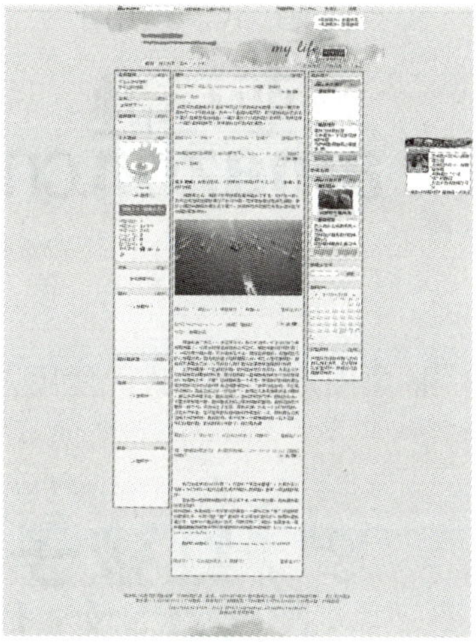

图 3 - 54

3. 按照用户的浏览习惯及使用顺序分布摆放内容。根据眼动结果，用户的注意力往往呈现“F”型，最经典的就是 Google 搜索结果“金三角”现象。因此在页面布局设计时，应尽量将重点内容放在页面第一屏左上部，右侧放置次要内容。

步骤二：LOGO 编辑

（一）LOGO 概念

LOGO 是英文 logotype 的简写，意思是徽标、标志或者商标。

LOGO 是人们在长期的生活和实践中形成的一种视觉化的信息表达方式，具有一定含义并能够使人理解的视觉图形。其有简洁、明确、一目了然的视觉传递效果。

（二）网站中的 LOGO

在网站设计中，LOGO 常常作为公司或站点的标识出现，起着非常重要的作用。一个制作精良的 LOGO，不仅可以很好地树立公司形象，还可以传达丰富的产品信息。通过调查我们发现，一个网站首页美观与否往往是初次来访的用户决定是否进行深入浏览的标准，而 LOGO 作为首先印入访问者眼帘的具体形象，其重要性可见一斑！

（三）LOGO 表现形式的分类

1. 具象图形表现形式。使用圆形、方形、三角形、多边形等标志图形（图 3 - 55、图 3 - 56）。

图 3－55

图 3－56

2. 文字表现形式。使用汉字、拉丁字母、数字等标志图形（图 3－57、图 3－58）。

图 3－57

图 3－58

3. 抽象图形表现形式。使用人体、动物、植物、器物、自然等标志图形（图 3－59、图 3－60）。

图 3－59

图 3－60

（四）网站中 LOGO 设计的要求

网站 LOGO 的设计，跟传统设计有着很多的相通性，但由于网络本身的限制以及浏览习惯的不同，它还带有许多与之相异的特点。比如网站 LOGO 一般要求简单醒目，在少量的方寸之地，除了表达出一定的形象与信息外，还应兼顾美观与协调。在网络中，文字可以被直接搜索，为了方便记忆，大多使用网站名称作为主要部分。

（五）案例分析

360buy 京东商城，是一个全方位的 B2C 电子商务网站。京东商城打破现有电子商务线上与实体店铺同步运营的销售模式，改变消费者的传统消费模式。其 LOGO 设计上更强调现代感和科技感，演绎出简洁流畅的时尚元素（图 3－61）。

图 3－61

色彩分析：

橙色——介于红色与黄色之间，是暖色系中最温暖的颜色。设计中的橙色通常传达一种比较亲近的感觉，同时又能保持严肃性和专业特质，是能够吸引注意力的色彩，是电子商务网站经常使用的一种颜色。

蓝色——最冷的颜色，与橙色形成为互补与对比。蓝色有沉稳的特性，具有理智、准确的意象，在商业设计中，强调科技，效率的商品或企业形象，大多选用蓝色当标准色。

渐变色——网络中特有的使用方法，传统的印刷设计不被使用。

结构分析：

整体以网站的中文名称和 URL 地址为主，圆形的部分象征圆满，全方位，代表京东的商品种类齐全。

字体分析：

字体采用朴实的黑体字，给人厚重，稳定，安全的感觉。

设计技巧分析：

对比—互补色的利用；中英文文字大小对比；

比例关系—文字横竖两个方向符合黄金分割；

点睛之处的细微调整——对数字 6 和 0 进行图形化处理。

（六）LOGO 制作利器

PHOTOSHOP

FIREWORKS

ILLUSTRATOR

Flash

（七）网站 LOGO 特征

网站 LOGO 应具备以下特征：

1. 识别性：简单、易识别、易记忆。
2. 特异性：有特性、体现行业特点。
3. 内涵性：有象征意义、宣传理念。
4. 结构性：结构完整、与内涵相符。
5. 色彩性：鲜明、符合一定的配色原理。

做一做

模仿制作电商网站 LOGO。

步骤三：栏目编辑

（一）什么是网页导航

网页导航（navigation）是指通过一定的技术手段，为网页的访问者提供一定的途径，使其可以方便地访问到所需的内容。

网页导航表现为网页的栏目菜单设置、辅助菜单、其他在线帮助等形式。网页导航设置是在网页栏目结构的基础上，进一步为用户浏览网页提供的提示系统。

商城网站的信息量较大，分类众多，多采用在主导航之外，设置辅助性导航的方式；为保证网站的整体统一，方便用户快速浏览，各级页面均采用相同主导航。

（二）网页导航的要求

网页导航要求清晰明了、突出，层级分明。

（三）首页中常用网页导航的位置和特点

1. 顶部水平栏导航。顶部水平栏导航是当前两种最流行地网站导航菜单设计模式之一。它最常用于网站的主导航菜单，且最通常地放在网站所有页面的网站头的直接上方或直接下方（图 3－62）。

图 3－62

顶部水平栏导航设计模式有时伴随着下拉菜单，当鼠标移到某个项上时弹出它下面的二级子导航项。

（1）顶部水平栏导航的一般特征。导航项是文字链接，有按钮形状，或者选项卡形状。

水平栏导航通常直接放在邻近网站 logo 的地方。

（2）顶部水平栏导航的缺点。顶部水平栏导航最大的缺点就是它限制了你在不采用子级导航的情况下可以包含的链接数。对于只有几个页面或类别的网站来说，这不是什么问题，但是对于有非常复杂的信息结构且有很多模块组成的网站来说，如果没有子导航的话，就不是一个完美的主导航菜单选择。

（3）何时使用顶部水平栏导航。顶部水平栏导航对于只需要在主要导航中显示 5～12 个导航项的网站来说是非常好的。这也是单列布局网站的主导航的唯一选择（除了通常用于二级导航系统的底部导航）。当它与下拉子导航结合时，这种设计模式可以支持更多的链接。

2. 竖直/侧边栏导航。侧边栏导航的导航项被排列在一个单列，一项在一项的上面。它经常在左上角的列上，在主内容区之前——根据一份针对从左到右习惯读者的导航模式的可用性研究，左边的竖直导航栏比右边的竖直导航表现要好。侧边栏导航设计模式随处可见，几乎存在于各类网站上。这有可能是因为竖直导航是当前最通用的模式之一，可以适应数量很多的链接（图 3－63）。

图 3－63

它可以与子导航菜单一起使用，也可以单独使用。它很容易用于包含很多链接的网站主导航。侧边栏导航可以集成在几乎任何种类的多列布局中。

（1）侧边栏导航的一般特征。

①文字链接作为导航项很普遍（包含或不包含图标）；

②很少使用选项卡（除了堆叠标签导航模式）；

③竖直导航菜单经常含有很多链接。

（2）竖直/侧边栏导航缺点。因为可以处理很多链接，当竖直菜单太长时有时可能使用户厌烦。尝试限制你引入的链接数，取而代之可以使用飞出式子导航菜单以提供网站的更多信息。同时考虑将链接分放在直观的类别当中，以帮助用户很快地找到感兴趣的链接。

（3）何时使用竖直/侧边栏导航。竖直导航适用于几乎所有种类的网站，尤其适合有一堆主导航链接的网站。

3. 选项卡导航。选项卡导航可以随意设计成任何你想要的样式，从逼真的，有手感的标签到圆滑的标签，以及简单地方边的标签等。它存在于各种各样的网站里，并且可以纳入任何视觉效果（图 3－64）。

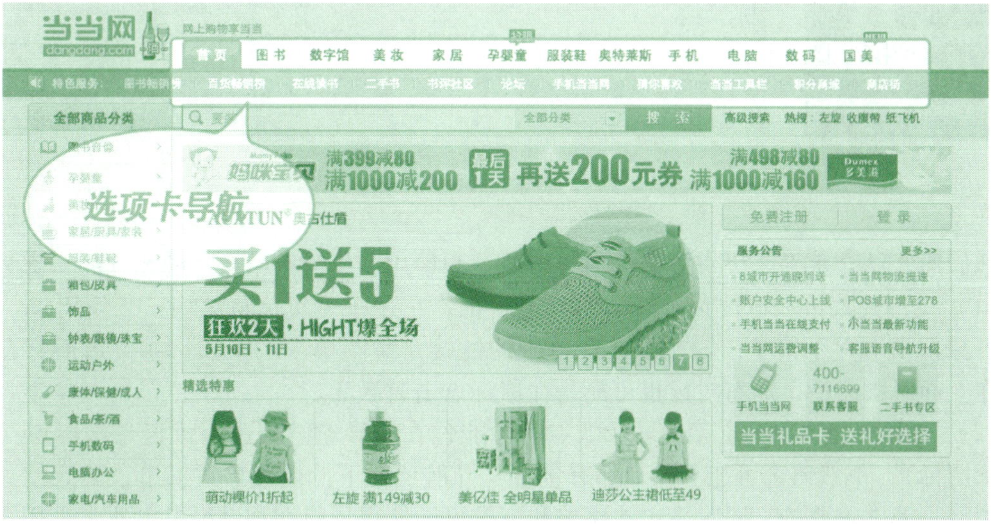

图 3－64

选项卡比起其他类别的导航有一个明显的优势：它们对用户有积极的心理效应。人们通常把导航与选项卡关联在一起，因为他们曾经在笔记本或资料夹里看见选项卡，并且把它们与切换到一个新的章节联系在一起。这个真实世界的暗喻使得选项卡导航非常直观。

（1）选项卡导航的一般特征。①样子和功能都类似真实世界的选项卡（就像在文件夹，笔记本等中看到的一样）；②一般是水平方向的但也有时是竖直的（堆叠标签）。

（2）选项卡导航的缺点。选项卡最大的缺点是它比简单的顶部水平栏更难设计。它们通常需要更多的标签，图片资源以及 CSS，具体根据标签的视觉复杂度而定。选项卡的另一个缺点是它们也不太适用于链接很多的情况，除非它们竖直地排列（即使这样，如果太多的话它们还是看起来很不合适）。

（3）何时使用选项卡导航。选项卡也适合几乎任何主导航，虽然它们在可以显示的链接上有限制，尤其在水平方向的情况下。将它们用于拥有不同风格子导航的主导航的较大型网站是个不错的选项。

4. 飞出式菜单和下拉菜单导航。飞出式菜单（与竖直/侧边栏导航一起使用）和下拉菜单（一般与顶部水平栏导航一起使用）是构建良好导航系统的好方法。它使得你的网站整体上看起来很整洁，而且使得深层章节很容易被访问（图 3－65）。

图 3－65

他们通常结合水平，竖直或是选项卡导航一起使用，作为网站主导航系统的一部分。

（1）飞出式菜单和下拉菜单导航的一般特征。①用于多级信息结构；②使用 JavaScript 和 CSS 来隐藏和显示菜单；③显示在菜单中的链接是主菜单项的子项；④菜单通常在鼠标悬停在上面时被激活，而有时候也可能是在鼠标点击时激活。

（2）飞出式菜单和下拉菜单导航缺点。除非你在主导航链接边上放置一些标识（通常是箭头图标），不然访客可能不知道那有包含子导航项的下拉或飞出式菜单，因此使这些标识很明显是非常重要的。同时飞出式菜单和下拉可能使得导航在移动设备上非常难用，所以要确保你的移动样式表处理了这种情况。

（3）何时使用飞出式菜单和下拉菜单导航。如果你想在视觉上隐藏很大的或很复杂的导航层次，飞出式菜单和下拉是很好的选择，因为它让用户决定他们想看见什么，以及什么时候可以看见它们。它们可以用来在不弄乱网页的情况下按需显示很大数量的链接。它们还可以用来显示子页面和局部导航，并且不需要用户首先点击打开新的页面。

5. 页脚导航。页脚导航通常用于次要导航，并且可能包含了主导航中没有的链接，或是包含简化的网站地图链接（图 3－66）。

图 3－66

访客通常在主导航找不到他们要找的东西时会去查看页脚导航。

（1）页脚导航的一般特征。①页脚导航通常用于放置其他地方都没有的导航项；②通常使用文字链接，偶尔带有图标；③通常链接指向不是那么关键的页面。

（2）页脚导航的缺点。如果你的页面很长，没有人愿意仅仅为了导航而滚动到页面底部。对于较长的页面，页脚导航最好作为重复链接和简要的网站地图的地方。它不适合作为主导航形式。

（3）何时使用页脚导航。绝大多数网站都有这样那样的页脚导航，即使它只是重复其他地方的链接。应考虑什么放在这里有用，以及你的访客可能最想找什么。

（四）如何设计网页导航的栏目内容

多姿多彩的导航方式，可以满足用户浏览时视觉上的感官体验和操作上的交互体验，但在导航栏目内容的设计上，不应只是网站内容的简单分类，而应该是体现网站独特的风格和理念。导航栏目内容应该能够精准的引导用户，迅速找到目标内容。例如：

淘宝商城以“品牌”、“特色”作为内容标题，突出“淘”的特色；

当当网主导航采用中规中矩的商品类别作栏目内容，下方增加水平栏副导航按特色服务进行分类；

亚马逊干脆取消顶部水平栏导航，只使用左侧竖直飞出式菜单导航，顶部水平栏导航的位置被搜索栏的大片空白占据，方便目的性强的直接用户，体现网站特色；

凡客则使用与当当网类似的方式，主导航采用特色热销商品，副导航使用总体的商品类别。

大多数网站使用不只一种导航设计模式。例如一个网站可能会用顶部水平栏导航作为主导航系统，并使用竖直/侧边栏导航系统来辅助它，同时还用页脚导航来作冗余，增加页面的便利度。当选择你的导航系统基于的导航设计模式时，你必须选择支持你的信息结构以及网站特性的方案。导航是网站设计的重要部分，它的效果必须有坚实的基础。

步骤四：首页轮播

（一）为什么要使用焦点图

首页焦点图可以更好的提升用户体验（图 3－67），其作用有如下几点：

1. 观赏性。大多数网站一般都是由静态的文字和图片组成，而焦点图的滚动轮播能有效的帮助网站实现动静结合的效果，给用户一种视觉上的满足。

2. 内容推荐。由于动静结合的方式，可以吸引到用户的眼球，网站很容易将当下高质量的内容直接推送给目标用户，能够更好的留住有效用户。

3. 用户引导。焦点图类型的广告、新上线商品的介绍、促销活动的宣传都可以将用户直接引导至最终商品。

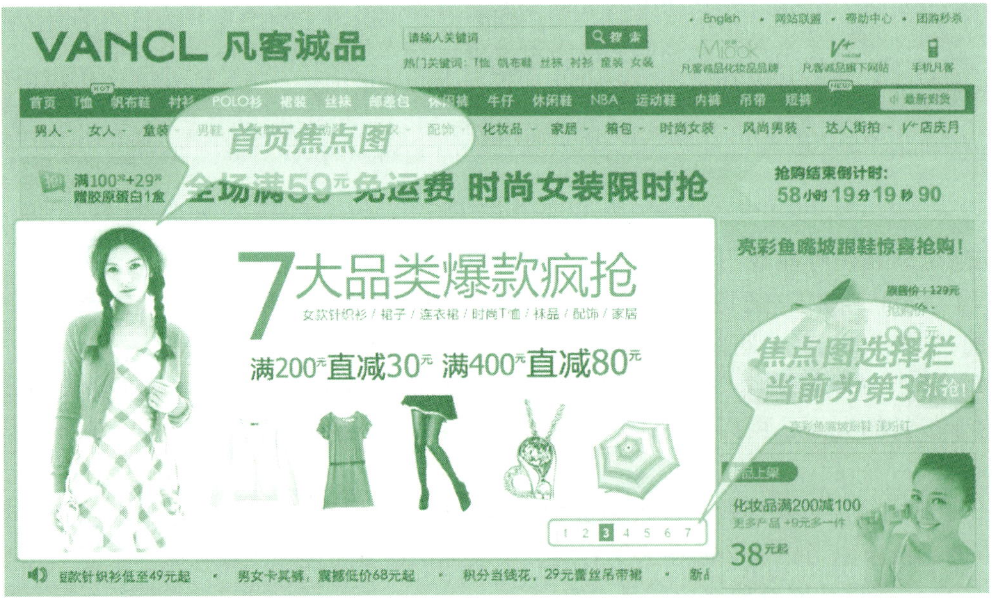

图 3－67

（二）怎样选择吸引眼球的焦点图

首先，在视觉上，焦点图的使用应注意以下几点：

1. 颜色鲜活明亮，具有视觉冲击力，第一印象很重要。
2. 图片需具有一定内涵，可引起联想或思考。
3. 选择与标题内容相关及有视觉吸引力的底图。
4. 美女图具有一定的杀伤力，但除女性网站外，选择使用美女图时需慎重。
5. 标题意境，选择适合的创意图片来搭配。

其次，在内容的选择上，应注意以下几点：

1. 用户需要的内容——符合网站定位的内容，且用户关注度较高的内容，都符合焦点图的选择。

2. 网站当下想要传递的内容——网站有明确立场的针对性内容；新上线功能和活动，商业性质的推荐等。

焦点图不仅是内容推荐与展示的窗口，更是一个引导用户的通道，引导的目标可能是内容，也可能是其他网站当下的需要。

（三）焦点图中的文字很关键

1. 标题以 2 ~3 行组合为宜，主标题、副标题及引子的摆放应对比突出。

2. 文字处于图片的黄金分割位置，视觉效果最佳。

3. 字体不要超过两种、不使用描边。

4. 布局合理，避免失衡引起的阅读歧义。

5. 突出重点内容，排列错落有致，中英文搭配体现现代风格和国际性。

6. 元素搭配上应在符合规律的基础上尽量大胆创新。

（四）焦点图的尺寸要适宜

1. 焦点图使用的图片应单独制作，不可与商品信息公用，以免造成比例失调，影响了用户感官体验。

2. 根据需要焦点图可以放置在导航栏以上或以下的位置，宽度可以是网站的宽度，也可以是网站宽度的 70%（符合黄金分割）。

3. 焦点图的高度，尽可能与宽度成黄金比例；焦点图的底边应该在屏幕高度的黄金分割线上，这样可以显示出焦点图下面的内容，引导用户浏览。

4. 焦点图是为了引起用户注意，大尺寸会出现余白过大的问题，可以根据需要相关内容的推荐放置在一张焦点图内。

（五）常用的商城网站焦点图有哪些

商城网站的促销方式多种多样，推荐商品种类繁多，到底什么类型的图片经常被使用在焦点图中呢？

通过分析众多商城网站，得出以下关键词：包邮、满减、品牌、秒杀、1 元、美女、免费送、限时、永久、VIP、节日等。

（六）焦点图是怎样制成的

焦点图是由多张宣传图片组成，自动轮换显示的特殊宣传手段，动的画面更能吸引注意力。那么，动的焦点图是怎么制作的呢？一般来说，有如下三种方法：

1. GIF 动画。虽然 GIF 图的制作方便，兼容性强，但不便于添加或删减内容，动画效果表现有限。

2. FLASH 动画。FLASH 动画的表现丰富多彩，但使用时需要获得支持，兼容性不强；FLASH 动画自成一体，独立于网页的其他元素，略显不直观。

3. JAVA 程序控制。随着技术的成熟发展，更多的网页采用 Div + CSS 的方式进行制作。同时，JAVA 程序也逐渐被应用在网页中。当下 html5 和 CSS3 的普及，也使 JAVA 程序更多更好地被应用。

制作焦点图，可以直接使用JAVA程序的焦点图模块，掌握简单程序知识的人就可完成制作；素材独立于程序，方便更新；但不兼容老式的浏览器。

首页幻灯片轮播区域能被称之为焦点图，就是因为能引起用户的注意，成为眼球的焦点，如何更好的将首页焦点图展示给用户、如何能更好的利用焦点图引导用户是讨论焦点图的核心问题。

步骤五：商品分类

（一）商品分类的概念

商品分类俗称商品类别、商品目录，主要是为了方便顾客分门别类查找商品，同时方便商家进行商品管理的分类方式。特别是商店中商品数量比较多，商品的分类就更加重要。

商品分类中最主要的就是依据商品的用途来分类。一切商品都是为了满足社会上的一定用途而生产的，因此商品的用途是体现商品使用价值的标志。它不仅适合对商品大类的划分，也适用于商品种类、品种的进一步详细划分。

（二）商品分类的层次

大类：体现商品生产和流通领域的行业分工，如服饰鞋帽类、图书音像类、食品饮料类、电脑办公类等，如图3－68所示。

中类（商品品类）：体现具有若干共同性质或特征商品的总称，如服装鞋帽类包含有男装、女装、运动、内衣、配饰、童装等，如图3－69所示。

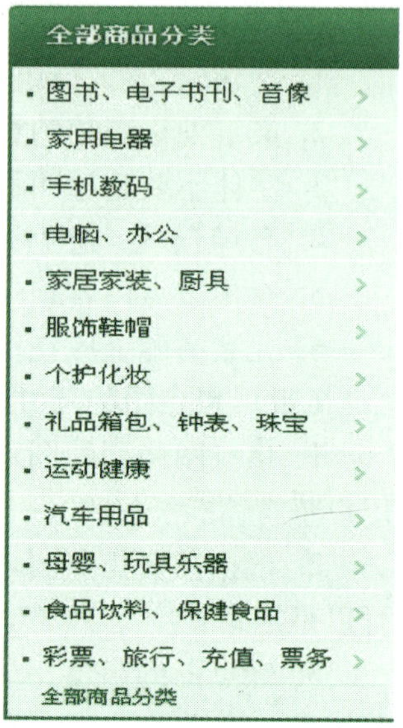

图3－68

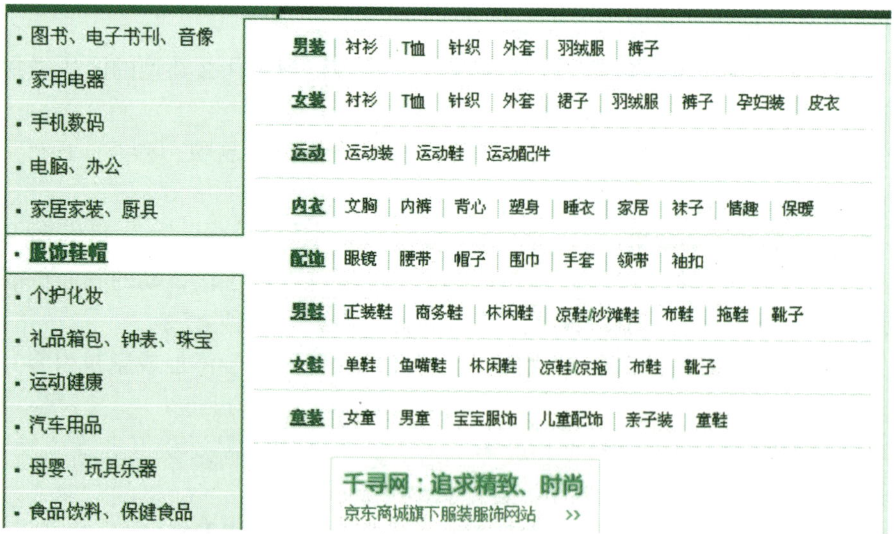

图3－69

小类（商品品种）：对中类商品的进一步划分，体现具体的商品名称。如男装类商品分为衬衫、T 恤、针织、外套、羽绒服、裤子等，女装分为衬衫、T 恤、针织、外套、羽绒服、裤子、裙子、孕妇装、皮衣等，如图 3－70 所示。

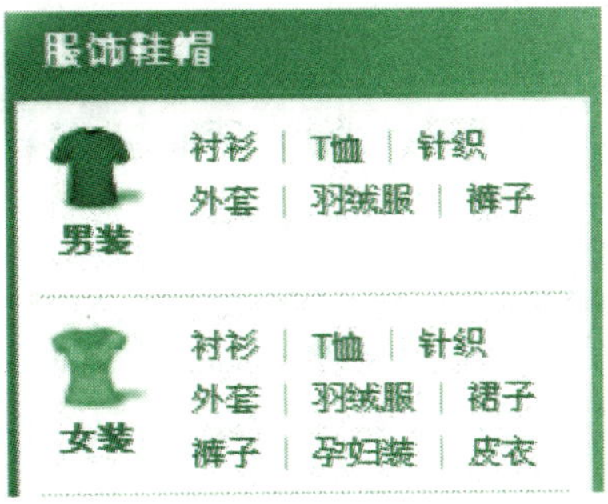

图 3－70

商品细目：对商品品种的详尽区分，包括商品的风格、材质、袖型，领型等，更具体地体现商品的特征，如图 3－71 所示。

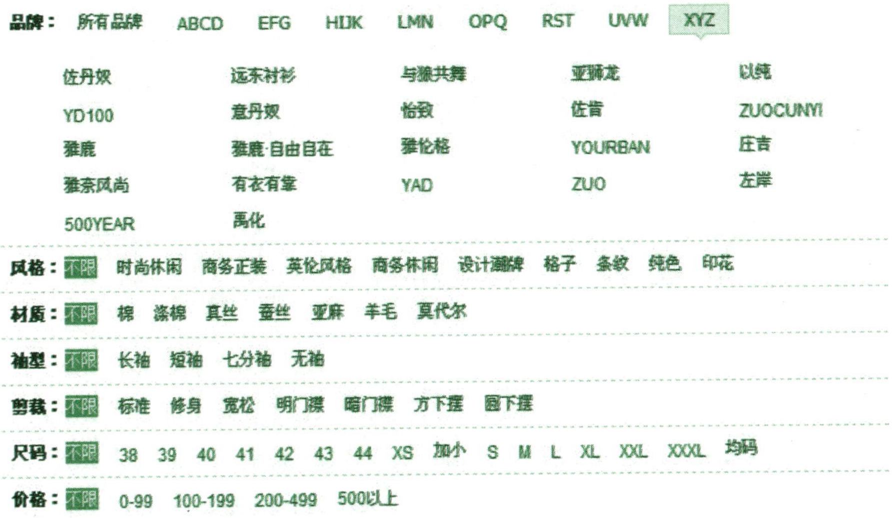

图 3－71

（三）为什么要进行商品分类

从网络商城的角度考虑：商城为了满足顾客的各种消费需要而设计商品分类方法，同时也要考虑便于管理。大多数商城采用的商品分类方法都是依据商品的用途来划分的，在长期的运营过程中，形成了一些约定俗成的分类方法，而且一些大的商城都在使用，便于客户查找想要的商品。

（四）作为网站的商品编辑，如何编辑商品分类

我们将京东商城、当当网、1 号店等大型网站商城的商品总分类对比，可以了解一下其商品分类方法，如图 3－72 所示。

我们在编写分类时会考虑网站的特点，例如 1 号店食品饮料类商品种类较多，因此在编写商品分类时，食品类有两个大分类：食品饮料酒水和进口食品进口牛奶，这个分类和其他网站就有所不同，这关键是由 1 号店网店的商品特点决定的。

而京东商城是以家电为主，所以它单独有一个大的分类就是家用电器，而在其他很多网站是将家电和其他商品合二为一的。比如：当当网把家电和汽车用品放在一个大分类中了。

所以，商城的分类不是一成不变的，根据各自的特点略有变化，但是大的方向是一致的，即各大商城都是以商品用途为依据来做分类的。

图 3－72

做一做

请你为一家综合类网站设计一下服装的分类，要求细化到材质，样式等细节。

我们今天学习了商品分类的概念，在网络商城通过不同的分类方法查询了商品，日常说的商品分类主要指的是根据商品生产和流通领域的行业分工，或体现具有若干共同性质或特征商品的总称形成的分类。

了解到商品分类的层次分为大类、中类、小类和商品细目。同时我们了解到不同商城的商品分类是略有不同的，根据不同商城主营商品的不同特点，在编辑商品分类中会略有不同。

步骤六：虚拟商品分类

（一）虚拟商品分类的概念

虚拟分类其实是把搜索结果当成分类名称的功能，虚拟分类是基于商品品牌、属性、分类、价格、关键词和标签等搜索出来的结果形成的分类，仅用于前台。如图 3－73 所示。

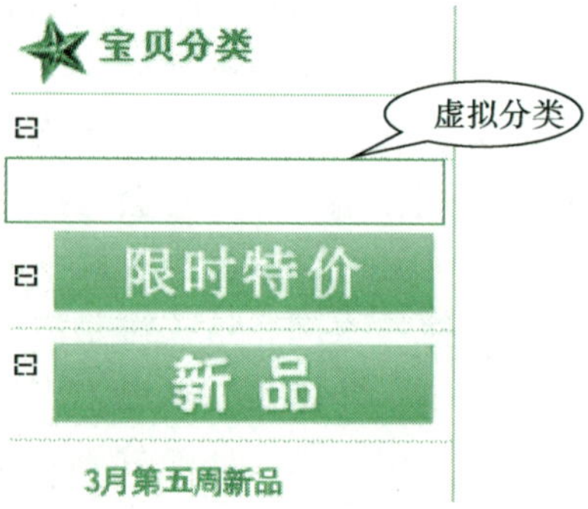

图 3－73

（二）虚拟商品分类的类别

按照价格、人群、折扣、销量、收藏、季节等查找商品。

1. 商品可以按照适合人群类型分类，如图 3－74 所示。

图 3－74

2. 商品可以按照价格区间分类，如图 3－75 所示。

图 3－75

3. 商品也可按照折扣的虚拟来分类，如图 3－76 所示。

图 3－76

（三）为什么要使用虚拟商品分类

虚拟分类适用于那些商品有较多属性，顾客习惯用各种不同的检索方式去寻找商品的商家。

第一种情况：商城为了满足顾客的各种消费需要而设计各种虚拟分类方法。商家通过后台对自己商品销售情况进行分析，根据销售统计表来设计自己的虚拟分类方法，比如说：商家在后台数据统计中了解到现在用户经常选择购买的手机类型，可以设计虚拟分类为：

1. 品牌：诺基亚、三星、联想、摩托罗拉、苹果、天语等，如图 3－77 所示。

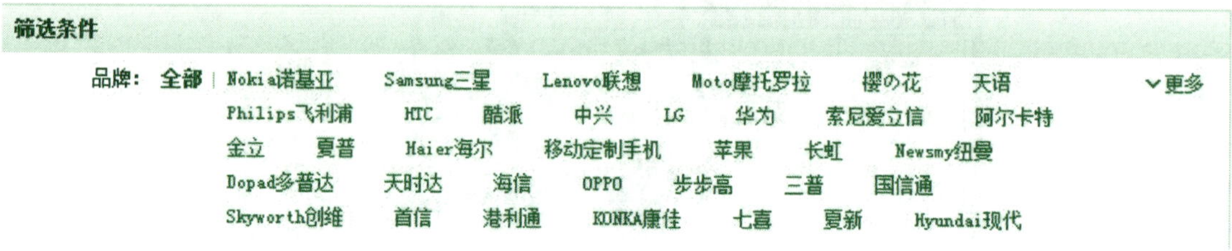

图 3－77

2. 价格：200 元以下，200～400 元，400～1100 元，1100～2000 元，2000 元以上等，如图 3－78 所示。

图 3－78

3. 外观：直板　滑盖　翻盖　旋盖　侧滑盖　直板旋屏　翻盖旋转等，如图 3－79 所示。

图 3－79

4. 还有一些其他的虚拟分类方式，如图 3－80 所示。

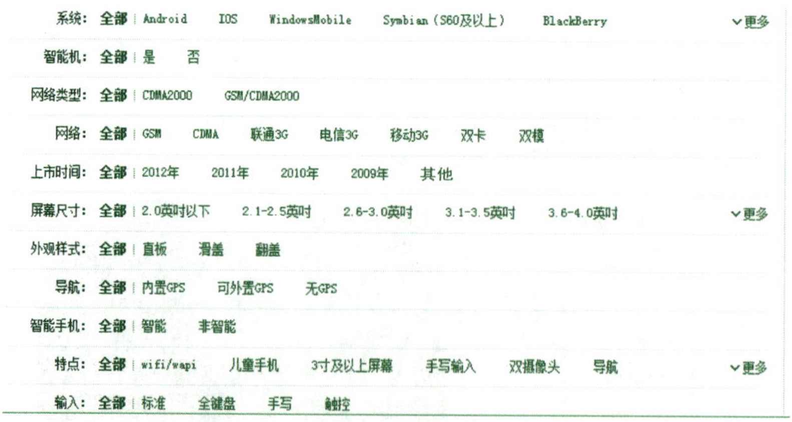

图 3－80

第二种情况，每个人在网站商城购物的习惯是不同的，所以从顾客的角度出发，将购买手机的人群分为学生，女性，男性，老年人等等，如图 3－81 所示。

图 3－81

（四）作为网站的商品编辑，如何编辑虚拟商品分类

1. 我们在编写虚拟分类时还可以考虑季节：比如夏季热卖，秋季热卖等，如图 3－82 所示。

图 3－82

2. 考虑促销力度可以用1000元内，2000元内等，如图3－83所示。

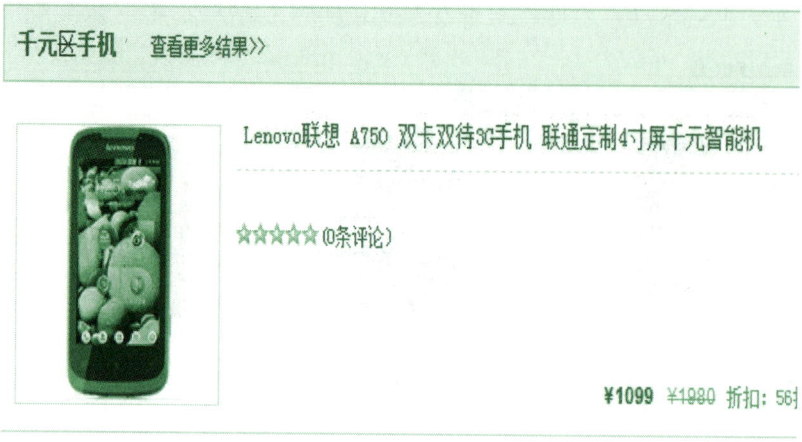

图3－83

3. 考虑新上架促销可以采用新品上架或新品特卖等，如图3－84所示。

图3－84

4. 考虑使用人群可以采用女士专区，学生专区，老人专区，商务人士专区等。如图3－85所示。

5. 考虑销量可以采用销量最高，最新畅销等。图3－86所示。

6. 考虑促销还可用一折起，二折起等，半价手机等。图3－87所示。

用户在网络商城通过不同的分类方法查询商品，虚拟商品分类与我们平时说到的商品分类是有很多不同的，日常说的商品分类主要指的是根据商品生产和流通领域的行业分工，或体现具有若干共同性质或特征商品的总称，而虚拟商品分类主要是基于商品品牌、属性、分类、价格、关键词和标签等形成的分类。如表3－1所示。

图 3－85

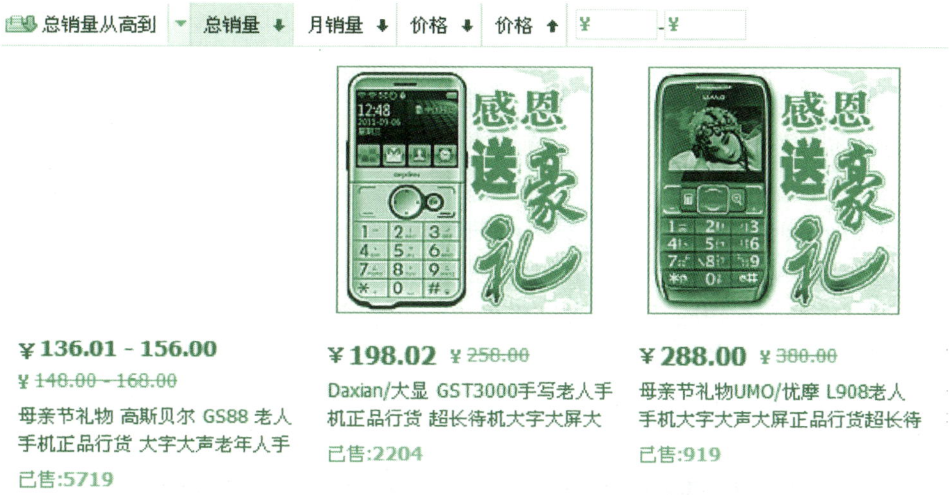

图 3－86

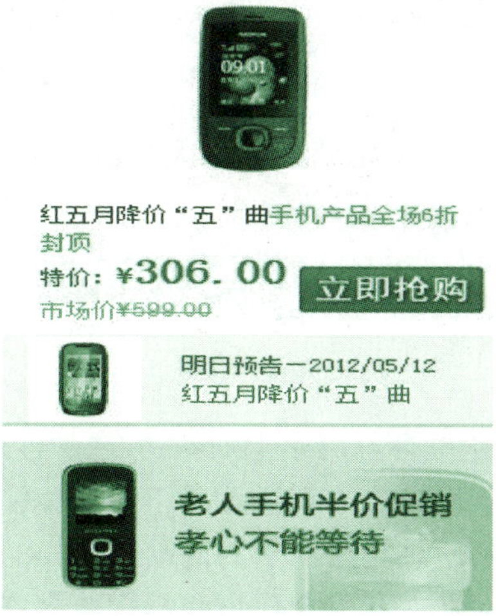

图 3－87

表 3－1

按价格	10 元促销区	100 元促销区等	实现促销
按折扣	1 折区	2 折区	实现促销
按应用人群	商务手机专区	老年手机专区	便于查询
按销量	销量排名在最前面	销量排名最低	便于查询

步骤七：秒杀促销活动编辑

（一）什么是秒杀

所谓“秒杀”，就是网络卖家发布一些超低价格的商品，买家在同一时间网上抢购的一种销售方式。通俗一点讲就是网络商家为促销等目的组织的网上限时抢购活动。

（二）秒杀的作用

1. 快速提升品牌影响力。“秒杀”具有时效性快、易制造话题和引起效果反映等特征，因此电子商务和网店网站举办“秒杀”活动，即能以巨大的用户号召力而在第一时间提升品牌影响力。同时，因为“秒杀”具有巨大的活动实惠特征，因此参与活动的用户往往都会对网站的其他活动予以关注，这个层面也将为网站提升实质性的品牌推广打下坚实的基础。

例如，2010 年，比亚迪汽车公司举办的一毛钱秒杀比亚迪 G3 的活动，在活动开展过程中利用强大的网络媒体宣传，同时期通过百度搜索可查询多达 13100 条报道，各主流网站相应频道和社区网站都做了相应转载，宣传攻势锐不可当。据官方统计数据显示，比亚迪与湖南卫视合作的此期《越淘越开心》节目收视率为 0.75，收视份额 1.92，全国排名第八，最高收视份额更高达 2.32，比亚迪品牌得到了极大的宣传和推广。图 3－88 为当时的淘宝秒杀活动页面。

图 3－88

2. 为网站带来更多商机合作机会。网站上所举办的“秒杀”活动，只要网友参与即可有机会获得不同的商品，这对于用户群体来说无异于天上掉馅饼；用户只要在规定时间之内参与，就能有巨大的机会享受到便宜甚至免费的商品。这样的活动所带来的实质性好处，除了增大粘性用户之外，还能对网站在商机合作方面提供更多资源。

3. 使网站跟进互联网发展脉搏。网商所采取的“秒杀”活动，只是一种利用无偿为用户服务的心态、从网友为服务对象而组织的一次实质性活动，但在现实过程中，这样的活动除了能带来一定效益的现实利益之外，还能为网站在行业的定位提供必不可少的依据。

比如，通过“秒杀”活动，网站可以随时把握用户需求动态，从而了解到用户自身的需求特点，以及在现有的互联网基础上，网站能为用户提供哪些方面的需求等等。

4. 能缓解商家的产品积压情况。电子商务在实际的运营过程中，都不可避免地会出现相应的产品积压现象，因此这样的情况下，“秒杀”活动所带来的意义将彻底解决这一难题。

5. “秒杀”活动与电子商务并行发展的负面影响。网商所举办的活动中，虽然“秒杀”方式能带来巨大的实质效益，但作为以用户的需求与体验为主的电子商务而言，笔者觉得适当的活动可以采取，但不宜过分地将这种活动当成一味推广的工具。

用户的需求和网站能提供的服务有着直接的关系，因此网店或电子商务网站在实际运营过程中，更要采取适度的原则。

（三）揭开秒杀的面纱

1. 秒杀的目的。

第一种：秒杀的价格低到与商品本身的价值没有什么关系，比如：一元钱秒杀汽车。秒杀的本质已经不是购买汽车，而是炒作事件，宣传本次活动，借本次活动达到商家想要达到的宣传目的，商品就是商家付出的广告费。目前这种手段不止被淘宝等电商巨头利用，也被很多 B2C 企业和网上商城所利用。

第二种：利用网民对“秒杀”的认识，销售积压的商品。减轻库房的压力。

2. 秒杀活动的注意要点：

（1）持续性。活动不是搞一两天就可以带动销量的，活动一定是需要长期进行的。

（2）吸引力。活动一定要有吸引力，要让消费者有购买的欲望，进而才能产生购买行为。

（3）活动的时间。活动的时间不宜太久，秒杀突出的是速度，就是让消费者意识到秒杀的活动是机不可失的。秒杀活动的时间段也要把握好。

（4）秒杀的力度控制。如果每天都搞这样的活动，价格都差不多，那么活动对顾客就没什么吸引力，所以每隔一段时间做一次力度大的秒杀，具有很好的刺激性。

（四）秒杀式营销的推广策略

1. 造势——善用社会化媒体制造“病毒”。秒杀式营销要取得好结果，就必须善于借助各种互联网媒体：搜索引擎、社区论坛、QQ 等即时通讯软件、博客微博、游戏平台等等，只有当这些工具被有效利用了，品牌才能最大化地得到传播。但是传播的速度取决于“内容”，如果仅仅是一则秒杀的硬广告，那么相信很多网友都已经司空见惯、不屑一顾，但如果是一则能够引起共鸣、极具娱乐效应的“软性广告”，那么情况则会大为不同。

如之前王老吉借助汶川地震捐款一亿元，靠在论坛炒作话题卖断了货就是最好的例子，说明“病毒”已迅速得到扩散。病毒营销与硬广告不同之处，就是它可以被受众主动、自发地传播，辐射的范围更广，可信度更高，所以企业一定要在时尚性、娱乐性、创意性三方面做足文章。

2. 互动——设计互联网活动提高“黏性”。实际上，秒杀在互联网营销当中是充当抛砖引玉的作用，毕竟能够秒杀到产品的用户屈指可数，企业靠秒杀活动聚集大量人气之后，就应该思考如何把这些潜在顾客都留下来继续关注自己，这时候就要求企业策划一些互动活动，通过好玩刺激的游戏来引发互动。

比如“和路雪可爱多”冰激凌策划的网络歌唱大赛就吸引了大量网友参与，每个人都能上传演唱视频，每个人都有机会去新加坡成为林俊杰的徒弟，每个人都可以买冰激凌得到投票代码支持自己的朋友。假设把这样的活动放在“秒杀”活动之后来进行，没有“秒”到的网友可以通过购买两箱和路雪产品，免费换取歌唱大赛决赛的门票，或是得到更多的投票权，那么收效一定十分巨大。秒杀式营销并不是短暂的活动，

3. 建群——借助粉丝群组织传播“口碑”。早前，基于人们的好奇心，曼妥思策划了两个很有成效的活动，一个是让网友在论坛上讨论曼妥思广告是如何拍成的；一个则让网友通过视频、图片或者文字来创造自己神奇的幻觉作品，丰厚的奖品极大地激发了网友的参与度，曼妥思粉丝们团人数超过了 5 万人，论坛访问量超过了 700 万次。广告词“真的很 Mentos!”被等同于非常乐趣、非常神奇而在年轻一族中广为流传。物以类聚、人以群分，建立粉丝群的作用就是把用户聚集在一起，企业通过活动和意见领袖来影响此群体，专业解答产品问题、引导成员分享心得，一个企业如果能把拥有品牌美誉度的顾客集结起来，那么这个群体必定会成为企业很好的口碑传播利器，秒杀活动也就更加容易开展。

（五）引起顾客关注的杀手锏——吸引人的秒杀促销广告宣传图

1. 主题突出：秒杀促销的过程就像一次陈述，我们必须有一个明确的主题，所有的元素都必须围绕着这个主题展开，秒杀促销的主题一般是价格、折扣和促销时间，所以这个信息应该是放在视觉焦点上的被突出和放大的元素。

2. 目标明确：目标人群要定位准确，如图 3－89、图 3－90 所示。

图 3－89

图 3－90

左面一张用到的字体是很正规的，且信息并不用非常大的面积来展现，它要打动的目标用户是白领女性，右面一张的字体活泼，它的目标用户是年轻女生。

3. 形式美观。促销宣传讲求的是给人的爆炸性，有冲击力，所以，颜色要鲜艳醒目，字体要明确，折扣和促销时间，价格的标签要醒目，气氛渲染要浓烈。

步骤八：节日促销活动编辑

（一）什么是节日促销活动

网上商城的节日促销是针对不同节日进行有目的有计划的营销活动，包括前期的市场调

查、策划、准备，到促销活动的实施，通过运用与以往不同的营销渠道，选择特定的产品，以及更优惠的价格吸引客户的购买欲望，提高销售量，达到薄利多销的目的（图3－91）。

图3－91

（二）节日促销活动策划案

案例：

"五一"节促销活动方案

商城五一节的促销活动策划方案，包括了活动主题、活动时间、活动内容、活动范围、活动细节以及活动的预算和开支等等。拟策划以下"繁花似锦五月天，欢乐假期乐无限五一节日"主题系列活动。活动方案如下：

➢ **系列活动主题：**

1. 五月购物赠大礼，欢乐假期全家游
2. 迎"五一"旅游大礼回馈会员
3. 春季时装周
4. 打折促销活动
5. 印制商城《精品购物指南》电子杂志春季版一期

➢ **活动时间：**

1. 五月购物赠大礼，欢乐假期全家游：5月1日——5月5日
2. 迎"五一"旅游大礼回馈会员：5月1日——5月7日
3. 春季时装周：5月1日——5月5日
4. 打折促销活动：5月1日——5月7日

➢ **系列活动内容：**

1. 五月购物赠大礼，欢乐假期全家游
2. "五一"旅游大礼回馈会员
3. 春季服装周
4. 商品打折促销
5. 商城《精品购物指南》电子杂志春季版一期

分析：

1. 主题设置：

促销主题是整个促销活动的灵魂，是消费者是否愿意参加活动的邀请卡，一份好的促销主题可以让活动与消费者在心理上产生共鸣，从而让消费者自愿的做出购买行为。随着促销活动的频繁上演，促销主题成了商家们吸引消费者的主要工具。因此，对于接下来的“五一”节促销活动主题自然就成了商家着重注意的环节。

“五一”节促销主题有几个主流：

（1）以酬宾让利为主题的低价形象诉求；

（2）以换季购物为主题的新品推广诉求；

（3）以促销活动等主要形式为主题的促销诉求；

（4）以长假休闲购物为主题；

（5）以春游、旅游为主题。

2. 产品的选择：

（1）根据功能选择。按照功能促销产品分为礼品和产品。礼品又分直接使用的和不直接使用的。直接使用的如买房送装修家具，买手机送记忆卡、电池，买桶装方便面送榨菜火腿肠等；不直接使用的如买手机送围巾。

产品又分为同质和异质的。前者如买饮料送饮料，后者如买饮料送小扇子等；同质又可细分为同规格的和不同规格的。如买 1 瓶 600 毫升。饮料送 1 瓶 600 毫升本品或其他口味饮料，后者如买 1 瓶 1. 5L 饮料送一个罐装饮料等。

（2）根据使用对象选择。按照使用对象不同分为消费者促销、渠道促销、公关等。渠道促销根据促销力度和对促销效果的预估可能从汽车、旅游到一瓶水，消费者促销基本是单次不超过 5000 元的实物或消费权（券）。促销品的目的：就是整合现有促销资源以促进现有产品达到更大销售量。根据这个目的选择促销品就有了 FUN 原则：趣味性；独特高质；必要原则。

3. 促销方式。促销价格的制定要根据具体节日的类型，在本次促销活动中，价格促销方式有限时抢购，打折促销。在营销学中，限时抢购又称闪购，闪购模式即是以互联网为媒介的 B2C 电子零售交易活动，以限时特卖的形式，定期定时推出国际知名品牌的商品，一般以原价 1 ~ 5 折的价格供专属会员限时抢购，每次特卖时间持续 5 ~ 10 天不等，先到先买，限时限量，售完即止。与现实抢购类似的还有打折促销，它与限时抢购最大的区别在于打折促销的活动周期更长，但是打折的力度没有限时抢购的力度大。这两种是最常用最基本的促销价格策略。此类方法最为直接有效。

4. 时间控制。促销活动的时间选择得当会事半功倍，“五一”七天可以让商家充分的进行促销活动，持续多长时间效果会最好要深入分析，在促销的七天中要有不同的促销梯度，这个过程尽力做到高潮迭起，充分发挥好时间优势。如果促销高潮持续时间过短会导致在这一时间内无法实现重复购买，很多应获得的利益不能实现；如果促销高潮持续时间过长，又会引起费用过高而且市场形不成热度，并降低顾客心目中的身价。

（三）节日促销活动文案编辑

促销活动文案编辑包括：

1. 促销主题编辑。（1）紧扣节日文化，突出节日特点。（2）传达积极向上的理念。（3）符合公司活动的营销目的。

2. 产品价格编辑。（1）适当加入促销语。（2）用不同颜色标注价格。（3）设置字体大小，突出价格显示。

3. 活动推广编辑。（1）微博营销编辑。（2）软文推广编辑。（3）游戏广告植入营销。

练一练

阅读以下“六一”儿童节促销策划方案，制作促销图

庆“六一”儿童节的促销活动策划方案

一、活动主题：六一我当家

二、活动时间

五月十六日——六月三日

三、庆六一儿童节促销经营活动目的

1. 通过在儿童节搞本次活动来提高卖场在少年儿童心目中的影响力。

2. 以家庭参赛的方式借助儿童节来提高成人的消费。

3. 以特殊的比赛形式来进一步提高卖场的知名度。

四、庆六一儿童节促销经营活动方案主要内容：在儿童节通过以“孩子选商品，大人买商品”的方式来吸引大量家庭到商场来参加比 赛，再根据实际购买情况选出一部分获奖家庭

五、庆六一儿童节促销经营活动方案动具体步骤安排

（一）第一阶段：时间：五月十六日至五月三十一日

1. 当日在商场购物累计满二百元或者购买儿童用品（玩具，儿童衣物，学习用品等）满一百元均可 凭当日购物小票到总服务台领取一张“小当家”活动券。

2. 凡年龄小于十四岁的儿童均可凭该活动券在五月二十八日至五月三十日到指定地点填写活动报名表，领取参赛号码。

3. 活动报名表应包括：姓名、性别、年龄、父母亲姓名、联系方式、家庭住址、家庭电话、参赛编号等。

4. 五月三十一日，参赛选手挑选。以年龄为标准，分为两个小组；第一小姐为四周岁以上的学龄前儿童，第二小组为小学一年级至六年级。根据报名表，从每个学龄段中挑选 100 位儿童来参加六月一日至六月三日的活动。

5. 挑选工作结束以后，安排出场时间和出场顺序，并及时通知参赛选手的家长，如果无法联系到，则从候补名单中再选。尽量保证 200 位的参赛数量。

（二）庆六一儿童节促销经营活动方案第二阶段：

时间：六月一日至六月二日，每天分为两个参赛时间段，即早上段，下午段

六月三日只有一个参赛时间段，即早上段。具体时间划分如下：早上段：9：00—12：00；下午段：13：30—16：30

1. 每个时间段，在各学龄段各有20名选手参加活动。

每位选手各由一位工作人员陪同进入活动区（活动区为商场购物区的一部分，商场可以根据自己的实际情况划定活动区，活动区内所有商品均要参加活动，参加活动的商品都必须要有一定的折扣率，而折扣率只针对比赛有效）。

2. 在选手进入活动区之后，利用半个小时的时间挑选自己想要购买的商品或者是家长告之想要购买的商品，确定购买之后，由工作人员出示购物卡让营业员填写。每位参赛选手可选购十件商品。如果十件商品选完或者规定时间一到，则工作人员带领选手离开活动区，并把购物卡交给选手家长。

3. 家长在拿到购物卡之后，可进入商场再次挑选，如家长买下了购物卡上所注商品。则当值收银员在购物卡上的该商品对应确定购买栏内打钩，并签字作证。

4. 家长必须在六月三日下午3：30以前把购物卡和购物小票一起交至工作台进行登记，活动组织人员根据统计情况进行评奖。

5. 购物卡：品名、货号、单价、折扣率、实际价格、营业员、收银员、实际支付等项目。

（三）庆六一儿童节促销经营活动方案奖项设置

1. 最和谐家庭奖（五名）：各奖100元购物券一张评选办法：在一定的购物金额的基础上，按照购买成功率的高低依次评选（各学龄段分别评选）。

2. 最有眼光奖（五名）：各奖100元购物券一张评选办法：根据购物卡上实际购物金额高低依次评选（各党龄段分别评选）。

3. 最佳小当家奖（一名）：奖500元购物券一张评选办法：购物卡上实际购买金额最高（所有参赛选手共同评选）。

六、庆六一儿童节促销经营活动方案附属活动

1. 健康快乐大会餐凡取得活动券或者参赛号码的儿童，均可在六月一日至六月三日在商场美食城凭券领取一份健康快乐儿童套餐。

2. 蹦蹦跳跳过六一凡取得活动券或者参赛号码券的儿童，均可在六月一日至六月三日在商场游艺厅凭券免费领取10枚游戏币。

七、活动注意事项

1. 为保证活动的公平，公正和公开性，活动工作人员必须经过严格挑选。

2. 活动区可由利润较高的商品区组成，但是必须包括各种儿童用品。

3. 由于参加活动的选手均为未成年人，在活动期间，商场必须要指定更加完善的管理办法，以防止各种意外的发生，影响活动的效果。

步骤九：团购促销活动编辑

（一）团购有多划算

当我们需要在网上购买一双喜欢的运动鞋时，可以有很多选择，我们可以在淘宝上挑选，也可以在大型的B to C商城上购买。随着时代的发展，现今在互联网中又出现了一种新的购物模式，就是团购。下面我们来比较一下，团购与普通网购的情况，图3－92为淘宝商城中同款鞋的价格，图3－93为淘宝聚划算中同款鞋的价格。

图 3－92

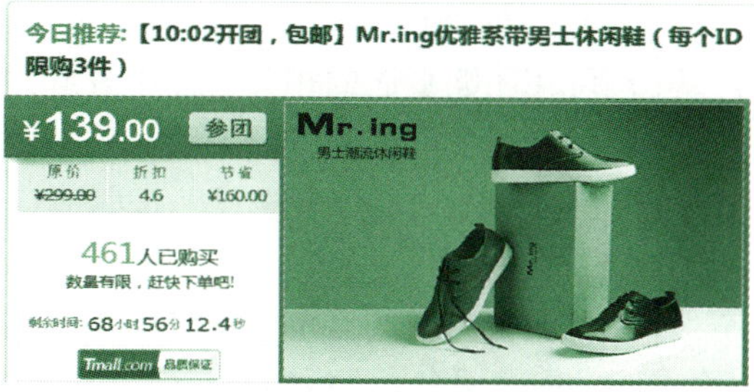

图 3－93

从这一个产品看出，相比于网店零售购买，商城团购的价格优势十分凸显，如果是你，你会选择哪一个来购买呢？答案一目了然，肯定是团购。截止到 2012 年 2 月份国内团购成交额约 14.6 亿元，同比去年 2 月份增长了 224.9％。作为学习电子商务的同学们，我们要紧抓行业的发展方向，了解这一新兴的购物模式，学习在团购促销活动中的策划、编辑等内容。

（二）团购活动策划的门道

团购活动策划中的必备要素包括以下 4 方面：

1. 活动宣传语。一个活动必须要有一个吸引人的标题，在标题中要体现活动的主题，即活动所要传达的内容。要将时间，活动主题，活动地点等关键词展示出来。

2. 活动时间。活动的时间应该紧扣团购活动的主题，时间长短还要参考公司的经营能力，活动预期等多方面的因素。

3. 服务热线。要保持热线的畅通，原则上要至少两钟联系方式，方便客户的咨询。

4. 活动地点。活动讲究天时地利人和，活动地点可以选择线上或线下，对于电子商城类的团购，还应该选择线上。这样既可以节省场地的租用成本，还可以减少工作人员的数量。在线上举办操作活动更利于信息的快速传达，以及营业数据的统计。

（三）如何组织好一次团购

1. 选择合适商品参加团购。我们可以下几个标准来辨别是否适合进行团购；

（1）是否此商品有大量的消费需求。

（2）商品的品质、价格是否适合商城的用户群体。

（3）参与团购花费的成本是否低于得到的优惠。

如果以上三点都回答是的话，就可以进行第二步行动了。

2. 筛选和确定品牌，并初步建立团购意向。在关注价格的同时，更要关注品质和口碑，并且需要注意以下几点：

（1）详细了解该品牌的产地、特点、性价比、服务内容等，尽量选择市场知名度高、品牌形象好的厂商，选择品牌的优先度应该为市场占有率，服务口碑，性能价格比。

（2）确定品牌后，可在互联网上寻找该品牌的厂家或者本地总代理机构，进行初步咨询并要求其进行经销商推荐。

（3）在多方比较后，选定经销商电话或上门初步谈判，如其愿意进行团购，应将经销商要求的团购金额及提供的优惠折扣进行确定。

3. 上网发布团购意向。

（1）可在团购页面的相关版面中发起团购征集。

（2）团购征集贴应明示要团购品牌的团购折扣和团购流程。公开名称产地、看样地址、零售价格、参加办法、报名格式、日期地点等信息并亲自接受报名，提供力所能及的咨询。

4. 交易。

（1）将所有网友的订单搜集整理后，与经销商签订团购协议，如有可能，进一步再次砍价或要求更多服务。

（2）约定确切时间，并通知网友前往交易。

（3）督促经销商落实团购协议条款并做好售后工作；至此，一次成功的团购就初步完成了，在团购的过程中，网友们齐心协力为了共同的利益形成同盟，最终获取了比单个购买更有优势的价格和服务。

5. 维护和转接。

（1）每次团购都会遭遇些售后问题，由于组织者与经销商多次谈判，对于协调售后纠纷的能力较强，所以还应该帮助参加团购的网友进行售后协调，维护消费者权益。

（2）一次成功的团购往往会吸引大量的网友继续跟进，我们也可进行第二次和第三次的团购组织，有了第一次的经验，后续组织会相对简单很多。

（3）在组织团购三个月后，我们可以联系团购网，请专业的团购网站接收该项目继续为网友服务。当然，也可以在后续需要购买的网友中挑选有服务热情人士，将该品牌的团购渠道进行交接。

练一练

团购活动宣传语的设计

1. 宣传语基本组成部分：

（1）标题：一句吸引眼球的主张

（2）副标题：简单一句话说出消费者在其中的体验。

2. 宣传语的诉求目的：

（1）是否能改变消费者行为

（2）是否能保证创意达到市场推广的目标

3. 三个一和三个词原则：

（1）三个一即：一个品牌，一个形容词，一个动词

关键词一定要包括上述三个方面，要让客户了解你的品牌，形容词加强印象，动词是吸引和激发消费者的能动性。

（2）三个词即：扩词，组词，找周边词

一句标题不能只用关键词，要将骨感的活动标题充实起来，这就需要扩词，组词和周边词

4. 找准语感：

（1）对称：语句和谐一致，前后对称

（2）引号效应：突出重点，紧抓眼球

（3）绝对副词：限制，修饰动词

5. 举例：

（1）标题：旁氏美白搜索令

副标题：找的就是你（图 3－94）

图 3－94

（2）标题：黄金 Spa

副标题：超时空金致导航眼部精华液媒体沟通会（图 3－95）

图 3－95

任务三
编辑商城网站商品详情页信息

知识目标：

1. 能描述商品详情页需要包含的信息；
2. 能理解商品详情页面信息的编辑方法和注意事项。

技能目标：

1. 能完成商品信息编辑，做到信息详细全面，符合用户的信息需求；
2. 能够通过图文形式体现，激发用户购买的欲望；
3. 能够正确编辑服务信息，将良好的服务品质传达给用户。

情感目标：

增强学生对工作的责任感，端正工作态度，培养职业人意识，树立良好职业道德。

任务要点

- **重点：** 能够根据商品特点在详情页中进行准确的文字描述
  能够根据商品特点制作商品图片及促销图
- **难点：** 能够设计商品详情页的总体规划，提高页面色彩与整体布局的艺术化效果，使商品详情页更具有宣传能力。

任务情境

采购部门发来新品上架的信息，商品为干红葡萄酒。小张协助商品编辑，与美工编辑一起，修饰商品主图及辅图，制作商品标题，编辑与商品相关的其他信息，完成商品详情页的设计制作，在商城平台进行发布。

任务分析

要做好商品详情页的设计与制作的工作，必须要了解其具体的工作内容。首先要进行商品标题的制作；其次需要根据商品的各项数据，整理并编辑出商品基本属性及扩展属性；再次，需要和美工编辑进行商品的图片效果的制作；而后根据商城的要求，编写购物须知与配送信息；最后要将详情页的整体布局与色彩搭配进行调整，力求达到统一，是整个页面更加具有宣传效果。

任务实施

知识准备：商品详情页

在开始制作详情页内容前，小张需要先对商品详情页的整体有一个清晰的了解。商品详情页大致包含商品标题；商品展示图；商品基本属性；商品宣传图、细节图；商品推荐、商品促销信息。

步骤一：商品详情页布局与色彩搭配

对于整个商品详情页的布局，要做到风格统一，整齐有序，突出重点；对于颜色搭配，根据红酒产品的特点，需要设计一套色彩的搭配方案，让详情页的上下得到统一，增强浏览效果，提高消费者购物体验。

（一）商品详情页的布局

1. 版块排列。在调整页面的风格时，首先要有一个自己对详情页的规划。独立商城中，商品的详情页版块基本位置不会出现大的变动。除了上面的展示图外，由上到下一般的排列顺序为商品属性列表、商品宣传图、商品细节图及商品推荐：如图 3－96、图 3－97 所示。

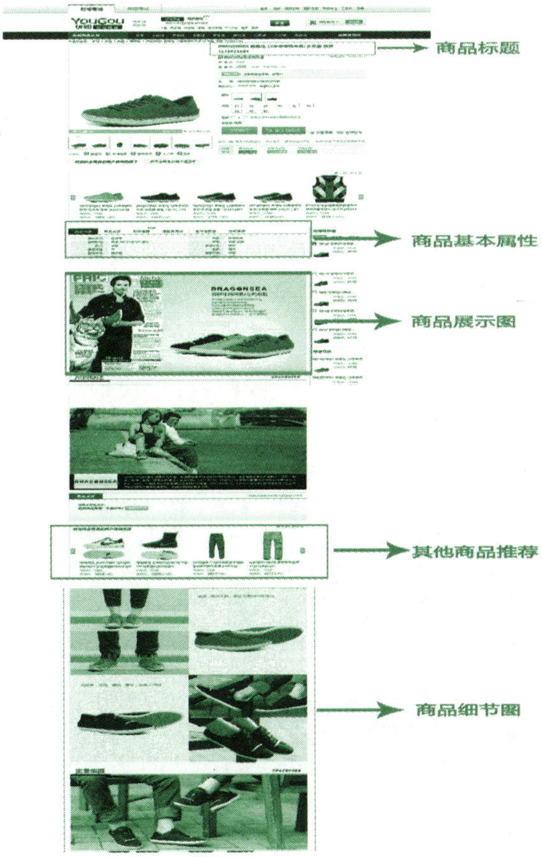

图 3－96

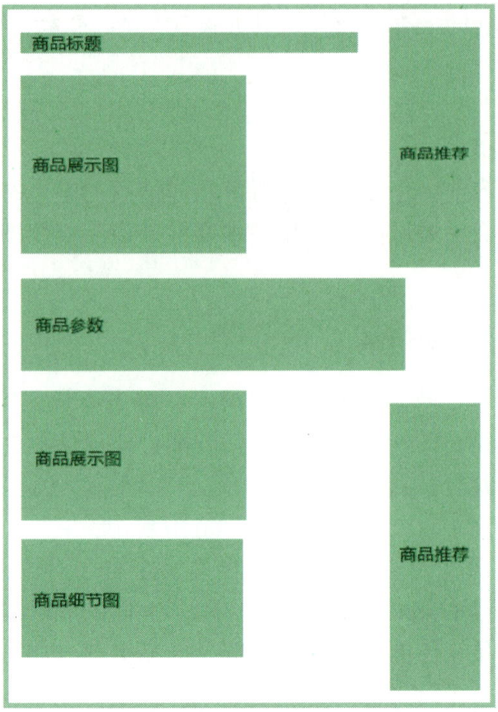

图 3－97

提示： 商城详情页的布局样式不止上述一种，一般情况下，商城的详情页需要考虑消费者的浏览习惯和浏览体验进行设计。

（二）商品详情页色彩搭配

在商品详情页的色彩风格上，首先要与商城的整体框架风格相一致，其次就是要根据产品的特点进行颜色的选择。红酒产品作为一种高档饮料，其本身就具有高贵的品质。所以，在选择配色方案是，可以选择红色，黑色，金色等颜色。同一种颜色不同深浅度的渐变，可以增加质感；而不同颜色的渐变，看起来是不协调的，不但不会提高页面的品质，反而很刺眼，影响客户的浏览，如图 3－98 所示。

图 3－98

1. 颜色搭配。红色的色感温暖，性格刚烈而外向，是一种对人刺激性很强的色。红色容易引起人的注意，也容易使人兴奋、激动、紧张、冲动，还是一种容易造成人视觉疲劳的颜色。

（1）红色与少量黄色相搭配，会使其热力强盛，极富动感和张扬的个性。

（2）在红色中加入少量的黑，会使其性格变的沉稳，趋于厚重、朴实。

（3）红色与灰色、黑色等暗色调搭配使用，给人以现代、激进的感觉。

2. 色彩搭配要注意的问题。

（1）背景色与前文。一般采用素淡清雅的背景色彩，保持背景清晰，避免采用花纹复杂的图片和纯度很高的色彩作为背景色，以便文字易读。同时，文字要与背景色的色彩对比强烈一些，否则页面平淡，不吸引人，影响客户浏览文字内容。

（2）色彩的数量。商品详情页面的颜色，如果使用过多的颜色，不仅影响商品的展示效果，而且使页面缺乏统一和协调，一般控制在四种色彩以内，通过调整色彩的各种属性来产生层次变化。

温馨提示：选择颜色时要考虑到所有的用户。选择颜色时要考充分考虑颜色的文化含意，同时避免给色盲用户造成困难。

详情页面设计装修得漂亮，确实能更多的吸引买家的关注度，有效促成购买行为。但我们要清楚一点，我们是为了卖产品而不是秀页面，页面的修饰要恰当地进行色彩搭配，以保证整体色彩效果和谐一致，不要影响了商品详情展示效果。

步骤二：进行商品标题的制作

（一）商品标题介绍

商品标题编辑的目的是可以让商品更容易被消费者搜索到，商品标题编辑越准确，搜索页面就越容易被找到，这样可以帮商城带来顾客，也可以增加消费者的浏览体验。如果标题中存在顾客感兴趣的信息，则顾客购买的几率会较大，如果店辅中商品标题优化的关键字词比较丰富，顾客对产品的印象就越深，这样可以使消费者再次购买时更容易被检索到。

（二）运用商品标题突出商品特性

1. 不管是什么类型的产品，在标题中都应强调商家承诺的利益点。产品一定要在市场中形成商品的差异化；根据商品与其他品牌的不同之处，找到利益点后，在标题中通过文字描述出来。对于红酒产品来说，品质，品牌，年份，都可以是形成差异化的关键点，我们可以根据具体情况进行描述。

2. 在商品标题中强调产品的“新”、“特”、“改良”、“升级”等消息，抓住客户的好奇心。红酒产品可以在新的酿造工艺，新口味等方面引起消费者的好奇心。

3. 在商品标题中包含出售价格、与专卖店的对比价格或促销价格，这样做可以直接回答消费者心中最关注的问题——“多少钱?”、“便宜了多少钱?”如图 3－99 所示。

4. 在标题中要注意突出品牌名，这样更容易快速吸引忠诚的客户。但如果没有得到授权就不要放了，以免涉嫌侵权，如图 3－100 所示。

图 3－99

图 3－100

5. 在标题中多用“特价”、“促销”、“买一送一”、“超值”、“上市促销价”、“新品上市”等有吸引力的词汇，这些词汇能大大提高商品的点击率和成交率。

6. 结合商品样式、图案等元素撰写具有故事情节的标题，突出商品的独特之处，吸引客户，达到好的销售效果。

（三）商品标题的优化

1. 关键词的分类。我们精心制作标题，一是要吸引进入网的客户，提高关注及点击，二是要有利于被平台检索到。我们知道，平台检索是通过关键字来实现的。关键词分为以下几类，如图 3－101 所示。

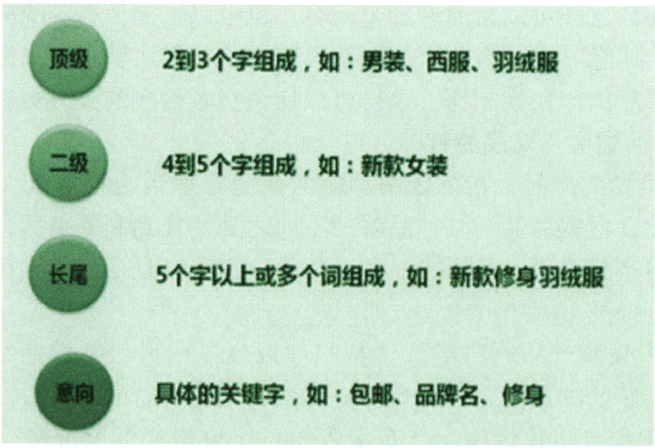

图 3－101

顶级关键词一般由 2 到 3 个字组成，内容表达为商品的类目，二级关键词除了表达商品的分类外，还具有商品的功能，型号等关键字。长尾关键词由 5 个字或词组成，目的是描述商品的特殊属性。意向关键词又叫商业关键词，主要包括营销手段一类的相关关键词。

2. 找准关键词。如何确定关键词，不妨换位思考一下。假如你是客户想买商品，你会通过搜索什么样的词汇来找到它？如果是你能想到的关键词，那么也是很多人都能想到的关键词，就把这个关键词用在你的标题上。如果思考不出更多的关键词，可以分析商品的属性，或者参考同类商品的其他商家的标题，从中获得灵感。

提示：关键词符合客户的搜索习惯很重要；在选择关键词时，还要参考关键词的人气，如淘宝排行榜的关键词排名，以增加曝光次数。

3. 标题长度的充分利用。商城规定商品标题最长不能超过 60 个字节，也就是 30 个汉字。在标题组合的情况下，包含的关键字越多，被搜索到的概率就越大。

4. 标题关键字应做恰当地分割以利于阅读。如果一个长达 30 个汉字的标题不做任何分割，会使整个标题非常难阅读，甚至不知所云。

例：标题“包邮法国 AOC 进口红酒拉格内城堡干红获奖葡萄酒 750ml ”

分析：标题完全不断句，虽然是充分利用了标题的字节，但买家看到这样的标题恐怕会头昏脑胀。我们可以分割成这样的标题：“包邮 法国 AOC 进口红酒 拉格内城堡干红获奖葡萄酒 750ml ”

温馨提示：断句不要用逗号，因为逗号比较特殊，搜索引擎会把逗号前后的两个关键词做硬性分割。

（四）任务实施

1. 资料搜集。结合红酒的包装，我们要先明确产品的基本信息，如图 3 – 102 所示。

名称：	赤霞珠干红葡萄酒	酒精度：	14%vol
产地：	法国	葡萄采摘年份：	2011年
产区：	法国	饮用温度：	16-18度
葡萄品种：	赤霞珠	色泽：	宝石红
类型：	干红	级别：	法国VDP级别优质餐酒
原料及辅料：	葡萄汁	规格：	750ml

图 3 – 102

2. 确定关键词。接下来，我们需要找出关键词：

顶级关键词：干红，干红葡萄酒；

二级：法国原瓶，进口红酒；

长尾：赤霞珠干红葡萄酒；

意向：3 瓶装 包邮。

参考答案：法国原瓶进口红酒 赤霞珠干红葡萄酒 3 瓶装 包邮。

注意：

如果没有优惠措施，或是商城没有提供包邮服务。就不要在标题中加入上述的意向关键词，以免引起不必要的纠纷。

在关键词设置完成后，根据商城运营部门所统计的商品的搜索数据，还需要不断地对标题进行优化，调整关键词，以保证用户的搜索体验。

商品标题是信息内容的核心浓缩，表述清晰并且包含关键信息的标题能让用户更容易掌握产品具体情况，从而引起买家更多的兴趣。一个吸引人的信息标题，必须注意以下几个方面：标题中只含有一个产品，并使用通俗的产品名称；标题中突出产品最具竞争力的功能特性；标题尽可能标明产品优惠政策和低价促销信息。

步骤三：商品基本属性及扩展属性编辑

商品属性包括商品的基本属性和扩展属性，商品的基本属性在产品的包装上有注明，而扩展属性在有些类目的产品中标注的并不明确，这就需要我们自己去搜集数据，此外，如何将商品的各项属性更有效的展示在商品详情页中，也是需要网站编辑仔细斟酌的。在前面，我们编辑好了红酒的产品标题，现在我们需要为商品的各项属性资料进行编辑，展示在网页中。好的商品属性资料，能够让顾客迅速的了解到产品的特点，提高用户网上购物体验。

（一）商品基本属性及扩展属性的概念

商品属性通常包括：名称、价格、SKU 编码，重量、成本等等，如表 3－2 所示。

表 3－2

属性名	属性值	作用备注
商品名称		
商品价格	货币单元	
价格区间	货币单元区间	价格搜索范围
简单描述		
SKU 编码	按照仓位顺序编码	快速准确定位产品
重量	KG	运输、物流价格计算
成本	货币单元	核算利润
META 信息	产品相关优化信息	SEO 优化
META 关键字	商品相关优化关键字	SEO 优化
URL	访问路径	SEO URL 访问路径优化
商品图片	GIF，JPEG	
类别分类	男装，女装，上装	
库存	数值	库存管理控制
生产厂家	LV，GUCCL	采购大家管理

扩展属性是相对于商品基本属性而言的，基本属性就是大多数商品所共有的一些内容，如货号、重量等内容，而扩展属性则是某一类商品所独有的内容，如图 3－103 所示。

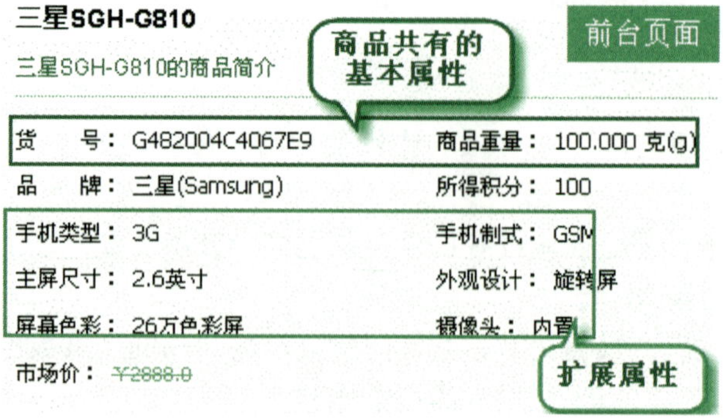

图 3－103

（二）商品属性收集与设计

商品属性为商品的展示及筛选提供了多个维度，在丰富商品内涵的同时，使商品信息的标准化成为可能，为买家提供了更好的购物体验。

对于顾客来说，一部分消费者会在登录商城后，直接去寻找自己需要的商品。另一部分的消费者会去先了解商品所属的商品类目，从中进行对比。作为商城系统的后台，会将商品的属性资料收录到检索器中；当商品属性信息齐全，客户就能在第一时间以最方便的途径找到其想要看的商品品类。所以对商品进行属性的收集与分类是非常关键的。

例： 收集服装类产品属性信息

在服装类产品中，商城信息的检索会按照下面方式收集商品属性信息（表3－3）。

表3－3

价格区间分类：	50—100元；100—200元；200元以上；
材质分类：	牛皮；PU；革等
用户群分类：	女性、男士、儿童等

商品搜索的本质其实是搜索商品的属性；特别是当用户的购物目的性越强，使用搜索功能就越频繁。网站的商品越多，搜索功能也就越重要。现实中，商家可以通过扩大卖场来展示更多的商品；购物网站却只能用一个显示器屏幕来展示。搜索功能的完善是个技术问题，而核心基础是商品基本属性的规划部署。

（三）如何编辑商品属性

商品属性信息的添加是网编人员必须要做的，在商城中上架的商品一般是商品部门直接给出的，如果信息不全面，需要网站编辑人员自行增加商品信息，内容要保证真实无误，提供的商品属性信息越全面越好。

商品属性的编辑要考虑到商品的特点，以及整个页面的布局，在运用表格与图示进行商品编辑时，有一定的编辑思路可循。

在进行编辑时，一定要将商品的基本属性放在扩展属性前面，基本属性一般以表格展示为主，编辑时，按照商品基本属性一一列出，样式整齐规范，内容属性准确。

在进行扩展属性编辑时，可以放在详情页的任何位置，有时会根据具体的细节图加以注释说明，有时要以商品的扩展属性作为卖点，放在详情页的第一屏中，强调商品的独有特点，这样可以起到更好的营销效果。没有固定样式，可以用传统的表格展示，也可以制作促销力，增加视觉印象，提高关注度。

例： 下面以食品类商品编辑为例来介绍一下如何编辑商品属性：

编辑商品的基本属性，食品类的基本属性有：商品编号、商品名称、出厂日期、产品，厂家名称等信息；除此之外，食品还应该包含保质期、主要成分等信息，如图3－104所示。

厂名：友谊食品股份公司	厂址：越南	厂家联系方式：400-800-0808-809927
配料表：面粉·糖·鸡蛋（20%）·奶粉·...	储藏方法：储存于阴凉干燥处，避免阳...	保质期：365 天
食品添加剂：详见产品外包装	包装方式：包装	商品条形码：8934760211005
重量(g)：300	饼干种类：酥性饼干	品牌：TIPO/友谊牌（越南）
系列：面包干	规格：300g	热销系列：其他
是否含糖：含糖	是否为有机食品：否	产地：越南

生产日期：2013-03-10 至 2014-03-10

图 3－104

编辑商品的扩展属性时，需要结合产品的特点，常见的食品类商品的扩展属性包括：商品货号，正品标识，包装材料，加工工艺等。有时为了强调一些特有的属性标识，运用图示表示，如图 3－105 所示。

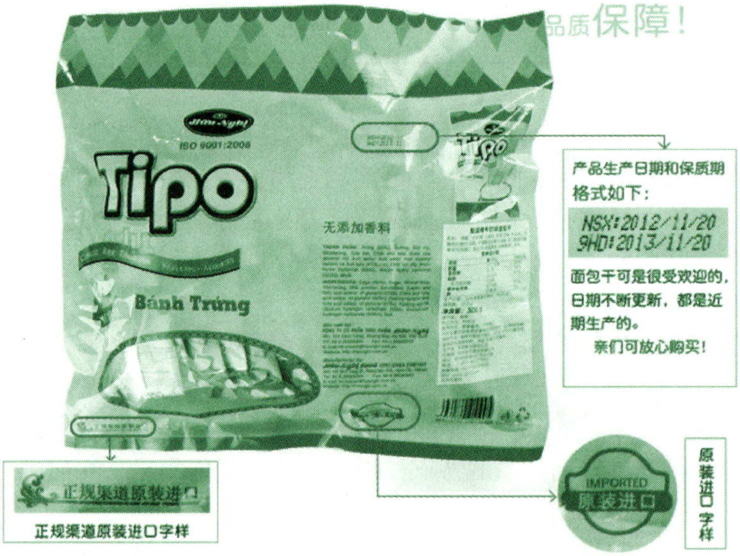

图 3－105

（四）任务实施—编辑红酒的商品属性

1. 搜集商品属性资料。基本属性在收集时有 2 种方式，第一种是企业自身提供的，这里给的商品属性是十分准确的，一些企业为了自身的产品更适合在网上销售，会专门将商品属性发送给商城相关部门。第二种是企业未提供商品的属性，这时候网站编辑人员需要在产品上寻找并收集相关属性资料，对于一些有必要在详情页注明的属性，需要和相应的生产商进行核实，以保证资料的准确性。图 3－106 为网编人员总结的红酒商品属性。

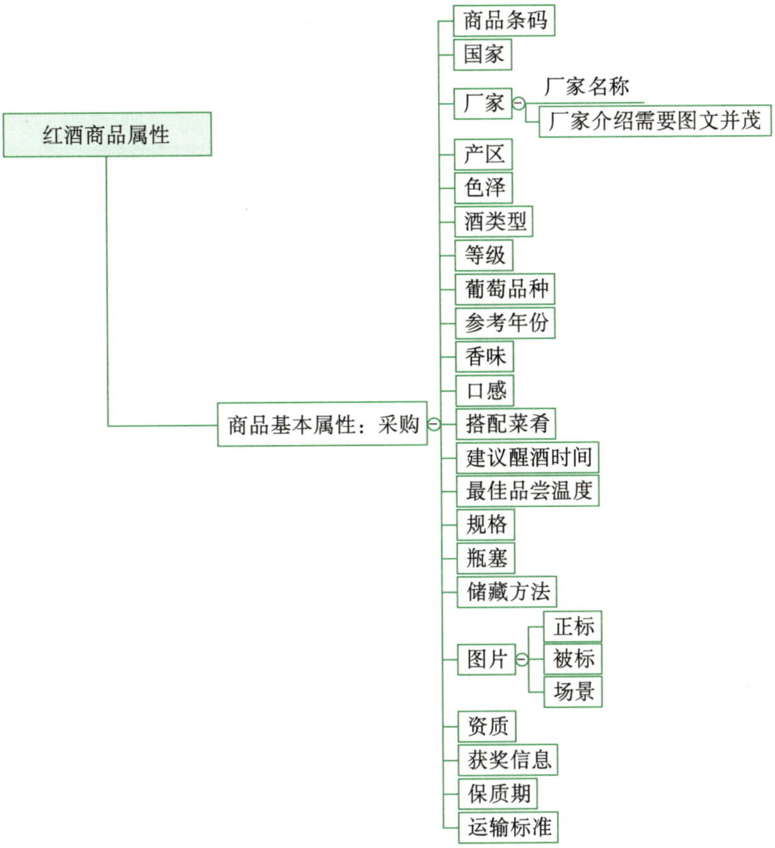

图 3－106

2. 整理商品基本属性，总结商品的扩展属性。一般情况下，网编人员通过商城既定的商品属性模板添加基本属性信息，整理搜集的资料，红酒基本属性包括商品条码、产地、厂家、色泽、酒类型、等级、葡萄品种、参考年份、口感、香味、图片，储藏方法等等，如图 3－107 所示。

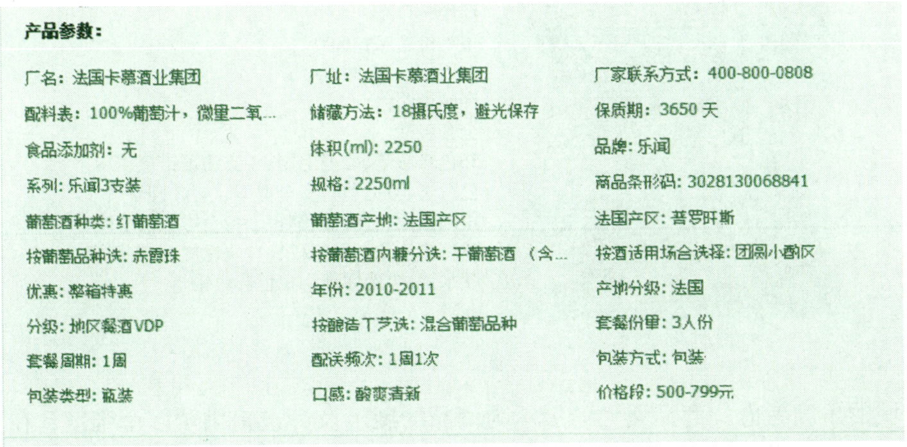

图 3－107

扩展属性通常需要网编人员自己去发掘，根据扩展属性的特点，选择使用适当的展示方式加以强调说明，如图 3－108 所示，网编人员设计的商品扩展属性，加深顾客印象，增强营销效果。

产品名称： 富杰庄园干红葡萄酒（LES Fougeres Corbieres）

葡萄酒产地： 柯比艾

葡萄品种： 佳丽酿（Carignane）希拉（Shiraz）

级别： A.O.C	**参考年份：** 2011年
色泽： 深紫色	**香味：** 黑加仑子味
酒精度： 13%Vol	**容量：** 750ML
醒酒时间： 10分钟	**最佳饮用温度：** 16-18℃
橡木桶陈酿： 有	**配餐建议：** 适合搭配各类菜肴

葡萄酒介绍： 酒色呈深紫色，边缘带有红宝石色泽，黑色水果香气，入口柔顺，单宁适中。

图 3－108

做一做

分析水彩笔的基本属性及扩展性（图 3－109）。

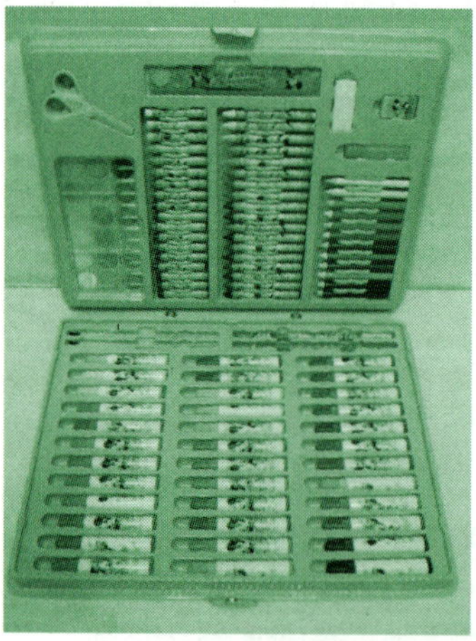

UME联众米奇128件美劳派套装水彩笔
型号：DM6903-X（“X”代表最新款）
颜色：粉色
尺寸：41.5*31.5*4 cm
产地：广东
市场价：￥125.00
本店价：￥63.00元
产品说明：
全套包括
36色水彩笔、2把毛刷、2支沾顶铅笔、18色粉饼、1把塑料安全剪刀、4张画形板、1块调色板、18色蜡笔短、12个彩色回型针、18色蜡笔长、1把直尺、1块橡皮、1支细管胶水、1个迷你削、12色彩色铅笔

图 3－109

从商城的角度考虑：商品属性的展示为商品的展示及筛选提供了多个维度，在丰富商品内涵的同时，使商品信息的标准化成为可能，为买家提供了更好的购物体验。从顾客的角度

考虑：商品属性是定义商品分类的核心，80%的用户会直奔其想要了解的商品品类栏目。

步骤四：商品图片效果编辑

如今的网上商城中，商品的宣传图充斥了整个网站。这是因为网上商城的运营人员意识到了商品图片有更强的营销效果，更好的视觉冲击力，在顾客浏览时，往往是因为一张或几张图的展示效果，便说服了消费者，提升了消费者的购买欲望，最后促成了交易。在商品的详情页中，其精细美观的程度丝毫不亚于我们在线下看到的宣传海报。

小张在配合网编人员编辑好标题和商品属性后，接下来就要配合商城的美工人员，对红酒产品进行商品图片效果的编辑。小张需要整理出商品前期的拍摄图片后，通过对商品图像的裁切，修复，调整，抠图换底等编辑后，加入图片的特效，一步一步的艺术化效果处理，以配合详情页商品的宣传。

（一）详情页商品图片分类

商品展示图：陈列在商品详情页的上方，在商城中展示图的数量是有规定的。根据商品特点，商品展示图数量一般为五张。

商品宣传图：图片位于商品属性列表的下方，数量一般为1~3张，商品宣传图会运用更多的设计元素和宣传文案，作用是为了能够更好地对产品进行宣传。

商品细节图：细节图是为了能够让消费者更好地了解产品的外观以及特性；一般放在宣传图的后面。

（二）商品图片效果编辑的内容：

在做商品图片编辑时，小张需要先了解美工编辑关于图片版式、效果显示和图层选择等方面的设计知识，为后面的工作打好基础。

1. 图片版式效果。构图：根据题材和主题思想的要求，把要表现的形象适当地组织起来，构成一个协调的完整的画面称为构图。

（1）水平式构图。水平是构图时商品呈横向放置或者横向排列的横幅构图方式。这种构图方式能够给人一种稳定，可靠地感觉，多用来表现商品的稳固，并给人安全感，是一种常用的构图方式，如图3-110所示。

图3-110

（2）垂直式构图。竖式构图时商品呈竖向放置和竖向排列的竖幅构图方式，这种构图方式可以表现出商品的高挑、秀朗。常用来展示长条的或者竖立的商品，如图 3－111 所示。

图 3－111

（3）对角线构图。对角线构图是商品斜向摆放的构图方式，其特点是富有动感，个性突出，对于表现造型、色彩或者理念等较为突出的商品，对角线构图方式较为实用，使用得当可以产生很不错的画面效果，如图 3－112 所示。

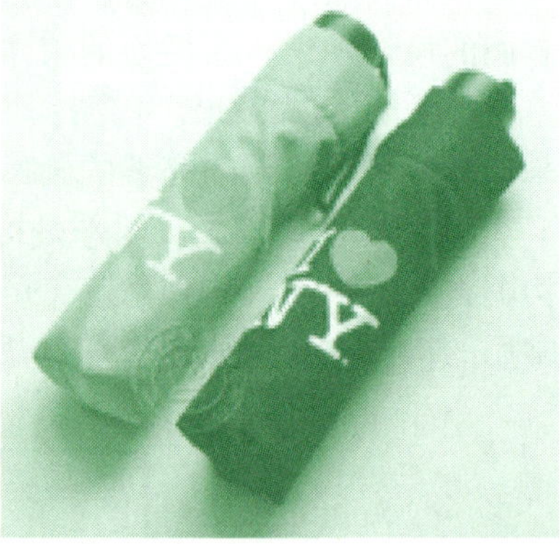

图 3－112

（4）商品布局黄金分割。黄金分割法的构图方式，画面的长宽比例通常为 1:0.718，由于按此比列设计的造型十分美丽，因此被称做黄金分割，这一比例也叫黄金比例。我们日常生活中用很多东西都采用这个比例。黄金分割的简单方式是将画面用“两横两竖”的线条把画面均分为九等分，也叫“九宫格”，中间四个交点成为视线的交点，把产品放在任意两个交点上，在这种 1:2 的画面比中，是最简单的能够呈现美感的构图形式，如图 3－113 所示。

2. 商品效果展示的艺术形式。适当的搭配：在展示商品的外观时，我们要迎合消费者越来越挑剔的目光，商品的优势和价值、悠闲地生活节奏、小资情调和无法言说的意境都有可能成为打开他们心中的那一把钥匙。如图 3－114 所示，图中所展示的红酒图片凸显了红酒在杯中翻滚的一抹惊艳，将红酒的晶莹剔透和暗色的背景搭配，加入一抹黄色，将红酒的小资情调和美妙很好的体现出来。

图 3－113

图 3－114

3. 图像色彩选择。

（1）色彩的属性。色彩的三要素包括色相、饱和度和明度三个属性非常关键，任何一种颜色都具有这三个属性，色相是色彩的相貌，根据波长的不同，产生不同的色彩，如红色、黄色、蓝色等；饱和度指色彩的鲜艳度；明度指色彩的亮度及色彩的深浅。

（2）色彩的搭配。在进行电子商务类网站宣传图效果配色时，是有技巧和规则的。作为电子商务的学生，我们观察现今的电子商务平台，从中总结出配色的三部曲，进行学习。

用一种色彩：这里是先选定一种色彩，然后调整透明度或者饱和度，通过深浅的变化，产生新的色彩，用于网页，这样页面看起来色彩统一，有层次感，如图 3－115 所示，以蓝色为主色调，通过调节其他模块的饱和度，以及蓝色的明度，形成新的色彩，整个页面会形成一个蓝色由深到浅的渐变，使网页的色彩达到高度的统一，而且视觉效果自然，有特点。

图 3－115

用对比色：任何一个商品效果图上如果没有对比色，效果上看起来就会很单调，而且没有重点。那么如何才能准确的找到某个底色的对比色呢？这里有一个非常科学的找对比色的方法：如果底色的亮度值在 0～92 之间（亮度值的范围是 0～240），那么它的对比色的亮度值就是底色的亮度值加上 148，只要保证这个亮度值不变，色相和饱和度就可以任意调节，不过最好还是用同一色相的色彩，如图 3－116 所示。

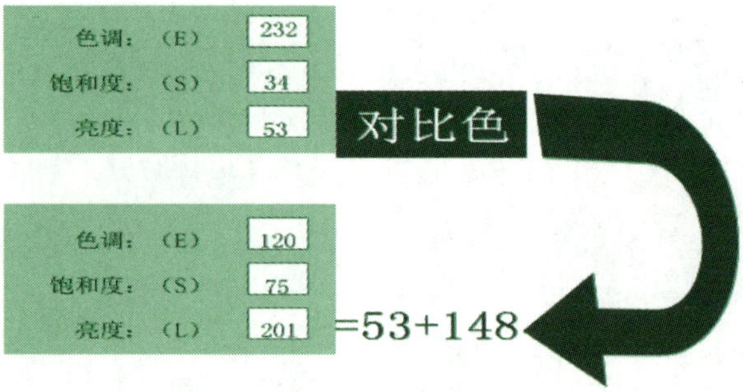

图 3－116

同一个色系：简单的说就是用同一种感觉的色彩，例如：淡蓝，淡绿，浅绿；或者土黄、土灰等。同一色系的要领是，只要保证亮度不变，色相可以任意调节，这样就可以调出同一种感觉的色彩了，如图 3－117 所示。

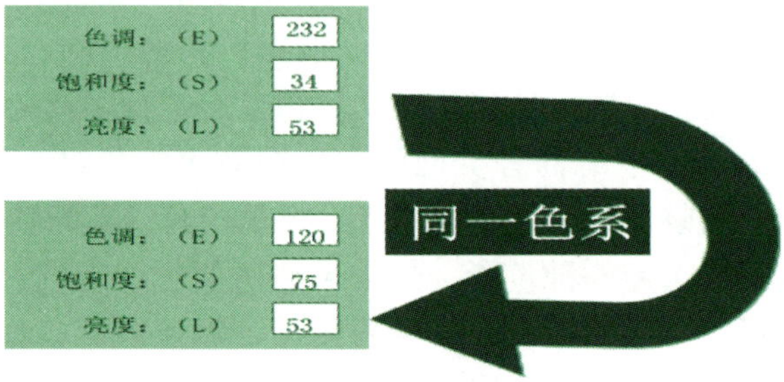

图 3－117

4. 图文结合效果的编辑。

（1）字体颜色的选择。字体的颜色要与图片效果呈现对比，字体表现清晰，且与整张图片风格一致，突出文字。

（2）字体大小粗细的编辑。字体说明时要遵循两个原则：第一，文字要有主次之分，关键字要大而粗，第一时间抓住消费者眼球；第二，要有一定的排版，大小的区别要保持好间距。

（3）营销语的应用。把卖点喊出来——我的优势与你有关，把品牌体现出来——充分展示商品实力，流行语必不可少。

（4）价格的展示。价格一定要突出，要让消费者了解到，商品的价格无语伦比，有利可图，帮助消费者说服他自己，产生购买的欲望，如图 3－118 所示。

图 3－118

（三）任务实施

首先，在任务实施之前，我们需要先了解一下商品图片编辑的常用软件。PHOTOSHOP 是现今功能强大，运用最多的图像编辑软件；FIREWORKS 是网页三剑客之一，功能和难度都居中；Illustrator 是矢量图编辑软件。

本次任务的内容是要为红酒产品制作一张产品的宣传图。我们所运用的软件为 photoshop cs4。

1. 宣传图的分层。为了方便我们的编辑，我们在编写宣传图时需要对图片分层。一般分为三个层次。第一层为产品的背景层，即图片的背景层。第二层为产品层，即为产品本身。第三层为文字层，即宣传文案。

2. 具体步骤实施。

（1）导入素材图片 8，在 photoshop 中打开，利用曲线工具（ctrl + M）进行色彩校正，如图 3 – 119 所示。

图 3 – 119

（2）选择钢笔工具，抽取酒瓶，点击鼠标右键，选择建立选区，如图 3 – 120 所示。

图 3 – 120

（3）新建一个名为“红酒”的文件，尺寸为 710 × 350 像素，选择径向渐变工具拖拽，径向渐变的前景色值为（R：184，G：19，B：19），背景色值为（R：101；G：0；B：0），如图 3－121，图 3－122，图 3－123 所示。

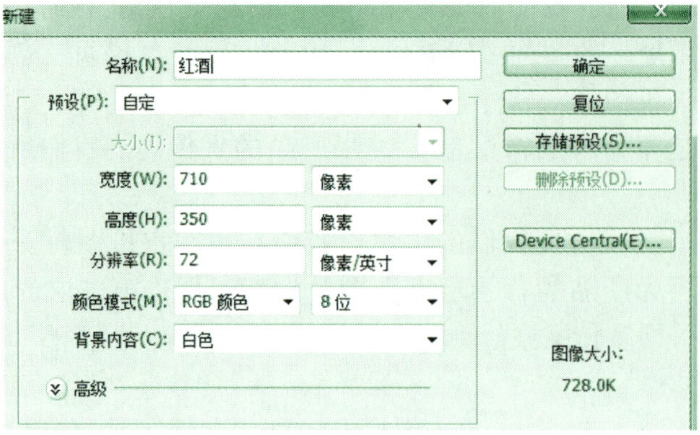

图 3－121

图 3－122

图 3－123

（4）新建图层，用椭圆选框工具拖出一个扁形椭圆选框，并使用线性渐变工具填充，填充前景色为（R：76，G：6，B：6），填充背景色（R：0，G：0，B：0），如图 3－124，图 3－125、图 3－126 所示。

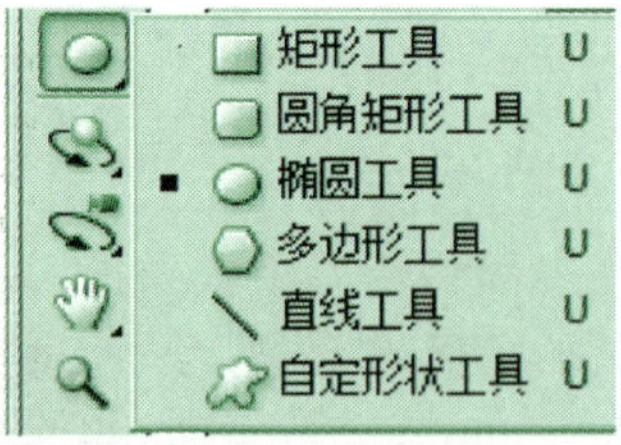

图 3－124

图 3－125

图 3－126

（5）用橡皮擦工具擦去边缘部分，橡皮擦的不透明度为 56%，如图 3－127、图 3－128 所示。

图 3－127

图 3－128

（6）新建一个 4×4 像素的背景为透明的文件，选择铅笔工具，沿对角线描出四个像素，填充浅灰色，灰色 RGB 值为（R：217，G：208，B：208），如图 3－129、图 3－130、图 3－131 所示。

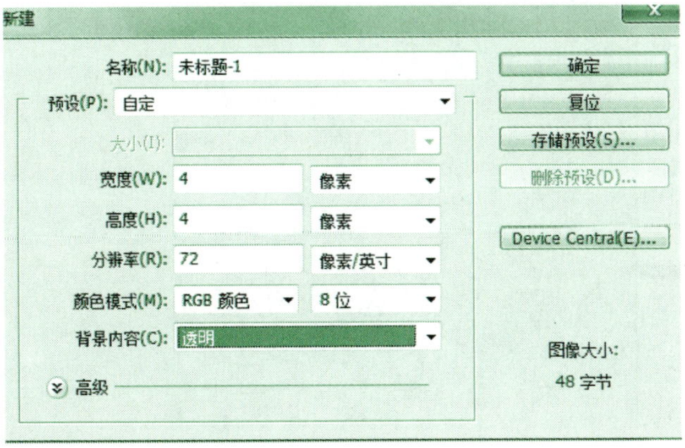

图 3－129

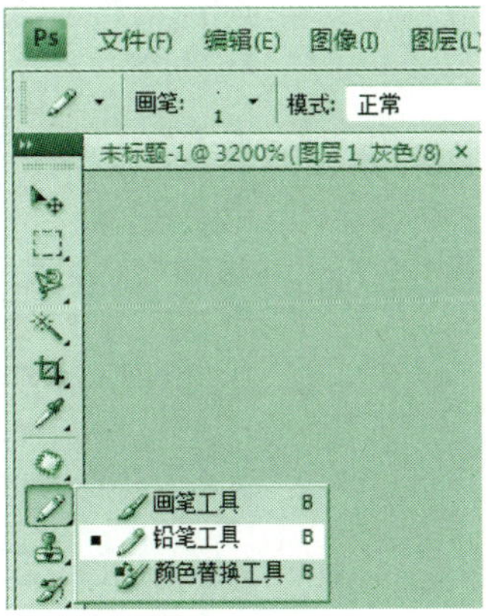

图 3－130

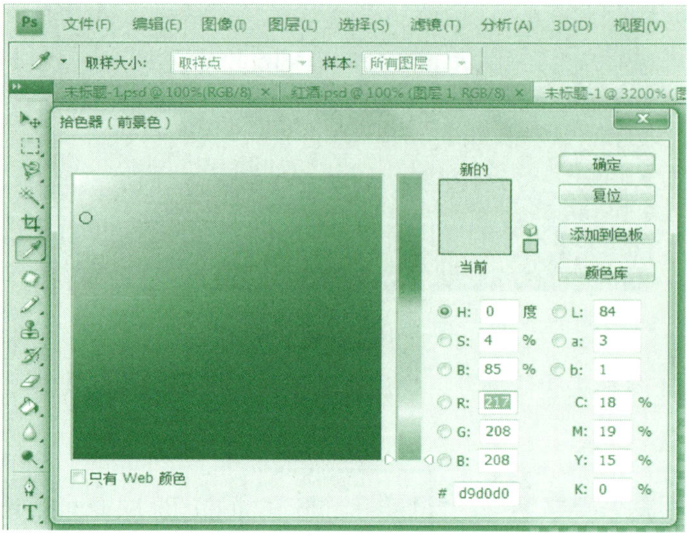

图 3－131

（7）沿对角线在透明的画布上一次描出 4 个像素，如图 3－132 所示。

图 3－132

（8）选择编辑菜单下的定义图案，在跳出的对话框中为图案命名，点击确认，保存图案样式，如图 3－133、图 3－134 所示。

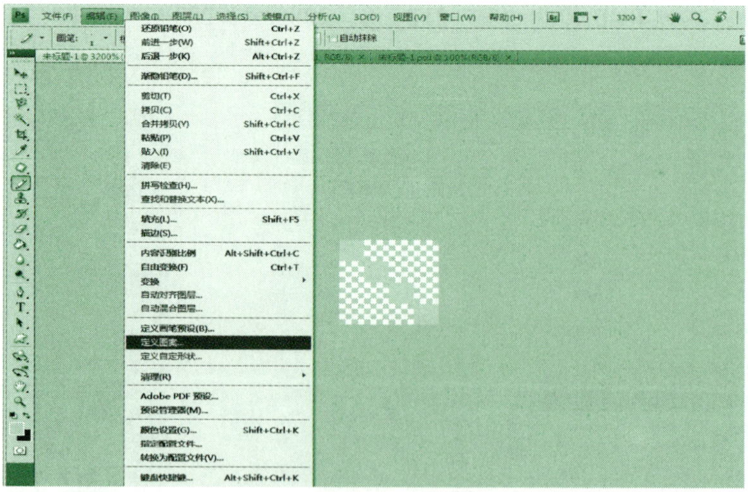

图 3－133

图 3－134

（9）返回文件“红酒”，选择左边工具栏中的油漆桶工具，如图 3－135 所示，新建图层，在左上方选择图案样式，进行页面的填充，如图 3－136 所示。

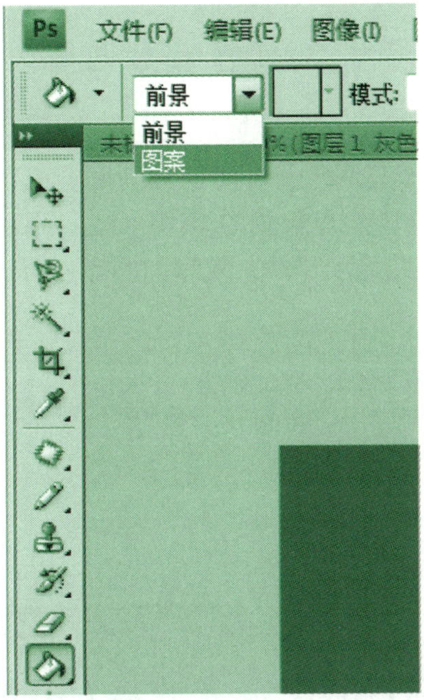

图 3－135

图 3－136

（10）调整该图层的透明度为 35%，将图层移动到背景图层的上方，如图 3－137 所示。

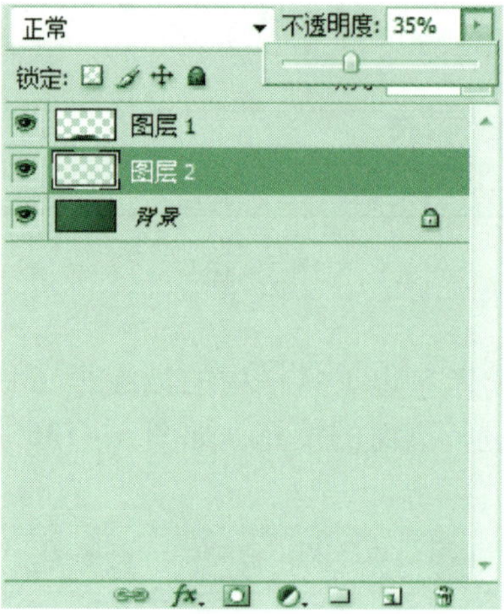

图 3－137

（11）新建图层，选择渐变工具，模式为径向渐变，有前景色到背景色，前景色 RGB 值为（R：108 ；G：30 ；B：30），背景色的 RGB 值为（R：36 ；G：26 ；B：26），如图 3－138 所示；并调节改图层透明度为 75%，效果如图 3－139 所示。

图 3－138

图 3－139

（12）将扣好的素材图片放入红酒文件中，选择自由变形工具（CTRL＋T），调节大小，打开标尺工具（CTRL＋R），横向竖向将画布各 3 等分，将酒瓶放在左侧焦点上。效果如图 3－140、图 3－141 所示。

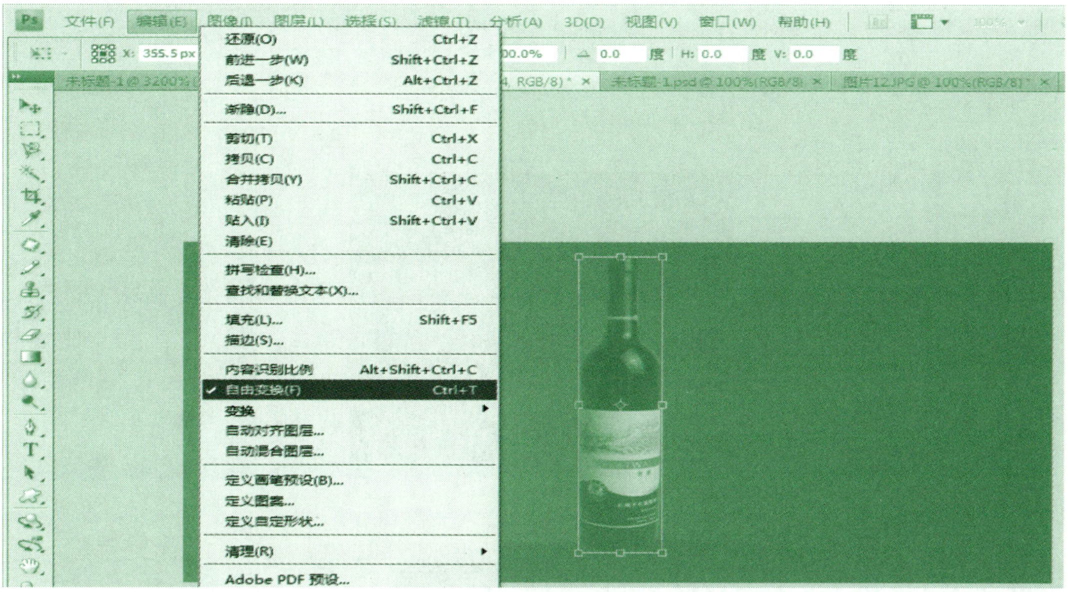

图 3－140

图 3－141

（13）复制图层4，选择编辑中的变形工具，旋转180度，移动到酒瓶下方，并调节该图层的透明度为50%，如图3-142、图3-143所示。

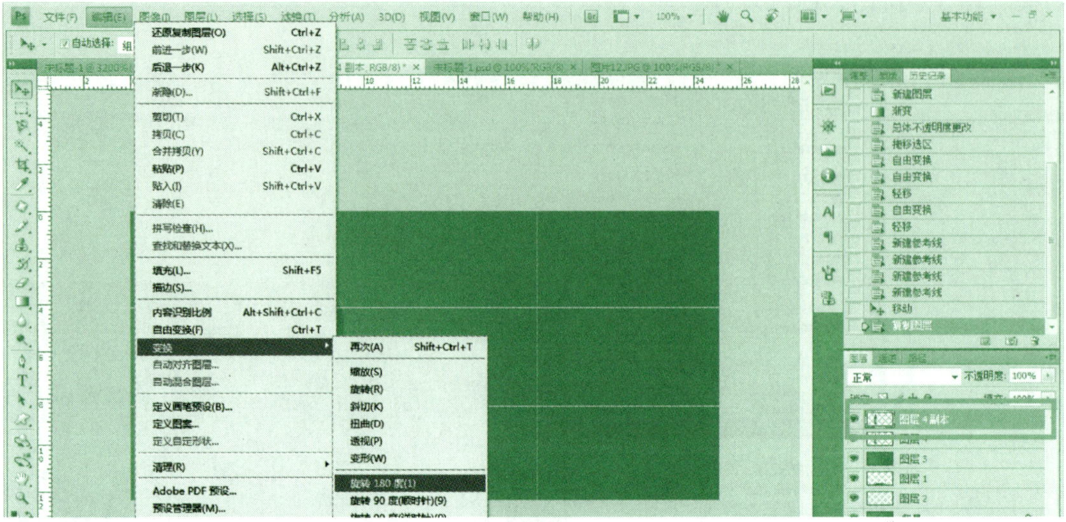

图3-142

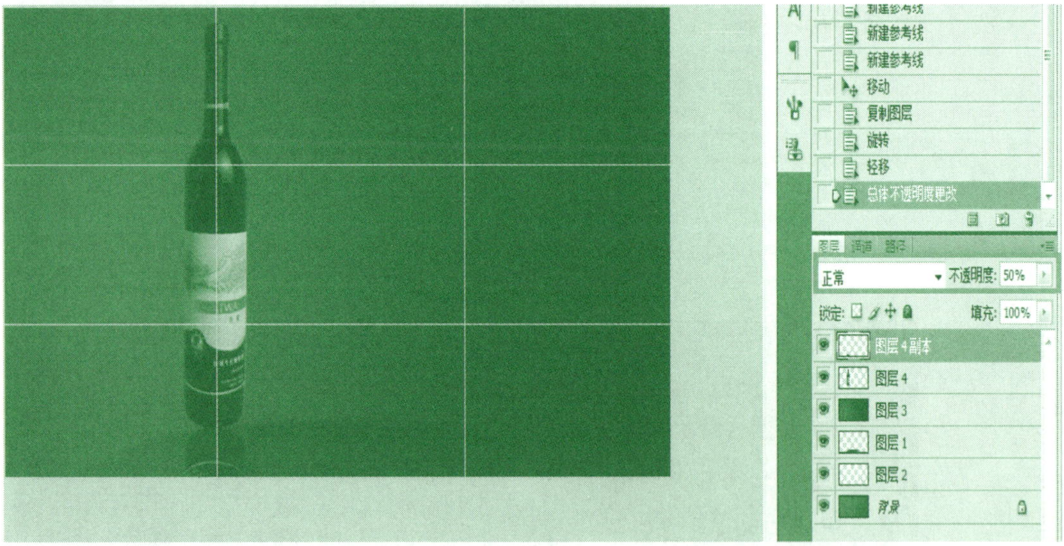

图3-143

（14）在图像的右上方加入文字，输入文字“长城干红葡萄酒”字体像素为28、字体为微软雅黑，字体加粗，字体颜色为白色；输入文字“尊贵 & 典雅”字体像素为45、字体为微软雅黑，字体颜色为橙色，RGB值为（R：215；G：98；B：3），字体加粗；“限时秒杀”字体像素为18、字体颜色为白色；“￥188（￥像素为28、188像素为68）”、“Honorable & elegated”字体像素为18、字体颜色为灰色，RGB值为（R：209；G：202；B：202）；“原价：388”像素为24，字体颜色为灰色，RGB值为（R：209；G：202；B：202）；如图3-144所示。

图 3－144

（15）在文字“原价：388”上加入一条横线，字体效果均为倾斜，横线粗细为 2 像素，如图 3－145 所示。

图 3－145

制作红酒的效果图，如图 3－146 所示。

图 3－146

做一做

按照以下样子，完成细节图的制作

细节图的编辑要遵循个 3 个原则，首先，细节图需要将商品的重点标识展示出来，起到强调的作用；如：商品 logo，商品条形码，商品保质期，商品产地等等。其次，商品细节图可以凸显商品的买点，准对这些营销重点，可以运用细节图展示，吸引消费者的潜在购买欲望。再次，细节图在展示同，要有相应的文字解释，让消费者更容易理解。

任务资料：编辑红酒的细节图，商品信息及商品图片如图 3－147、图 3－148 所示。

产品参数：

产品标准号：6901009915675	厂名：中国长城葡萄酒有限公司	厂址：河北省张家口市怀来县沙城
厂家联系方式：4006191519	配料表：葡萄	储藏方法：5~25℃避光卧放或倒放存储
保质期：2400 天	食品添加剂：无	体积(ml)：750
品牌：长城	系列：龙喜银龙喜	规格：12.5度 750毫升
商品条形码：6901009915675	葡萄酒种类：红葡萄酒	葡萄酒产地：中国大陆
中国产区：其他子产区	葡萄品种：其他品种	按葡萄酒内糖分选：干葡萄酒（含糖量...
饮酒场合：团圆小酌区	优惠：整箱特惠	生产年份：2011-2012
产地：中国大陆	产地：河北	城市：张家口
按酿造工艺选：单一葡萄品种	套餐份量：1人份	套餐周期：1周
配送频次：1周1次	包装方式：包装	包装类型：瓶装
是否为有机食品：否	口感：圆润饱满	按酒的净含量选：750

图 3－147

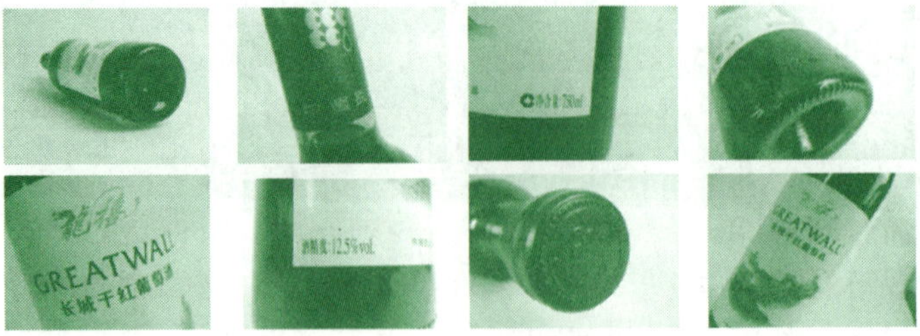

图 3－148

细节图效果如图 3－149 所示。

图 3－149

步骤五：商品文字描述

小张在编辑好商品图片后，设计人员提醒小张，好的商品详情页，不仅仅是漂亮的图片，文字内容也是详情页的重点编辑部分。好的图片效果如果没有文案的精心设计，没有到位的商品描述，就相当于空有骨架，而没有血肉一样。所以，设计人员建议小张在文字描述上要重新规划。

（一）产品描述的思路

电子商务是在虚拟的市场购买商品，顾客看不到商品，只能通过文字和图片信息来判断商品。像在实体店购物一样，顾客对购物的环境需要了解，而了解的过程很大一部分是通过产品的信息来传达，信息描述的方式直接会影响到消费者在购物时的判断。有一组外部数据报告是这样写的：79% 的顾客不会购买没有详细描述文字和图片的宝贝，那顾客到底关注的是商品的什么信息呢？如图 3－150、图 3－151 所示。

1. 商品的详细用途和功能 67%（标准是比你的竞争对手更详细）。
2. 工作环境信息 61%（如果你不写清楚，设想一个 Windows 用户买了一套苹果电脑才能使用的软件…）。
3. 产品附件清单 61%（比如手机，带几块电池？有几张 MINISD？都要写清楚）。
4. 不同的规格、型号的信息 58%（比如同一款笔记本的不同颜色）。
5. 商品的质量认证文件、标准认证 51%（让买家买得放心）。
6. 商品的制造商信息 48%（对你的商品更加可信）。
7. 商品的特点、特性、不同于其他商品的地方 45%（让买家对你的商品产生差异化的兴趣）。

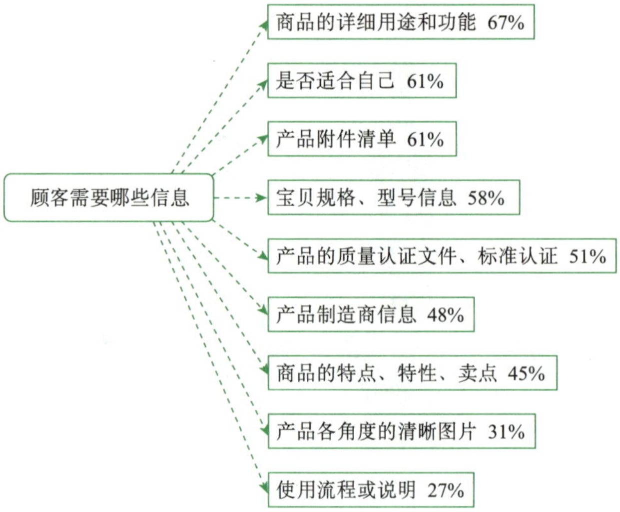

图 3－150

8. 清晰的、各个角度的大号图片 31%（刺激买家的购买欲望）。

9. 使用流程说明 27%（你太贴心了）。

案例：

羽绒服商品描述

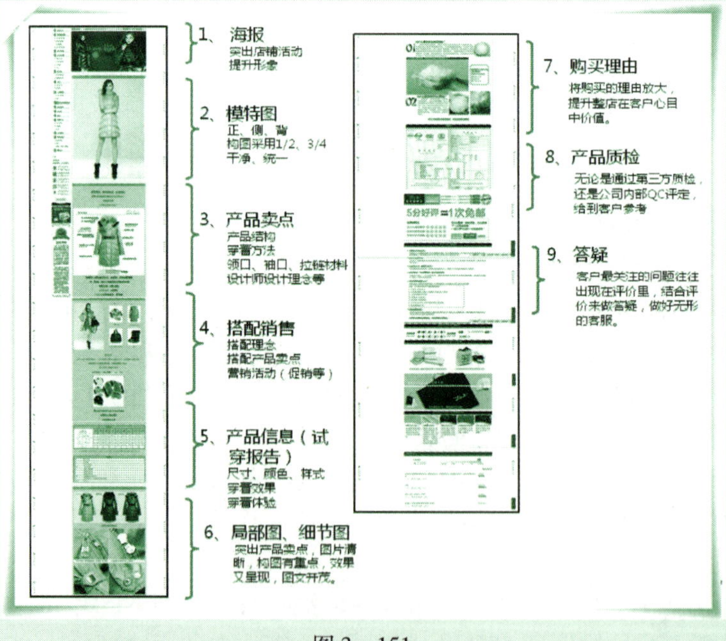

图 3－151

如果你不向买家提供这些信息，他们就很可能关掉你的网站跑到你的竞争对手那里去，或是直接到商品的生产厂家的网站去寻找信息。

（二）商品的信息展示重点

商品信息展示不能千篇一律，根据商品的类别，确定展示内容，杜绝“八股文”似的宝贝描述

1. 服装鞋帽类产品。这类商品因为顾客无法试穿欲购买的商品，对不了解的商品会有一种“不保险”的心态，并且对商品的品质产生诸多猜疑，所以一个详细的文字介绍是至关重要的。无论是鞋、帽、服装，都需要在产品介绍、适合人群、品牌历史以及质地，型号，尺寸，款式等方面有详细、精确地描述。

2. 电子数码类产品。一般在网上购买数码类产品的消费者，对数码类产品都相当精通，这类人群多关注商品的详细参数，参数内容越详细，商品越具有竞争力。如果再添加产品优势或者产品特点、价格优势，就会大大提高消费者购买的兴趣。

3. 美容、母婴类产品。消费者在选购美容品时，尤为关注产品功效及产品成分，这两点也成为消费者选择商品的首要条件。当然品牌效应也尤为重要，所以在介绍美容用品时，正确的指引、显著的功效、健康的成分及品牌介绍，这些描述是不可缺少的。同时母婴工具也需要产品介绍（含产地、适合人群、标配）、产品材料/成分、品牌介绍、使用方法这些描述。

4. 精品箱包类产品。在描述箱包类商品时，需给消费者一个遐想的空间，闭上双眼就如同见到实物，当然这些须有一些商品的形容、比对和感受。除了这些还需要详细商品描述，比如卖家承诺（或广告语）、产品信息、产品描述、品牌介绍、包装说明等。

（三）文字描述对宝贝描述的核心作用

提高顾客在宝贝页面的访问时间，不一定要全靠图片，宝贝文字描述也很关键！一般商家都非常强调宝贝的细节图片，宝贝描述页面的装修等，宝贝图片、装修固然重要，但这些应该是围绕文字描述这个核心展开的。优秀的宝贝描述是由精彩的文字描述及合理的图片展示构成的，主要发挥如下作用：

1. 短时间内吸引访客的眼球，传递宝贝价值。
2. 激发访客购买欲。
3. 打造差异化和个性，提升产品的竞争力，跳出价格战泥潭。
4. 提高买家信任度。
5. 甚至能形成二次、三次销售，吸引回头客。

（四）撰写商品文案的方法

1. 抒情短文。使用抒情的表达方式实现情感营销，引起用户的情感共鸣，这种方法要注意简短。

案例：

长裙的商品文案

还记得年少青涩时那个美丽的梦吗？
还记得那时想成为他心目中美丽公主的愿望吗？
在这个桃花纷飞的季节，穿上你最华丽的裙子，
和他共舞一曲春之约，回味温馨的浪漫情怀

分析：这一段文字唤起了女生儿时的纯真回忆，与爱人一起的浪漫情怀，引起感性用户的情感共鸣，与一张情景图搭配，销售目的可以达到事半功倍。

2. 拟人。每一款商品在厂家发布时，都会有文字介绍其优点、作用、功能、使用方法，不过这些文字没有任何感情色彩，所以我们要转化成带有感情色彩的话语来讲解。比如在图片中加上与商品相关的拟人化，或者优美的文字，使消费者更有兴趣去阅读图片上的文字，看完商品描述后，让消费者与我们的商品描述中的图片和文字产生共鸣，进一步激发消费者的购买欲望。

案例：

利用拟人的方式，将商品的特点展示出来，与陈述式的商品介绍比起来，这种方式能够拉近与客户的关系，也是一种情感营销（图 3－152）。

图 3－152

3. 祈使动词的短句描述。这种方式主要应用在宝贝描述的详图上，一般情况下，很多网站做商品细节描述只做图片，最多简单排版图片，实际上，每张详图会表达物体某个局部，要配简短文字做解释，如图 3－153 所示。

图 3－153

分析：发带上有个爱心，没什么特色，但是，图片下有一句“公主指数升级!!”，恰到好处，给予这款产品更多价值。

（四）文案规划

1. 产品文案分析。在描述前，要对产品进行分析整理。以红酒为例，文案设计要贴合消费者要求。红酒属于中高端的餐桌饮品，大多出现在高档餐厅，聚会。当然也不排除个人的休闲需求，满足白领阶层的小资情调等等。所以，要抓住喝红酒的目标人群的特点，从人群的文化特点，产品的使用环境，我们就需要编辑如品质、产地、使用背景、色泽、口感、香味、包装、酒源文化等相关文案，如表 3－4 所示。

表 3－4

文案类别	文案内容
品质	贵族品质，法国红酒级别，意大利红酒级别，国王之酒，传世佳酿
产地	进口，原产地，顶尖品牌，享誉世界，产区好，酒才好
使用背景	国宴特供，聚会固定用酒，派对专供，适合自饮，团圆小酌
色泽	鲜艳，浓郁，清澈透明
口感	酸度适中，田园口味，口感均衡，纯正
香味	回味悠长，天然气息，余味清新，酒香扑鼻
包装	浪漫风情，海岸清新风格，包装精美，认证齐全
酒源文化	酿造工艺纯净，生命之水，喝出健康

2. 文案使用规划。将文案的内容规划整理好后，我们需要针对用途，调整文案内容。如果将文案运用在宣传图中，我们需要尽量运用一些吸引眼球的用语，比如传世佳酿，贵族品质等。如果将文案运用在细节图中，我们就需要运用一些功能性的文案，比如包装精美，认证齐全等。如果在详情页中要介绍酒的来源，产地信息，我们就可以运用到工艺纯净，生命之源等词语。

（五）效果设计

文案在表述时，按照商品的类型设计不同的效果在详情页中现实，根据文字字体的特性和使用类型，文字的设计风格大约可以分为下列几种：

1. 秀丽柔美。字体优美清新，线条流畅，给人以华丽柔美之感，此种类型的字体，适用于女用化妆品、饰品、日常生活用品、服务业等主题，如图 3－154 所示。

图 3－154

2. 稳重挺拔。字体造型规整，富于力度，给人以简洁爽朗的现代感，有较强的视觉冲击力，这种个性的字体，适合于机械科技等主题（图 3 – 155）。

图 3 – 155

3. 活泼有趣。字体造型生动活泼，有鲜明的节奏韵律感，色彩丰富明快，给人以生机盎然的感受。这种个性的字体适用于儿童用品、运动休闲、时尚产品等主题（图 3 – 156）。

图 3 – 156

4. 苍劲古朴。字体朴素无华，饱含古时之风韵，能带给人们一种怀旧感觉，这种个性的字体适用于传统产品，民间艺术品等主题（图 3 – 157）。

图 3 – 157

练一练

为下列红酒图片设计文案，添加效果，产品资料如图 3 – 158、图 3 – 159 所示。

名 称:	德美城堡干红葡萄酒 (Castell de Tamir)		
葡萄酒产地:	西班牙(Spain) 加泰罗尼亚(Catalonia)		
葡萄品种:	100%丹魄(Tempranillo)		
级 别:	佩内德斯餐酒	参考年份:	2011
葡萄酒种类:	干红	香 味:	水果香
酒 体:	中	口 感:	圆润
酒精度:	12.5%	容 量:	750ML
醒酒时间:	5分钟	最佳饮用温度:	12-14℃
色 泽:	宝石红色	配餐建议:	熟肉、腌肉
葡萄酒介绍:	水果香气馥郁，口感新鲜温厚。西班牙最大酒商之一马赛特出品		

图 3 – 158

图 3 – 159

步骤六：相关商品信息编辑

小张在编辑好图片效果后，这个页面的主要内容就完成了，后面我们需要在详情页中添加相关产品的商品推荐信息。

（一）“商品推荐”的作用

在详情页中添加“商品推荐”信息，目的是为了提高产品详情页的点击粘性，同时扩大相关产品的关注度，促使消费者更高的购买欲望。除了该产品的相关图文信息，其他商品推荐有两种方式，第一种是根据详情页的产品，添加同品牌或同款式产品的推荐。如图 3－160 所示，第二种是根据产品的特性，在页面中添加该产品附属产品相关信息，如图 3－161 所示。

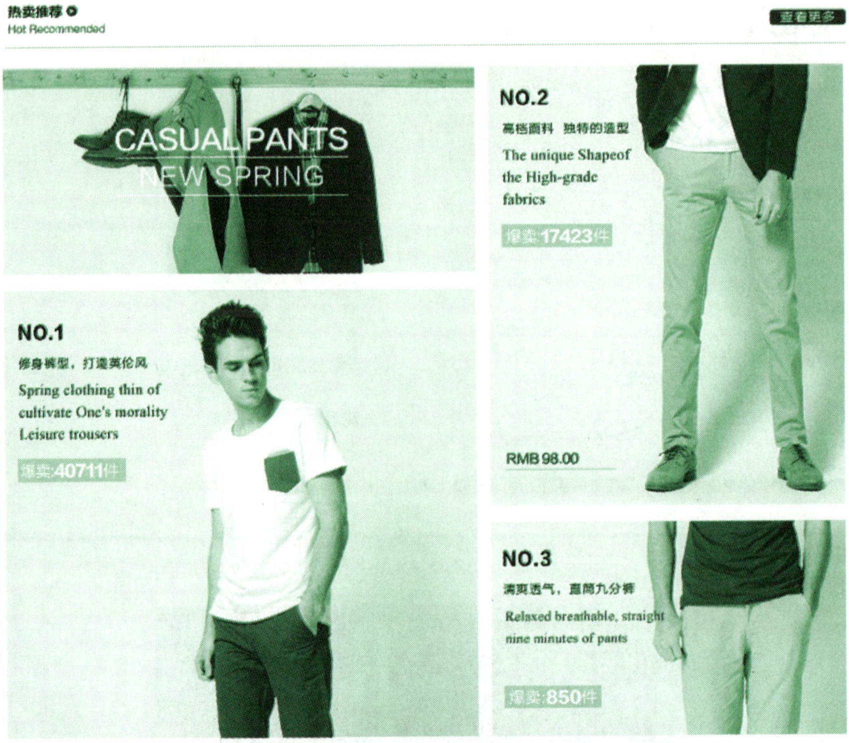

图 3－160

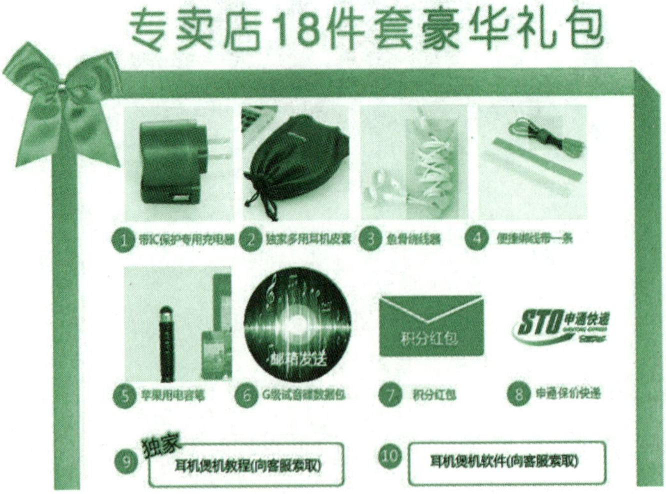

图 3－161

（二）制作商品推荐

制作红酒的商品推荐之前，要先明确制作的商品推荐类型。

1. 同类型产品的商品推荐。结合产品的品牌，系列和所属类目。网络编辑人员要选择相对应的其他红酒产品。例如，优兰德进口干红葡萄酒（图 3－162）。作为这款红酒，首先分析该款红酒有哪些产品特征（表 3－5）。

图 3－162 红酒特征

表 3－5

品牌	优兰德
产地	进口
类型	红酒
包装方式	瓶装

接下来我们可以再商城中选择相应品牌特征的红酒，这里值得注意的是，在商品推荐中，可以不是同一款品牌的红酒，只要产品的其他标签相近，就可以作为推荐商品。

练一练

制作商品推荐（图 3－163）。

图 3－163

2. 附属商品产品推荐。首先了解优兰德进口干红葡萄酒相关的附属产品，红酒的相关产品有很多，例如：拔塞器、酒杯、盛酒器等。在制作时，通常是以图片形式展示附属产品推荐。

练一练

按照图 3－164 的样式，制作附属产品推荐。

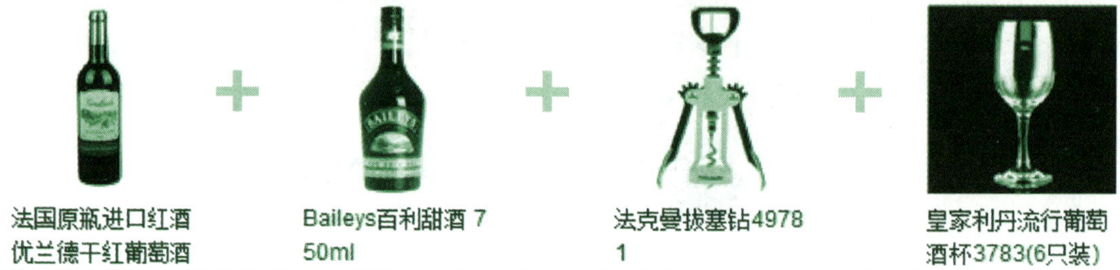

图 3－164

任务四
营销推广软文编辑

任务要点

撰写公司资讯、品牌文化及产品营销推广软文的原则是：营销推广软文要有利于企业提升企业影响力、知名度，有利于企业自身可持续发展，为企业创立品牌、降低营销成本、增进销售服务。在撰写过程中要注意营销推广软文形式上的隐蔽性和表达上直观性、可读性，抓住浏览者的心理，为企业的宣传起到立竿见影的作用。

- **重点：** 能够提炼、撰写营销推广软文标题
  能够撰写宣扬企业文化、品牌及产品的营销推广软文
- **难点：** 用简短、精炼、有穿透力的词语撰写营销推广软文标题
  采用不同写作手法撰写吸引力强的营销推广软文正文

任务情境

为了进一步加强企业网站宣传、树立品牌形象、引导消费，小张应文案编辑的要求，从多角度撰写宣传企业文化、品牌及产品的营销推广软文并发布到网站平台。

任务分析

此项任务的目的是通过营销推广软文推广购物平台，打造良好的口碑与品牌形象。在撰写营销推广软文前要先收集企业相关的资料，并进行详细的研读，理解资料中表述的行业情报、行业信息、企业文化、产品特点、功能等内容，然后分析企业的目标消费群体有哪些、企业或产品给消费者带来的价值是什么、承诺及保障是什么等问题，由此确定营销推广软文的核心与主题。

在撰写营销推广软文时，首先要有一个即能突出企业品牌或产品，又具超强感召力的标题；其次要有真实、实用、能提高消费者信任度、认可度、购买欲的内容。在表达上要清晰、准确、连贯、得体，力求文字优美、形象生动、有创意。

任务实施

步骤一：撰写有感召力的营销推广软文标题

营销推广软文的标题可谓是软文的“眼睛”。在高度信息化的今日社会，“看报看题”、“5 秒效应”的提法都印证了标题日益突出的作用。好的标题可以鲜明地传达营销推广软文的主题，增强营销推广软文的可读性，强化营销推广软文的表达效果，从而让浏览者产生“急欲浏览”的强烈愿望。

同时，优质的营销推广软文不仅可以给企业带来极好的品牌宣传效果，也可以快速增加网站流量及网站外链，是企业推广营销的利器。

（一）什么是营销推广软文

所谓营销推广软文，是指企业在报纸、杂志、网络、手机短信等宣传载体上刊登的可以提升企业品牌形象和知名度的资讯、报道或可以促进企业产品销售的宣传性、阐释性文章。

（二）营销推广软文的作用

1. 引起浏览者的关注。营销推广软文的实质是广告，是将公司资讯、品牌文化、产品信息很含蓄地表达在文章里，传递给浏览者。浏览者从文章表面上看不出这是广告，但广告内容却随着文章内容潜移默化地吸引着浏览者、感染着浏览者，让浏览者很自然地接受文章内的企业信息、产品信息，甚至将企业的品牌、理念深入到客户的心中，起到很强的广告效应。

2. 积累客户的可信度。在网络这一虚拟的空间里，要想做好推广营销，最主要的就是信誉问题，要让浏览者认可我们。所以，在撰写营销推广软文宣传自己公司的形象和专业时，应运用敏锐的洞察力，从客户的需求出发，解决客户的实际问题，这无疑会增加企业的可信度。如果营销推广软文还能与浏览者切身需求相关，并能提供给浏览者建设性的帮助和建议，则能非常有效地吸引浏览者，增加客户的粘合度，提高客户转化率，最终达到销售的目的。

3. 为网站增加流量与有效外链。在营销推广软文中带上自己网站的链接，可以引导搜索引擎爬到网站上，从而增加被搜索引擎收录的机率和排名。优秀的营销推广软文，可以被无限点击、传播、转载或者外链，这些都可以给网站带来很大的流量与潜在客户。

（三）营销推广软文标题撰写原则

营销推广软文是由标题与正文两部分组成的。

软文标题是对正文最重要、最有价值的信息进行的高度概括和浓缩。浏览者可以不点击正文，只要阅读软文标题就可以大致知道主要信息内容，从而决定是否有兴趣详细阅读。

软文标题是网络信息发生作用的起点，是网络信息为浏览者所接受的必经途径，是决定浏览者是否有兴趣继续点击浏览正文的关键元素（图 3－165）。

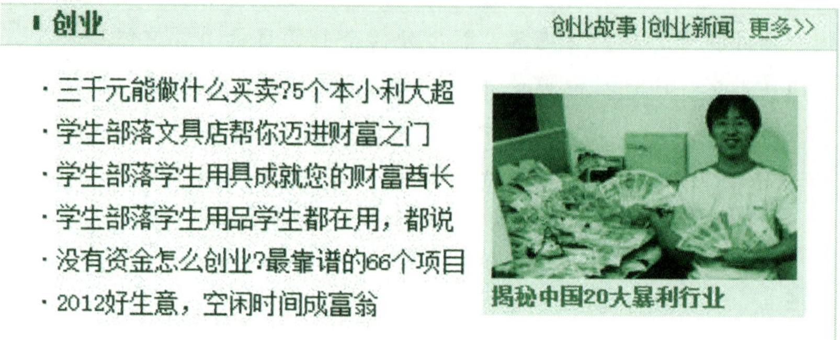

图 3－165

吸引浏览者注意力的因素是多种多样的，诸如重要的、新鲜的、有趣的、有争议的……。在撰写营销推广软文时，应遵循哪些原则呢?

1. 题文一致。所谓题文一致，就是软文标题与软文内容相一致，标题表意和评价要准确。

表意准确要求标题要忠于事实，实事求是地概括事实，不可虚构或文不对题。在措词上要注意字斟句酌，可以用数字或定量的词代替定性的、笼统的说法。

评价准确要求标题中对内容的评述和论断用词要准确。标题的论点在正文内容中要有充分的依据，一定要以真实、权威、确切的正文事实为基础，掌握分寸和尺度，不可片面、夸张，切不可借题发挥。

实例：《查获“致癌蟹”重奖 100 万元》

据新闻晨报报道记者昨日从昆山市巴城镇蟹业餐饮协会获悉，该协会决定邀请台湾卫检专家到阳澄湖进行现场捕检。协会会长龚炳龙告诉晨报记者，若查实含有致癌物质的“问题蟹”，协会将奖励相关卫检人员 100 万元……

分析：从该标题获得的信息是：有人查获了“致癌蟹”，受到 100 万元的重奖。可是，看了正文，真实的情况是：某餐饮协会承诺，“若查实含有致癌物的‘问题蟹’，协会将奖励相关卫检人员 100 万元”。关联虚词“若”与“将”或者“则”、“就”、“便”配合使用，表示的是假设和结果的关系。上述标题，由于缺少“若”与“将”这对关联词语，不能准确地概括新闻事实，因而让读者产生错觉。

来源：深圳晚报。

2. 凸出亮点。标题要想在短时间内吸引浏览者的眼球，一定要有新意、有亮点。什么内容可以称得上亮点呢?

（1）最新的、重要的、有影响的内容。

（2）广大浏览者所不知晓的内容。

（3）离奇、反常的内容。

（4）与广大浏览者切身密切相关的内容。

（5）有争议、有待解决的内容。

（6）事态正在发展将产生广泛和深远影响的内容。

提示：营销推广软文标题如果能有意识地选择一些与浏览者生活、情感、思想有一定联系的词语或关键字，则较容易拉近与浏览者的距离，与浏览者产生共鸣，得到浏览者的关注。

实例 1：标题《病人从手术台上突然起身追打医生》

分析：标题点出新奇事。这一标题是相当有吸引力的，因为此事十分新奇，且有许多悬念：病人什么病？医生做什么了？病人怎么能从手术台上起来呢？朴实无华的标题里，透露出信息本身无穷的新奇性。

实例 2：标题《立法疲软让“毒胶囊”的疯狂不偶然》

分析：标题紧扣重大事件的最近动态。2012 年 4 月，毒胶囊事件浮出水面，网上有一标题为《立法疲软让“毒胶囊”的疯狂不偶然》，作为中国老百姓，不能不对此倍加关注。

实例 3：标题《路上没月光——我是非著名的“著名劫匪”郭德纲》。

分析：标题语言富有个性特色，恢谐还不失文艺范，这样的标题很受年轻人喜欢。

实例 4：标题《08 新款考拉熊暖宝宝暖贴　超低价 + 赠品》

分析：标题中含有“折扣”、“价格”、“品质”等词汇类型，帮助提升推广效果。这一标题一看就让人明白这是卖暖宝宝的一个信息，而且还有赠品相送噢，确实很吸引人。

注意：好的标题可以吸引浏览者，但单纯为了吸引浏览者而在标题中靠故弄玄虚的煽情、假大空、腥色暴力等内容来吸引浏览者的眼球，这是绝对不允许的。

3. 简洁而具体（图 3 – 166）

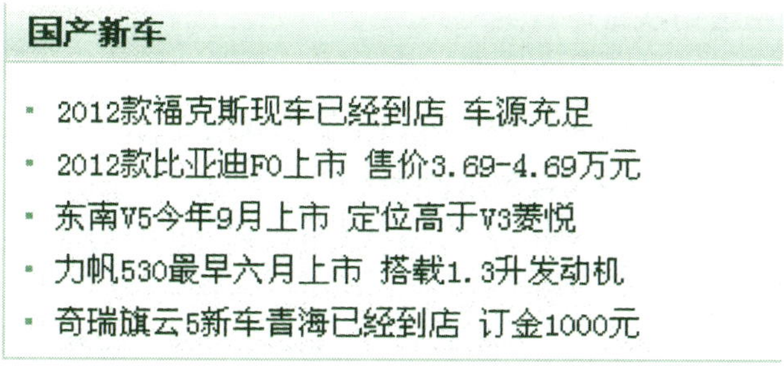

图 3 – 166

所谓简洁，即在标题中要适时、适当的采用简称，保留事实的核心部分或事情发展的结果。

所谓具体，即在营销推广软文涉及的多个事实信息中，筛选一个或几个重点放在标题中加以强调。在措词上，多用名词和动词，少用形容词、副词等修饰。

切记：最直观的标题才是具有穿透力的标题，才会吸引浏览者继续阅读正文内容。

4. 投其所好。立意新颖、角度新颖、语言新颖的标题能从网页的“标题丛林”中脱颖而出，给浏览者留下深刻印象。在撰写营销推广软文标题时，一定要琢磨浏览者的兴趣点、兴奋点，投其所好。如“昨天写博文，今天就收益！博客，我为你疯狂”，抓住了眼球，鼓舞人心，增强浏览者赚钱的欲望。

总之，营销推广软文的标题要具备主题鲜明、简明扼要、个性独特、引人注目的特点。标题只有与消费者的心理需求联系起来，诱发起浏览者关注、好奇、喜悦的情绪，才能充分地发挥营销推广软文的宣传效果。

（四）标题设计思路

1. 认真阅读企业资料与信息。撰写者应从多方面展开调研，掌握企业及产品的真实情况，精心收集并阅读企业文化、资讯与资料，这是撰写企业品牌营销推广软文的前提。在看资料的过程中，应特别注意思考两个问题：

（1）营销推广软文要突出的主题是什么？即确定从什么角度写，要突出企业文化、品牌或产品的哪些信息或优势，也就是想清楚营销推广软文要传递给浏览者什么内容，是行业动态、企业资讯、品牌文化、产品介绍、使用方法、还是服务……

（2）采取什么样的表述方式？即为了更好地突出主题，确定通过什么形式来描述与表达，是新闻报道、普及知识、案例分析、交流访谈，还是经验分享……

2. 撰写营销推广软文的标题。在撰写营销推广软文标题时，可以尝试几种不同的方法。

（1）新闻式标题。即以发布新闻的姿态传递信息，多用于行业新闻、企业资讯、介绍新上市产品或生产企业的新措施等方面。

实例5：《×××电动车厂家推出便民惠利措施》

《2012年十大优秀网商》

（2）宣示式标题。即如实地将正文的要点简要地表明，使人一目了然，这是目前最常用的表现形式。

实例6：《网络推广技巧之淘宝自然排名优化揭秘》，

《企业网络营销项目运营全纪实》

（3）热门事件式标题。即将网络事件、热点话题或者网络流行语等关键字加入标题。

实例7：《三个营销软文营销的条件，元芳你怎么看》

《七剑下天山—评极速主销摄像头》

（4）称赞式标题。即在标题中用积极的语言称赞企业或产品的优点，吸引浏览者的关注。

实例8：《帅！遭疯抢的超赞外套》

（5）号召式标题。即在标题中用带有鼓动性的词语，引导人们从速做出购买的决定。

实例9：《买光超市的王老吉，上一罐买一罐》

（6）提问式标题。即通过提出问题来引起关注，从而促使浏览者产生兴趣，启发他们的思考，然后在正文中自问自答，为浏览者解决关心的问题。

实例10：《你属于幼儿园档次的B2B营销的人群吗?》

3. 对标题进行凝练与润色。一个好的标题可以引起浏览者的关注，引起浏览者想看文章内容的欲望。特别是在一个页面上拥有成百上千的资讯信息链接时，如果想让浏览者点击阅读，就取决于软文的标题了。在撰写营销推广软文标题的时候，要善于揣摩浏览者的心理，吸引他们的眼球。

（1）长短控制，字数适中。网络标题最好控制在16～20字之间，且中间最好用空格分成两部分。

实例11：《春天“色”起来　9款家居色彩搭配灵动家装》

（2）先写主语，再来修饰。主语部分尽量控制在10个汉字以内，做到一目了然，重点突出。

实例12：《××网站——名牌时尚折扣》

《营销软文营销　每日带来千元订单》

（3）活用动词，借用成语、俗语、谚语、流行语、外来语、警言、流行歌曲、影视剧等名句，使标题通俗风趣。

实例13：《“赶鸭团”遭冷落　“慢游团”受青睐》　（动词活用）

《双“福”临门》　（借用成语）

《把草根的年味和趣味一网大尽》　（流行语）

《电商的光棍节之战“商”不起的“血色浪漫”》　（影视剧）

（4）巧妙运用修辞方法。为了吸引浏览者，增强营销推广软文标题的美感，可以适当地采用比喻、拟人、排比、夸张、对偶、设问、反问等修辞手法。需要说明的是，不管采用哪种修辞手法，首先必须准确、规范概括营销推广软文的内容或主旨，在此基础之上运用适当的修辞手法，才可以使文章更具吸引力。

实例14：《8款美衣引领五月芬芳　犹如仙子的清丽》　（比喻）

《品牌把控电商渠道“招安”还是“反击”》　（拟人）

（5）巧用标点符号。在营销推广软文标题中有时也用到标点符号，常见的标点符号有逗号、问号、惊叹号、引号、冒号以及空格等。它们在标题中起到分隔、说明、突出、强调的作用。

实例15：《智能手机：出生容易，活下去难》　（冒号）

《团购遭遇极寒：1个月内蒸发掉300多家网站！》　（叹号）

《巅峰对决　三星GALAXY SIII对比苹果家族》　（空格）

《洋河白酒　其“味”无穷》　（引号）

《网上售假　网站“同罪”?》　（引号、问号）

营销推广软文的标题，一定要吸引客户，在短时间内抓住浏览者。如果能根据客户的关心与需求写标题，营销推广软文就成功了一半。

撰写软文标题时无论采用哪种凝练与润色的方法，在内容上一定要使用大众熟悉的词汇，这样做便于搜索，拉近与大众的距离，提高关注度。

拓展阅读

营销推广软文标题中常见的错误

1. 概括事实不准确（图3－167）。

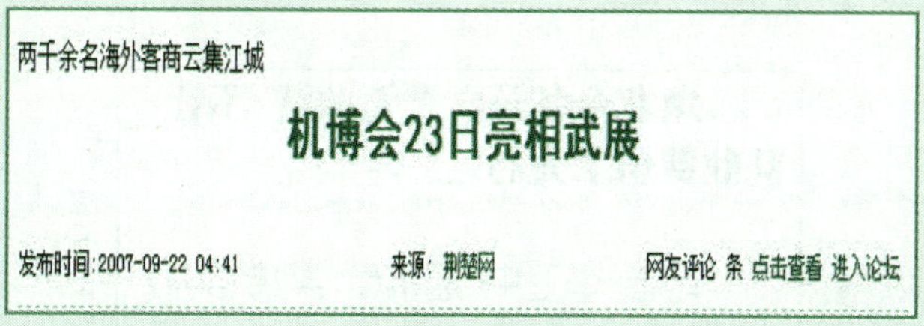

图3－167

分析：标题中“机博会”指代不明，可以有机械博览会和机电博览会两种可能，很容易引起浏览者误解。

2. 导向不明确（图3－168）。

质检总局：六种酸乳饮料最后别喝

上海三元“全佳”牌乳酸菌饮料霉菌多得无法用数字计量

信报讯据中央电视台《每周质量报告》报道，国家质检总局昨天公布的酸乳饮料质量抽查结果显示，抽样合格率为77.3%。

这次共抽查了14个省、自治区、直辖市的40多家生产企业的产品，发现六种细菌超标的产品，其中霉菌多得无法用数字计量的产品是上海三元全乳业有限公司生产的“全佳”牌乳酸饮料。

除此之外还有一些产品营养成分很低，蛋白质含量只有国家最低标准的一半；部分小型企业的产品中还含有国家明令禁止使用的防腐剂苯甲酸。

图3－168

分析：文中为消费者正确选择优质的酸乳饮料提供了依据，应当说是大众喜欢浏览的内容。然而，“最好别喝”言外之意包涵“这些饮料还是能喝的”意思。这是一个模棱两可、似是而非，对浏览者不负责任的标题。

3. 出现错别字，如图3－169所示，标题中“我果”应该是“我国”。

我果科学家核电站旁掘地3000米寻幽灵粒子

2012-04-30 11:17 来源：新浪

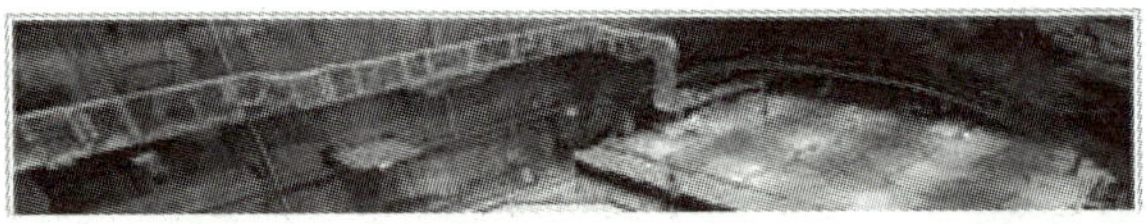

图3－169

4. 字数冗长（图3－170）。

湖北今秋开学严管收费 不让乱收费伤了人心

记者 李卫中 通讯员 梁炜 实习生 杨晶

图3－170

分析：标题字数太多，折行显示不利于大家浏览。

营销推广软文的标题应该能通过简短的关键信息准确传达正文的内容，吸引浏览者的关注。在撰写营销推广软文标题时，要突出正文内容的核心，使用吸引浏览者的语言、方便浏览者的形式，激发浏览者的阅读兴趣。

想一想

1. 企业营销推广软文的优势是什么？
2. 在撰写企业营销推广软文标题时，应注意什么？

练一练

阅读下面的营销推广软文，试为软文另拟标题。

宅女败家全攻略

当宅女已经有一段时间啦。准备重出江湖之际，决定对偶的宅女形象来个大变身，顺便向各位 JMS 晒下这段时间的败家心得，说真的，活了二十几年，如此紧张在乎自己的一张脸，还是头一趟哦。由于本人护肤资历尚浅，还请各位 JMS 多多赐教哦。

先来说说目前在用的护肤产品，我用的产品都是大杂烩，不限定于一个品牌一个系列。但个人偏向日系的护肤品。

夏天来了，去油很重要。我的方法是，以油去油，DHC 的经典深层卸妆油，用了效果就觉得非常好。搭配洗面乳或洁面皂使用，效果都棒棒的，洗完脸一点都不觉得紧绷。

爽肤水也用 DHC 经典套装那款，个人觉得爽肤水其实效果都差不多，有时候还会经常忘了用。呵呵

最关键也是最重要的，防晒，要选对适合自己的防晒产品，一个字：试！不试就根本无从得知什么适合自己。不试就无法避免会有防晒产品太油了，太干了，要不就是用了等于没用，出去一趟回来，看着晒得红红的皮肤，真的连想死的心都有了。

接着到彩妆啦，要知道，在当宅女之前，本人可是连化妆的基本程序都搞不清的化妆白痴啊，但时至今天，俺已经“进化”到会自己画出一个像模像样的妆的程度啦。不过本人还是非常乐意和大家分享心得，交流经验，共同进步哦。

最后不得不说，是要买到这些好东东的途径。也是俺当宅女这段时间最有成就感的事情啦。除了密切留意各品牌专卖店的折扣信息（不过我想折扣其实都不会多），更多的是到网上去逛，看品牌的官网打折，某些时尚网站推出的打折，这些网站通常有很多的折扣之余，更会有相当多的小样送出，可以申请试用装，交流使用心得等等。有一段时间真的乐此不彼，还带动身边所有兄弟姐妹们一起来，不亦乐乎!!

也发掘了不少觉得不错信誉也好的网站，但真正体验到贴心服务，买到不少合适产品的，要首推优尤购（www. ibeauty - japan. com），网站集中了世界各顶级品牌，且折扣大大的低，信誉也很好。本人尝到甜头之后，一发不可收拾，天天往上面逛，呵呵，还拉了一堆旧同事、死党等同好前往。主要产品齐全，中高档任君所好，所以狠狠地搜刮了俺银行卡里有限的 MONEY。

不管怎么说，虽然宅女生涯要暂告一段落了，但这段时间的获得的把自己妆扮得美美的经验，是最值得嘉赏的收获，所以，一定要坚定不移地延续下去。

（来源：百度文库）

步骤二：撰写适用性强的营销推广软文正文

营销推广软文正文应深入推广公司资讯、品牌文化、产品信息。所以，正文要对企业信息、产品信息进行完整的包装和深度诉求，要对企业、产品相关事件进行方向性引导，使之成为有用、有效、合理、正确的信息，让浏览者感觉软文的内容对自己有用，拉近企业与浏览者的距离。

（一）导语的类型

1. 准导语。所谓准导语，是指位于主标题之后的一段简短的文字，它与标题出现在网站的首页、频道的首页或栏目的首页等地方。它一般用于比较长或者比较重要的营销推广软文中，以一段较为具体的话对标题做出解释或提纲挈领地概括稿件的主要事实、做法、经验或问题等。准导语的字号可与标题一样，也可略小些。

实例 16（图 3 – 171）：

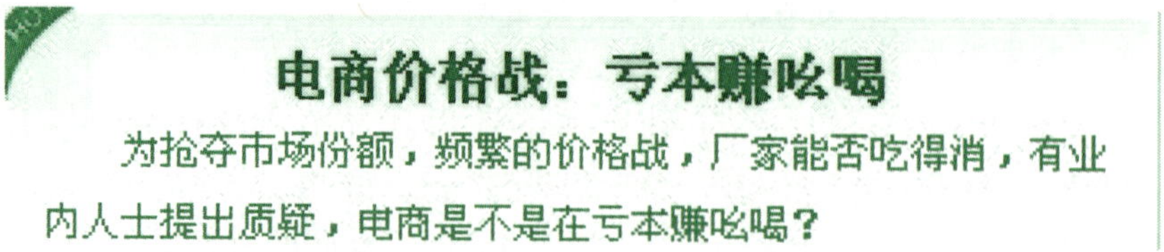

图 3 – 171

准导语与软文标题同处于同一页面的好处在于：它可以补充软文标题因字数限制而造成的信息量不够的情况。这样，浏览者除了看到主标题外，还可以通过准导语了解到软文的一些核心内容，在一定程度上弥补标题本身的不足，有利于增加浏览者的点击率，也符合浏览者的阅读习惯。

2. 正文中的导语。正文中的导语通过简要的文句提示软文要旨，突出软文最重要、最新鲜或最富有个性特点的内容，吸引浏览者阅读全文。可以说导语是软文的精华、灵魂，是软文最重要的开场白。

实例 17（图 3－172）：

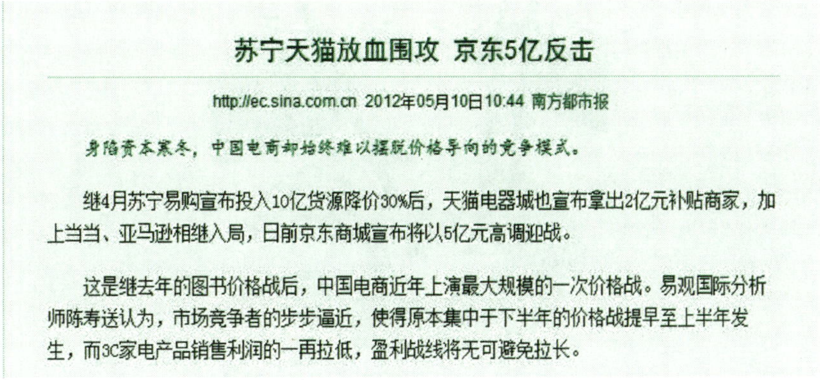

苏宁天猫放血围攻　京东5亿反击

http://ec.sina.com.cn 2012年05月10日10:44 南方都市报

身陷资本寒冬，中国电商却始终难以摆脱价格导向的竞争模式。

继4月苏宁易购宣布投入10亿货源降价30%后，天猫电器城也宣布拿出2亿元补贴商家，加上当当、亚马逊相继入局，日前京东商城宣布将以5亿元高调迎战。

这是继去年的图书价格战后，中国电商近年上演最大规模的一次价格战。易观国际分析师陈寿送认为，市场竞争者的步步逼近，使得原本集中于下半年的价格战提早至上半年发生，而3C家电产品销售利润的一再拉低，盈利战线将无可避免拉长。

图 3－172

（二）导语的表现形式

1. 硬式导语。所谓“硬式导语”，是一种归纳式的导语，涵盖“六要素”，即时间、地点、人物、事件的起因经过及结果。硬式导语常被用在企业资讯、政策性强、内容单一的短消息以及突发事件等新闻报道式的软文中。

实例 18（图 3－173）：

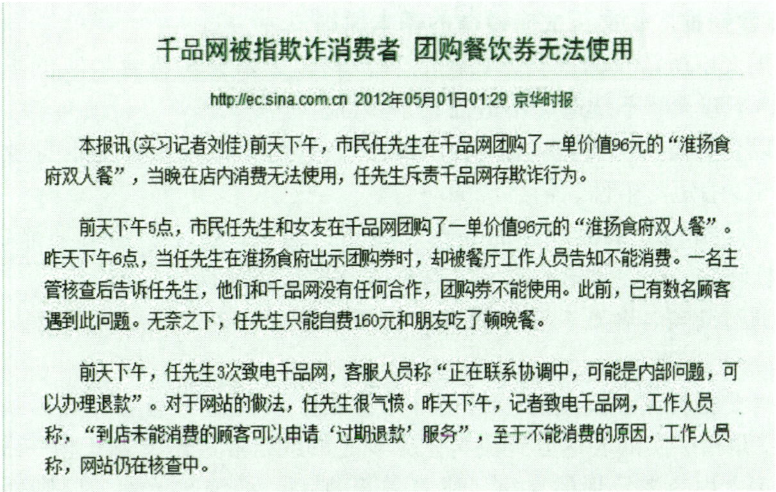

千品网被指欺诈消费者　团购餐饮券无法使用

http://ec.sina.com.cn 2012年05月01日01:29 京华时报

本报讯(实习记者刘佳)前天下午，市民任先生在千品网团购了一单价值96元的“淮扬食府双人餐”，当晚在店内消费无法使用，任先生斥责千品网存欺诈行为。

前天下午5点，市民任先生和女友在千品网团购了一单价值96元的“淮扬食府双人餐”。昨天下午6点，当任先生在淮扬食府出示团购券时，却被餐厅工作人员告知不能消费。一名主管核查后告诉任先生，他们和千品网没有任何合作，团购券不能使用。此前，已有数名顾客遇到此问题。无奈之下，任先生只能自费160元和朋友吃了顿晚餐。

前天下午，任先生3次致电千品网，客服人员称“正在联系协调中，可能是内部问题，可以办理退款”。对于网站的做法，任先生很气愤。昨天下午，记者致电千品网，工作人员称，“到店未能消费的顾客可以申请‘过期退款’服务”，至于不能消费的原因，工作人员称，网站仍在核查中。

图 3－173

2. 软式导语。软式导语是与硬式导语相对而言的，由于它形式多样、表现手法灵活而被软文编辑者广泛使用。

实例 19（图 3－174）：

疯狂的双"11"：买家卖家和商城谁更狂热

http://ec.sina.com.cn 2011年11月14日11:04 北京晨报

一个被生生造出来的节日，"2011年11月11日"，人们用"光棍节"来消遣它，商家用"大促销"来装点它。在铺天盖地的广告中，在充满"五折"信息的网页里，在买卖双方聊天头像此起彼伏的闪动中，你迷失了吗？

图 3－174

软式导语结构多样，构思巧妙，多用描写式、反问式、悬念式、隐喻式、引语式、抒情式等写作方法。它并不是对全部软文内容的概括，而是找出富于吸引力的一点，组织一个富有戏剧性的开头，提高浏览者的阅读兴趣。

（三）撰写营销推广软文正文应遵循的基本原则

1. 真实：正文中所涉及的现实方面的各种资料，必须完全符合事实的本来面貌，坚持正面宣传为主，不夸大、不伪造、不造谣、不传谣。

2. 及时：以企业需求与浏览者需求为出发点，针对企业最重要的信息及浏览者最关心的内容及时发布，缩短与事件、信息源的时差。

3. 准确：一是指构成事实成分的名称、时间、地点、数字、引语等都必须准确无误；二是指涉及自然科学、社会科学的事实、文字表达要准确无误。

4. 简明：通过简短、客观、通俗的方式，阐述行业、企业或产品信息，让浏览者看得明白，不留疑问。

5. 统一：一是指在同一篇或同一组稿件中，关于事实的表达前后要相互一致，不能出现相互矛盾；二是指事实的表达方式要与国家规定的或行业通用的方式相一致。

6. 规范：正文内容涉及到的文字、图片符合规范，杜绝政治性、原则性差错，避免知识性、辞章性差错。

7. 原创：原创的内容推广价值高，有助于搜索引擎更好的收录。对于初始者，可以从伪原创营销推广软文入手，对行业、企业、产品熟悉了解之后则应坚持撰写原创营销推广软文。

8. 实用：营销推广软文不是写给自己看的，撰写时不需要追求华丽的语言，但一定要有给浏览者带来实用价值的内容。只有满足浏览者需求的软文，才会被无限传播与无限转载，达到很广的传播效果。

（四）营销推广软文的写作技巧

1. 在软文中传播与企业品牌或者产品相关的知识，客观陈述并在传播知识的同时将广告信息有机结合在软文中。

实例 20：

1.2 亿买不走的秘方（治疗过敏性皮炎）

过敏性皮炎是一种机体炎症反应，引起过敏性皮炎的内在原因就是患者本身为过敏性体质。所以，长春中吉皮肤病医院提醒皮炎患者要治疗过敏性皮炎，最好不要选择对皮肤造成刺激的治疗方式。过敏性皮炎偏方在民间广为流传，无毒且无副作用，能有效治疗过敏性皮炎。

有中医医学家认为，过敏性皮炎是因为“内伤脾胃，外伤其气”所致。脾胃气虚型患者，在其他致病因素的作用下，便可派生各种疾病。服用补中益气汤，调节脏腑营养，避免外邪入侵，可有效治疗过敏性皮炎。具体药方应到中医处，针对症状和病期拿方。以下小偏方主要为外用。

……

如果上面的偏方试过之后，都无效果，最好到正规医院皮肤科进行检查。有可能不只是单纯的过敏性皮炎，或者是被误判为过敏性皮炎，应去医院查证疾病之后再治疗。如您仍需详细了解，请拨打我院的热线，或者直接在网上与专家在线交流，长春中吉皮肤病医院全体医护人员将竭诚为您服务！

（源自：http：//www. cczjyy. com/article/bianyingxing/piyan/）

2. 在营销推广软文中添加娱乐元素与氛围，使浏览者在开心之余记住产品或者品牌，并通过 QQ、论坛、博客自主传播出去。

实例 21：

笑　话

大勇出差在外，突然回家，在门口听到有男人打呼噜的声音。大勇默默地走开，发了个短信给老婆：“离婚吧！”然后扔掉手机卡，远走他乡。三年后他们在一个城市再次相遇，妻子问：“为何不辞而别？”大勇说了当时的情况，妻子转身离去，淡淡地说：“那是瑞星的小狮子。”

3. 在营销推广软文中提出问题，制造悬念，然后围绕这个问题自问自答，为大家解决关心的问题，如：“你属于幼儿园档次的 B2B 营销的人群吗?”、“牛皮癣，真的可以治愈吗?”等。

实例 22：

什么让她重获新生?

绿瘦全新纤体 S 号 3 天打造 S 型

她，28 岁，都市白领，上班快餐，下班应酬。饮食过量、消化不良。总是嘴馋，不吃很多就难受。加上每天在城市中吸入的混沌空气、熬夜、饮食不规律、工作压力大，导致每天精神状态都不佳。“便秘”、“口干”、“困乏”、“大腹便便”更是多年与她如影随形，体重也一直持稳不下……

绿瘦商城分析道：“‘她’不只是她，这些都是都市女性的通病。由于外部环境和生活习惯造成的体内毒素过多，以及囤积多年的顽固秽物，特别是宿便，对人体的危害不容小觑，大肠癌中西医学都视便秘为百病之源。”腰腹间厚厚的顽固脂肪死赖着不走，就像是健康的黄色警报。吕祖曰：欲要长生，腹中常清；欲要不死，肠无渣滓。要想排除毒素让体态恢复轻盈，必须做个彻底的全身“清仓大扫除”！绿瘦“快速打造S型”纤体S号的全新上市给都市白领们带来了福音！纤体S号，给肠道放几天假，就可立即拥有S型身材！真有这么神奇吗?

纤体S号为你揭穿“藏”在肚子里的秘密

是什么夺走了你的窈窕身形，甚至威胁着你的健康？据统计，90%的胖子，身体里都积存了多过的毒素。毒素吸收更多热量、助其转化成脂肪、影响代谢，一天一天，越积越多，越来越庞大，臃肿你的身体、膨胀你的腰腹、撑肥你的大腿、拓宽你的脸庞……现在，让纤体S号拯救你失了控的体重，唤醒你“沉睡已久”的窈窕身形，让你的肠道重获新生！

第一步：清毒

人的肠道千回百转，肠壁上全是皱褶，长期积存的毒素藏匿在皱褶中，单纯排泄刺激所起到的冲刷清洗作用非常有限。纤体S号所含的高提纯酵素原液，高效清理体内垃圾毒素，真正达到净化肠道的功效，且对肠道毫无刺激。

第二步：解脂

毒素堆积会吸收过多的热量，转化为脂肪。纤体S号瘦纤、瘦美餐包富含高蛋白、高纤维，在3天内提供充足的营养，从源头阻断热量摄入，降低脂肪生成。清除积存毒素的同时，增强新陈代谢，分解过厚体脂。特别是清除围绕在腹部的多余垃圾和脂肪，效果格外明显。

第三步：复胃

不少肥胖者都有贪吃的毛病，即使不感到饥饿，嘴也很难停下来，胃因此被越撑越大，食物需求量与日俱增。纤体S号3日换食法，清洁肠胃的同时也给了胃一个休息的时期，让肠胃恢复最初的清洁状态和正常体积。3天之后，对食物的渴望会大大降低，日常饮食趋于正常水平。

（腾讯专稿）

4. 在营销推广软文中讲一个完整的故事，但讲故事不是目的，故事背后的品牌、产品才是主角。通过故事带出产品，给消费者心理造成暗示，促成销售。

实例23：

痴呆婆婆的烦心事

婆婆忘事差点引燃厨房大火。

我婆婆今年66岁，记性很差，经常忘记刚刚发生的事情。有一次做好饭，煤气灶也不关，就到客厅吃饭，一直到吃过饭后去厨房洗碗，才发现一直燃烧的的煤气灶，把抽油烟机都给烤焦了。要是发现再晚一点，其后果，真是不堪设想。

婆婆还经常算错账，有时候到菜市场去买菜，常常多给人家钱。由于我工作忙，前些日子让她去接刚上小学的孙子，谁知道婆婆一个星期内，竟然接着忘记了两次，直急的儿子在空荡荡的学校教室内大哭。

婆婆啊，您怎么就不让我省点心啊。

容易忽视的老年痴呆

我们最初还以为婆婆仅仅是爱忘事，年岁老了，健忘所致。谁知到医院一检查，医生说婆婆患的是老年痴呆症，要求我们在心理上多关心老人，行为上多照顾老人，即可延缓大脑衰退、提高老人的生活质量、延缓病情进展。

医生还建议我们使用一下24天龙藏胶囊，说目前药店里正在搞“24天，无风险体验活动”，意思是说24天后老年人的痴呆要是无法改善，还可凭着回单免费换购其他药物。

我一听，这太好了，就赶紧跑到附近有举办“24天无风险体验活动”的药店，购买了两盒24天龙藏胶囊。

藏医古方的神奇

正济和果然很神奇，仅仅24天后，首先是婆婆的气色好了，脾气温和了，考验她的计算能力和记事情的能力，也都比较强了。

我认真研究了一下婆婆服用的24天龙藏胶囊，竟然惊讶的发现，这份来自高原西域的藏医古方，含有名贵的虫草、黄精、天冬、当归、佛手等医药成分，并经过科学的研制搭配，在解决老年痴呆和各种慢性疾病，以及亚健康方面，有很好的效果。

太好了，以后家里多备些正济和，痴呆婆婆的烦心事，就可以解决了。

（豆丁网）

5. 在营销推广软文中直接配合产品促销活动，或利用“免费策略”，或营造“紧缺气氛”提高浏览者的购买欲。

实例24：

威志V2限时优惠现金3000元 购车就送油卡

近日，搜狐汽车北京站编辑走访了天津一汽北京中普信4S店了解到，六月份购买威志V2车型有3000元的现金优惠，另外购车最高可获得1500元油卡。现阶段店内现车较为充足，颜色齐全。此外，刚刚上市的威志V5轿车目前现车到店，销售火爆，本月到店试驾购车客户享超值礼品，置换客户还可享受1000元油卡补贴，感兴趣的网友可以到店赏车、试驾。

（搜狐汽车）

（五）撰写思路

1. 撰写非原创营销推广软文。

（1）精心选稿。

①摸准媒体更新规律，及时发现新的信息源，将搜集来的内容源整理、分类。

②捕捉与本行业、企业、产品及服务相关资讯，从中选取市场价值高、内容真实、实用性强、可读性强的可靠信息。

注意：选稿时要通读全文，不能选用损害国家荣誉和利益、危害国家安全、破坏民族团结、攻击党、政府和国家领导人、破坏社会稳定、违反民族宗教外交及其他政策，以及宣扬封建迷信、色情、暴力和明显失实、泄密的稿件。

（2）组织正文内容。在组织营销推广软文正文内容时，可以从新闻性、趣味性、知识性、实用性方面出发。正文不需要有华丽的语言，但一定要有给浏览者带来实用价值的内容。一篇好的营销推广软文不但要让浏览者来阅读它，还要想办法让浏览者收藏或转载，达到广泛的传播与宣传。

①转载他人稿件时，可以将一篇长的软文拆分成多篇，或将多篇合并为一篇，并注明来源，这是最直接、简捷的组织营销推广软文的方法。

②挖掘好的稿件，对其精彩内容进行归纳与总结，或有效地融入自己的想法、企业信息，自然地向浏览者传递、表述公司资讯、品牌文化、产品信息，最后为营销推广软文撰写概括性的开头段和总结性的结尾段。

③对于热点信息可以从不同角度多精选稿件，然后采取多方面报道、连续报道、深度分析等方式发表。

做为一名软文营销的初始者，往往是从最基本的“复制＋粘贴”开始的。写营销推广软文的过程就像盖高楼大厦，要通过一砖一垒慢慢堆积。没有这个最基本的“垒砖头”的过程，是无法领略到撰写营销推广软文的真谛的。在大量营销推广软文的积累与整合过程中，可以领悟哪些是好软文，哪些是垃圾软文，从而学会软文的加工、组织乃至创新。

（3）修订正文。营销推广软文内容一定要通俗易懂、连贯性强，不能咬文嚼字，让浏览者能容易地从文章中看出作者要表达的意思。在软文中一定要避免文不对题、图文不附、词句错搭、信息不实等问题。

①仔细通读全文，修改与标题不符的内容，做到题、文、图一致。

反例1（图3－175）：

图3－175

分析：标题中写的是“相机”，而文中写的是“手机”，内容模糊，出现矛盾。

②调整字体、字号。有的软文标题分行但字体、字号无变化，有的软文同级标题不统一，还有的软文中同时出现的简、繁体字，这些问题不利于浏览者阅读，应一律改正。

③调整段落格式。正文自然段首应空两格，与传统格式保持一致；段与段之间最好空一行，可以使文章更清晰，方便浏览者浏览。

反例 2（图 3－176）：

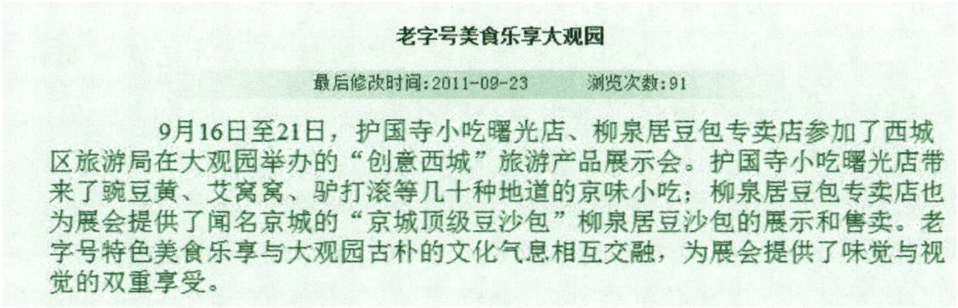
老字号美食乐享大观园

最后修改时间:2011-09-23　　浏览次数:91

9月16日至21日，护国寺小吃曙光店、柳泉居豆包专卖店参加了西城区旅游局在大观园举办的“创意西城”旅游产品展示会。护国寺小吃曙光店带来了豌豆黄、艾窝窝、驴打滚等几十种地道的京味小吃；柳泉居豆包专卖店也为展会提供了闻名京城的“京城顶级豆沙包”柳泉居豆沙包的展示和售卖。老字号特色美食乐享与大观园古朴的文化气息相互交融，为展会提供了味觉与视觉的双重享受。

图 3－176

分析：上图中段落格式与基本要求不符，没有空两格。

（4）校对日期与地点。凡是正文文字中出现“今天”、“昨天”等日期时，应改成具体日期；正文中出现的“本地”、“本市”是指事件发生地，转载时应加以修改，否则会因同名地点引起错觉或误读。

（5）更正名称。稿件中的名称要表达准确，对于稿件中出现的名称不统一、不正确、不规范的地方要进行更正。

（6）修改标点符号。通读全文，修改标点符号误用现象。

（7）明确署名。在正文中出现“本报”、“本公司”等字样，应改为其真实的署名。正文中如果出现作者的署名，必须予以保留，作者的名字一般放在文章的末尾（最后一段句号后）。但是，非常重要的、有影响力的作者应将署名放在正文页的开头。

（8）注明来源。稿件来自于台湾报纸或通讯社新闻，可直接用不需注明信息源；经改编的稿件要注明××网；稿件信息为转载的，最好找到原出处并注明。

（9）修改错别字及语法错误，主要是以下几方面：

①用词不当、搭配不当

②成分赘余、结构混乱

③指代不明：词语在文中没有出现或没有交代清楚

④成分残缺：句中缺少主语、宾语、必要的虚词

反例 3（图 3－177）：

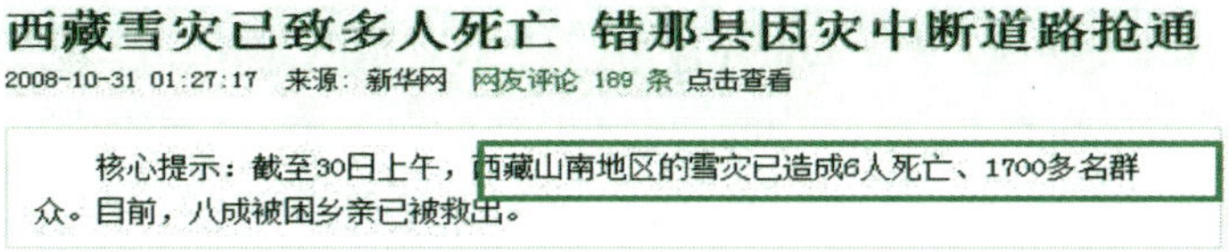
西藏雪灾已致多人死亡　错那县因灾中断道路抢通

2008-10-31 01:27:17　来源：新华网　网友评论 189 条 点击查看

核心提示：截至30日上午，西藏山南地区的雪灾已造成6人死亡、1700多名群众。目前，八成被困乡亲已被救出。

图 3－177

分析：语句含糊不清，语句不通。

反例4：“《消费者权益保护法》深受广大消费者所欢迎，因为它强化了人们的自我保护意识，使消费者的权益得到最大限度的保护。”

分析：我们可以用“深受……的欢迎”或“深为……所欢迎”的表述方式，但在上文中却把两种说法掺杂糅合在一起使用，造成结构混乱。

反例5：“随着社会的不断进步，科技知识的价值日益显现，人类已进入知识产权的归属和利益的分成，并已开始向科技工作者身上倾斜。”

分析：宾语、主语残缺。“进入”的宾语应该是“阶段”，“并已开始向科技工作者身上倾斜”的主语应该是“知识产权的归属和利益的分成”。

反例6：“这次学术会，收获很大，时间并不长。”

分析：关联错误，“收获”前加“虽然”，“时间”前加“但是”。

反例7：“出人意料的是，今年三月，物价的下跌，后来慢慢地稳定了。”

分析：语句搭配不当，“物价的下跌”中的“的”，使句子成了短语，意思变为“下跌”稳定了，与原意不符，可将“的”删去。

反例8：“我们在本月中旬前后有个重要会议，所以现在就要好好准备。”

分析：重复累赘错误，“中旬”本身就是一个表示一段时间的词，应删去“中旬前后”中的“前后”。

2. 撰写原创营销推广软文。为了更好地弘扬企业文化、品牌及产品，对内增强企业的活力和凝聚力，对外塑造良好的企业形象，需要将企业新近发生的或即将发生的有重要宣传价值的企业战略、决策、事件、模范人物、典型事例、新产品、新动态等内容写成软文进行推广营销。

（1）选择恰当的宣传事件。①选择最新近的值得宣传的公司资讯、品牌文化、产品，突出一个“新”字，引起用户阅读的兴趣，满足用户求“新”的心理。例如，企业最近研发了什么新产品，产品的新功能、新特点；企业最新的发展动向，企业与哪些国内外知名厂商合作，共同开发了什么项目或共同承办了什么活动等等。

②选择与行业、企业、产品相关的重大事件，引起用户的高度关注。例如，热点事件中涉及到哪位重要人物，企业开了什么重要会议，举办了什么重大庆典、赞助了什么公益活动等等。

③选择与国家重大新闻事件和社会上发生的焦点事件相关联的企业新闻，借助公众舆论热点提升企业的知名度。例如，企业的什么产品被指定为某活动的专用产品；企业的哪项新技术应用到国家的航天、科技、建筑、水利、大型工程中等等。

④选择能体现人文精神和企业文化的资讯。例如，企业领导人风采、经营管理之道、企业员工中涌现出的先进人物、先进事迹、重要贡献等。

⑤当企业出现公关危机时，营销推广软文还有助于企业扭转不利局面、渡过难关。对于企业客户因产品质量或服务而提出的指责批评、出现的恶性事故等，企业可以及时发布软文澄清误会或赔理道歉、安抚受害者，有效制止事态扩大。例如，新上市的汽车有时会出现一些安全隐患，当用户对其表示强烈不满，并引起社会不良影响时，企业会立即发布新闻对该批次的汽车进行召回，并进行赔偿。这样做有助于消除公关危机造成的影响、恢复用户对企业的信任。

（2）撰写精致的营销推广软文导语。在网络阅读环境中，大多数人都不愿意阅读过长的文章，或者在阅读长文章的过程中不容易抓住文章的要点。如何吸引浏览者，提高浏览者对行业、企业、产品的关注度呢？在标题后面或标题与正文之间加入一段导语，来帮助浏览者迅速获取软文的精华，吸引浏览者继续阅读正文。

①首先，用最精练的文字归纳出正文中所涉及到的“六要素”，即 who（何人），what（何事），where（何地），when（何时）and why（何故）和 how（如何）。

注意：导语要突出写实、笔法要简约。把最重要的信息通过导语传递给浏览者，满足浏览者渴望获得信息的需求。

实例 25（图 3－178）：

LG四核旗舰Optimus 4X HD下月正式发售

2012年05月16日 15时52分 作者：驱动之家 编辑：杨玉斌

在今年二月底的MWC大会上，LG 推出了旗下首款四核手机LG Optimus 4X HD P880，随后LG 公司一直在对该款手机进行细节完善。今天，LG 公司终于宣布，这款四核旗舰将于6月份正式面市。

据LG 官方公布信息，Optimus 4X HD下月将率先在欧洲开卖，德国、瑞典、英国、意大利以及波兰都将会抢先获得，而其他国家和地区随后也将上市。

早在数月前，我们就见到了LG Optimus 4X HD，该机将采用4.7寸HD IPS屏幕，搭载1.5GHz Tegra 3四核处理器，配备800万像素主摄像头（支持1080p视频录制）以及130万像素前置摄像头，内置1GB RAM以及16GB存储，提供一块2150 mAh电池（采用SiO+技术，可以提供更持久的待机时间）。

此外，LG 还计划在出货后为LG Optimus 4X HD提供一项更新，该更新将为手机提供一种环保模式，通过改变处理器工作方式来降低能耗。

目前LG 尚未公布这款四核机的官方售价，而据之前消息，应该会在四千元以上。

图 3－178

②其次，在导语中加入强调内容、结果、现状、意义和特点的阐述，将正文中最具影响价值、最有吸引力的精华内容写进导语。

实例 26（图 3－179）：

电影限价令冲击影响：平均票价“明降暗升”

http://ec.sina.com.cn 2012年02月28日15:28 21世纪经济报道

核心提示：自广电系统推出“限娱令”、“限广令”之后，电影系统离“限价令”，或也只是时间问题。

自广电系统推出“限娱令”、“限广令”之后，电影系统离“限价令”，或也只是时间问题。

“我们已经得到了消息，正在研究新的对策。”2月27日午间，一位知名院线负责人对本报记者表示，电影总局的“限价令”征求意见稿已经下达至各家院线、影院。

本报记者从有关院线获得文件，这份名为“关于进一步规范电影市场票务管理的指导意见(征求意见稿)”的文件，在规定全国各地区设立统一最高票价限制同时，也明文要求会员票、团购票价格不得低于票价70%。

“调低最高票价，提高团购票价，新政实际上拉高了电影平均票价。”2月27日，上海一位知名影院的知情人士告诉记者，“保守估计，新政将对影院造成重大影响，一些影院的票房将产生少则10%多至50%的下降。”

清科研究的分析师张亚男则表示，“新政反映了电影局对市场的关注，这是好事，但政策的内容却很可能导致今年电影总票房的下降。”

图 3－179

③在“硬式导语”基础上，巧妙运用设问、拟人、借用、对比等比较常见的写作修辞方法，提高导语的趣味性、生动性。

实例 27：设问式可以激发受众的好奇心（图 3－180）。

凉茶安全吗？

楹页网　发布时间：2009-6-1 11:16:00

打印本页　【字体：大 中 小】　关闭窗口

遭遇“添加门”的王老吉，在卫生部表态之后起死回生，无论怎样，公众都有权利知道：喝王老吉究竟安全不安全？我们究竟有没有必要因“上火”而去喝凉茶？

图 3－180

实例 28：拟人式可以与浏览者产生共鸣（图 3－181）。

电商五巨头投入数十亿元打响最大规模价格战

http://ec.sina.com.cn 2012年05月10日08:49 每日经济新闻

电商价格战全面打响！

天猫电器城宣布，补贴2亿元支持平台上商家开打价格战；

京东商城宣布，将在5、6月期间，拿出5亿元对家电产品进行促销；

当当网宣布，以7万种精品好书满88元再打八八折的优惠促销活动杀入价格战；

苏宁易购宣布，计划再次投入20亿元的特价货源和4亿元让利额度；

亚马逊宣布，将完全授权其中国团队进行必要的此类活动。

“五一”假期一过，五大电商巨头酝酿的价格攻势近日初露峥嵘。

《每日经济新闻》记者昨日（5月9日）采访了解到，有观点认为，价格战背后，是电商大佬对资金的需求，通过争取市场份额，同时吸引消费者到平台上消费，从而吸引风投的投资。

图 3－181

实例 29： 借用诗词典故、歌曲唱词等，为导语增色（图 3－182）。

艺术品网上交易渠道飞速扩张 被指假货多风险高

http://ec.sina.com.cn 2012年04月09日10:40 大洋网-广州日报

新型交易平台是把双刃剑 虽方便但如同“隔山买牛”

“新华收藏店铺试运营期间，诚邀您开通基础级永久免费会员，出售藏品。”近日，记者收到新华收藏网的一封广告，广告中称：“您还可以申请成为论坛版主，更全方面地展开线上活动。团购平台：如果您有适合团购的收藏品，我们非常希望您能成为我们的供货商。商城平台：如果您是企业身份，也可以成为我们商城的合作伙伴。”事实上，这样的艺术品网站已经不是独此一家了，随着艺术品市场的火爆，艺术品网络销售渠道扩张速度之快令人瞠目结舌。

图 3－182

实例 30： 对比式更加突显宣传的对象（图 3－183）。

零售平台艰难求生 垂直电商仍受青睐

http://ec.sina.com.cn 2011年11月23日10:48 北京商报

电子商务(电商频道)境况还能恶劣到什么地步？是美团网CEO王兴、乐淘副总裁陈虎口中让人毛骨悚然的“资本冬天”，也是米粒商城、西米网、大货栈、有品网先后倒闭的不争事实。但美丽说、酒仙网等个别电商网站在行业冬天拿到的钱也不是假象。

电商冬天很冷

电子商务融资的渠道关了没有？从什么时候资本变冷的？

事实上，王兴首个讲出“团购过冬论”时正值7月，北京还很热。王兴展示了美团网刚刚融到的第二轮5000万美元投资，用业界罕有的公开晒账户形式，这在未上市公司“实力展示”方式中至今仍是惟一。

在很多人眼里，王兴的“团购冬天论”和晒账户行动相得益彰，又直接叫板当时号称融了很多钱的同行。不过，没有同行跟进晒账户行动，“团购冬天论”却获得了包括拉手网CEO吴波、F团CEO林宁以及满座网CEO冯晓海等所有团购大佬的认同。

然后，这份寒冷扩散到整个电子商务行业，7月之后，再无密集曝出的融资消息。

图 3－183

注意：营销推广软文的导语应该通过简短的几句话来抓住受众，磁石般吸引受众的目光，它不是标题的翻版，也不能写成内容的缩版。要写好导语，就要精心构思，追求新颖别致、亮丽动人的最佳效果。

（3）撰写受欢迎的营销推广软文内容。营销推广软文内容没有固定的模式，可以是特定的新闻报道、企业资讯、产品介绍、案例分析、经验分享、评论访谈……下面，介绍几种比较受欢迎的营销推广软文形式，在撰写软文内容时，可根据素材内容选择合适的表现方式。

① 写一些行业经验、技巧分享性的营销推广软文。这类软文将独特的经验、技巧免费分享给浏览者，如果能为浏览者带来好的效果和价值，就会得到浏览者的好感与认可。从而也会有效地增加浏览者对企业品牌及产品的关注度，有较地促进软文的传播。

实例 31：

业之峰装饰：家居布置不过时的六条经验分享

自然色：原木色的家具、自然色的装饰材料大行其道。没有艳丽的色彩，没有过多的修饰，还材料以本色，既天然、又无化学污染，是健康而时尚的选择。而且一段时间以后如果看腻了，还可以买来涂料自己动手，重新粉饰一新，又有一种新感觉。

混油：这种能使房间显得通透、宽阔明亮的装修设计越来越受到人们的喜爱，而且其色彩丰富，为业主和设计师提供了更大的选择空间。对消费者来讲，在家具不变的前提下，可以随心所欲地安排或更换室内色彩，会给居室带来不同的装饰效果。

布艺产品：可以随着季节、心情的变化而随时改变外观色泽和图案的软装饰产品，如沙发、窗帘、桌布等，使时尚生活多了一份选择。

网络线：随着网络的应用越来越广泛，有些消费者需要在书房、客厅等处都设置网络线，从而可以在多处上网，甚至有人还在卫生间浴池边安 排一块大平台，可以在休息时浏览网上资讯。

留白：在家装布置中，留白是最可保值的装饰手法。一是留下想象余地，二是为日后的升级换代留足空间，而且不必额外花费。

古典家具：造型别致又有收藏价值，既能装饰、又能保值，一举两得。如果购买红木高档仿古家具，应根据经济状况，可以考虑分批购买。这样就不用担心所购的家具不配套或有落伍、贬值的问题。实际上古典家具永远都在流行。

②写一些观点交流型的营销推广软文。一般来说行业用户需要了解行业动态、行业发展方向、事件对行业的影响等信息，这方面的需求很旺盛。如果能抓住当前的行业热门事件、产业最新分析、趋势预测等阐述自己的观点与大家进行交流，则会产生较好的反映。如“马云宣布于 2013 年 5 月 10 日起不再担任阿里巴巴集团 CEO 一职”，针对这件事业内有什么想法？大家可能会关注马云辞任后阿里巴巴集团会有什么变化，对电子商务行业产生什么影响……如果就此展开交流与讨论，无疑会提高浏览者的参与度。

注意：观点交流类营销推广软文通常是以独到的见解、缜密的分析、犀利的评论为主，让浏览者从心理上产生共鸣，继而建立品牌地位和影响力。

实例32：

自主品牌占有率下降≠实力走弱

承继之前的颓势，自主品牌的市场占有率再次下滑，今年五月共销售23.77万台轿车，市场占有率为26.61%，环比下降0.88%，与之形成鲜明对比的是2009年的年度销量数据，自主品牌轿车市场占比一度达到44%！

翻回2009年中国汽车销量榜单，可以看到不少有亮眼表现的自主车型，如年销量超过14万的夏利、年销量超过11万的吉利自由舰、年销量逼近17万的奇瑞QQ3、年销量超过10万的比亚迪F0。还有就是不得不提的一个传奇－比亚迪F3，全年销量超过29万辆，月销量甚至一度越过3万大关，哪怕放到今天也是个相当惊人的数据。

不难发现，2009年自主品牌热销车型大多是5万元以下的“廉价车”。确实来讲，当时国内汽车消费者要解决的是“有车开”的问题，至于车好不好开、做工如何，很多人是不会过分深究。而两年后的今天，国内消费者对汽车的要求开始变得挑剔，当年价格无比便宜但无比粗糙的自主车型在今天不会再有大的生存空间。主流消费会逐步由A0级转入A级，自主品牌也捕捉到这个变化，将开发重心放到A级和一些A0+（尺寸远大于传统A0级车，但还没到A级车水平）车款上。

在A级车市场的竞争中，自主品牌再次祭出自己的杀手锏—价格，而这也是自主品牌唯一拿得出手的优势。自主品牌A级车价格一般定在6~10万元这一区间，如比亚迪G3的5.89~10.99万、奇瑞E5的5.48~8.18万、长安逸动的7.39~9.99万、长城腾翼C30的5.9~8.45万、帝豪EC7的6.68~11.48万等等。

国内很多产业都会整天喊高端化，不过大多也只是毫无意义的作秀。但自主品牌汽车高端化却绝对是个关乎生存的事情，否则低端市场需求的萎缩最终将会让自主品牌走向衰亡，但往上走又无可避免会踩入合资品牌的雷池。在6~10万这一区间里，自主品牌要面对铃木雨燕、起亚K2、现代瑞纳、雪铁龙爱丽舍这些强大的合资车型，同时又要面临“伪军”的包围，就是最近各大车厂搞得不亦乐乎的“合资自主”车型。（冯晞帆）

③以普通用户或者第三方的身份讲述亲身体验的感受，向浏览者传播企业实力、服务质量、品牌或者产品的优点等。这种方法能“润物细无声”地对消费者和潜在客户产生良好感染、影响与共鸣，进而带来销售。

实例33：

那日在微博上看到一则新闻，

“南昌市一位卖菜老太，由于无人照料，一双脚全部烂掉，附近居民嫌她脏，很少买她的菜，这位老太可能永远也想不到，有一天，会有一位美丽女子带着中药，用热水给自己洗脚包扎。这位美女叫范辉，她希望以这样的方式，来唤醒老人儿女的良知，好好照顾自己的母亲！请大家传递对范辉的敬意！谢谢！”

突然很难过，中学后，就一直在外面上学，毕业了，工作了，虽然每个周末都有回家，可是，关心过母亲父亲吗？我又为他们做了什么？很多人跟贴说要回家给母亲洗脚，我想母亲应该不肯接受，也最多做秀一次吧。

我在淘宝网上看到了梳阁，眼前一亮，买了梳子，刮痧板，保健按摩敲打锤，在那个周末回家告诉妈妈我给她买了个梳子，然后以试梳的理由，解开了她的头发，一遍一遍轻轻梳理着，不肯停下，突然间很感动，我如此深爱的母亲，为什么我们到现在，才如此贴近。

晚上爸爸回来的时候，我把刮痧板，保健按摩敲打锤交给他，并帮他锤了一会，爸爸呵呵地直笑，妈妈也在厨房那边时不时凑上一句，那个周末，很幸福。

周末，帮妈妈梳头，一家三口的距离，很近很近。我会永远爱他们，永远深爱。

④在营销推广软文中巧妙借用第三方的评论。自己写文章有“老王卖瓜，自卖自夸”之嫌，但是如果以第三方的口吻、姿态进行对企业品牌或产品的报道、介绍与评论，可以增强内容的可信度，不论是正面评论还是负面评论都能引起浏览者的关注。

实例34：

“例外”服饰因彭丽媛引关注　沪上专卖店看客增加

这两天，国家主席夫人彭丽媛在公众亮相身着的服饰引来广泛关注。广州质监局更是在第一时间通过官方微博确认，广州市例外服饰有限公司为彭丽媛定制了服饰，该企业的生产工厂在海珠区。由于“例外”是一个本土品牌，并且在不少城市设有专卖店，所以很多“时尚达人”立刻跟风选购。而在网购市场中，“例外正品代购”、“例外风格”的搜索量也节节攀升。

在上海，“例外”在新天地、久光百货、正大广场等都设有专卖店。记者在部分门店看到，这里的服饰以灰、白、藏青等冷色系为主，材质以棉、麻、丝、羊毛等居多，设计感很强，不过产品价格不低，开衫、衬衫等当季服饰的价格在2000元上下。营业员告诉记者，这些天店铺的客流变化不算明显：“可能稍微多点，但以看的人居多，因为我们本来就是一个小众品牌，以回头客为主。”一些选购过该品牌产品的消费者则告诉记者，“例外”的服装整体设计比较知性，又含有中国元素，适合正式场合且不容易“撞衫”。面对小众品牌成为大众焦点的新变化，喜欢该品牌的白领金小姐觉得很开心：“不仅证明我眼光好，而且说明中国人自己设计的产品也能得到国际社会的认可。”

比起实体商场的平静，“例外”在网络市场可谓热闹非凡。记者在淘宝网上用“例外”作关键词搜索，立刻找到大量提供“正品代购”的店铺，还有很多店铺则提出，自己销售的产品为“例外风格”。记者注意到，这些“例外风格”的产品在材质选择和款式设计上，确实有所类似，不过价格可就“亲民”了很多，二三百元的产品比比皆是。一家店主承认，挂出“例外”的名头就是为了“沾光”：“其实我们店本来就主打原创服饰，强调设计，至于设计得好不好，本来就是‘仁者见仁智者见智’，‘例外’红了，希望我们的品牌也能红。”价格低了，解囊的消费者也多了。从销售记录看，不少店铺的成交量这几天明显增加，皮包、围巾等产品最走俏。

业内人士认为，“例外”引发的消费热潮给更多的本土品牌带来了发展机会。时尚观察家王林今指出，之前很多人压根没听说过“例外”这一品牌，而谈及奢侈品就是一些“洋品牌”，这反映了国内原创设计不受重视，市场消费也存在“崇洋媚外”的盲目性。此次“例外”走俏，既证明了本土品牌的价值，也鼓励其他原创设计要坚持下去，实现扬眉吐气。

（解放日报）

⑤以人物访谈内容为载体撰写营销推广软文。准备一些话题去访谈相关人士或名人，然后将访谈记录整理成文，这可以说是写软文的捷径。访谈形式比较有亲和力，不仅可以促进企业文化、产品的传播、提高企业的形象和影响力，还可以积累人脉，积累媒体资源。

实例 35：

凡克诚品 CEO 陈年访谈录：天下没有什么不可复制

在我国服装电子商务范畴，VANCL（凡客诚品）和他的创始人陈年，绝对是一个不可不提的企业和人物。正式因为有了 VANCL 铺天盖地的发表以及极具引诱力的价钱，使得大量人从 VANCL 那边，起始了自我的第一次网上购买服装之旅。对于 VANCL，有人会拿他和无疾而终的 PPG 比较，也有人会拿他和包含万象的淘宝网比较。不过，无论是竖比还是横比，VANCL 仍然是独特的，仿佛也正在向着成功接近。为此，《证券日报》亦愿经过与陈年的对话，体验和解构这家疾速上升的电商企业。

《证》：VANCL 礼聘韩寒和王珞丹的代言费大概是多少？怎样量化它的评估投入产出？

陈：我们没有任何意愿或者压力去查核代言的效果，因为我们不是靠他们来卖服装的。但是，效果很好，超出了我们的想象。

《证》：如今凡客诚品上常常有 30 元左右的服装，并且还是免费快递。假若消费者只买一件如此的服装的话，凡客的利润或者损耗是多少？

陈：如此不是很好吗？亏多少是企业内部的事件。

《证》：俗话说，一分钱一分货。凡客诚品的服装如此便宜，毕竟是在哪里帮消费者省了钱？

陈：我们依托互联网，省去了诸多普通渠道的本金。

《证》：能用一句话概括一下凡客的贸易情势吗？是否具备可复制性？比较于网游等互联网企业，凡客的“水泥”的比重是不是很大，做起来会不会很累？

陈：互联网时髦生活牌子。天下没有什么是不可以复制的。很重，但很舒畅，因为用户的相信。

《证》：凡客的核心竞争力在哪里？假如有足够的资金的话，是不是可以全盘复制？

陈：凡客诚品快速崛起的原因，概括如下：第一，技能领先，利用互联网整合进步我国服装制造业；第二，顾客体验至上，以及高性价比的经营之道；第三，牌子文化适应互联网时髦消费的潮流；第四，我和我的集体多年合作默契，具有市场敏感度以及凸起的执行力。

⑥以新闻报道的方式直接介绍企业实力、品牌形象或产品信息。这种官方口吻报道，配合以官方媒体传播平台的方式，能大大增强报道的真实性、权威性、可信性，从而有力的提升企业实力、影响力。

实例 36：

广药“王老吉”拟在全国建生产基地

6 月 18 日，广药集团联合广州市国资委召开新闻发布会透露，广药出品的第一批红罐王老吉已开始铺货，将首先在广州和北京面市。为了满足产能需求，广药集团已陆续与大型食品生产企业签订战略合作协议。除了在短期内选择代工以满足消费者对王老吉的需求之外，广药还将在全国建立自己的生产基地，目前已在筹备中。

会上，广药集团首次介绍了王老吉商标仲裁案始末。2010 年 5 月 1 日，鸿道集团租用王老吉商标到期，广药集体以电话、公函、律师函等多种形式数十次与鸿道集团联系，希望重新协商商标许可问题，但鸿道集团均未给予回应。在这样的情况下，2011 年 4 月 26 日，广药集团按照双方共同约定的纠纷解决方式，向中国国际经济贸易仲裁委员会提出仲裁。

2011 年 12 月 29 日，仲裁案正式开庭。2012 年 3 月 14 日，仲裁庭组织双方调解，鸿道集团单方面放弃。2012 年 5 月 9 日，中国国际贸易仲裁委员会做出裁定：《“王老吉”商标许可补充协议》和《关于“王老吉”商标使用许可合同的补充协议》两份合同均无效。这意味着从 2010 年 5 月 2 日起，鸿道集团已无权使用王老吉商标。

广州市国资委在会上强调广药集团是有 184 年历史的王老吉品牌国内唯一传承实体，依法拥有王老吉商标无形资产，广州市国资委支持广药集团依法收回红罐、红瓶王老吉生产经营权，依法维护国有资产合法权益。希望广药集团按照 136 发展方略，将王老吉从民族品牌打造成世界品牌，5 年内达到 300 亿元销售额，实现国有资产的保值增值。

（中国证券报）

注意： 营销推广软文内容一定要聚集企业新近发生的或即将发生的重要事件，准确地描述其时间、地点、人物、事件、原因、结果等元素内容，用简明的文字将企业信息与时事、最新研究成果、社会趋势相关联，进而达到企业宣传推广的作用。

（4）精心选择营销推广软文中的图片。在营销推广软文中放置相应的图片或其他辅助性材料，可以丰富正文的内容，扩展信息视角，增加企业营销推广软文的可读性。

①选择具有时间和现场感强的图片，配合软文及时地反映事件及相关对象的真实面貌。

实例 37（图 3－184）：

大商各店靓丽秋装抢“鲜”登场

伴着秋日的脚步，大商各店秋装亮丽登场。

爱美女性对时尚的理解越来越深入，不再局限于简单的跟风，而是更加注重自身气质的体现和穿着的舒适程度。今秋时尚女装在面料上倾向于能够凸显女性独特气质的蕾丝和皮草面料，给人以时尚、动感体验的动物纹依然是今年流行的重点，极简、舒适的设计也是今秋流行趋势的主要体现。

大商各店充分考虑不同女性对美的理解和追求，让这个秋天的你更加妩媚、动人。

图 3－184

②选择在构图和表现力方面有设计的图片，能充分体现企业品牌及产品的实力。

实例 38（图 3－185）：

"会说话的空调"在格兰仕即将问世

http://www.homea.hc360.com 2012年05月16日17:16 慧聪家电网 作者：黯蓝

慧聪家电网讯：众所周知，空调仅靠传统的制冷、制热功能早已不能满足现代人的需求，他
仅要求空调的外观有个性、时尚化，而且越来越多的人对空调的使用功能、节能省电、人性化也
更高的要求。应时代之需，格兰仕实现了由定频向变频的转型，紧接着格兰仕又倡导淘汰变频三
五，引领整个行业走节能化道路。格兰仕与日立、东芝的牵手，为格兰仕打造高端变频空调奠定
术基础。近日，笔者从白电巨头格兰仕集团获悉，格兰仕暨推出高端变频Q系列空调之后，智能化
次升级，会说话的空调已进入测试阶段，进一步彰显了格兰仕雄厚的科技实力。

图 3－185

在选择图片时，主要从三方面考虑。一是企业召开新闻发布会、举办活动的照片，这类照片一定要突出现场感，捕捉具有动感的元素；二是企业的产品、服务，以及由此派生出的生产设备和生产环境等照片，这类照片将宣传对象纳入到一个特定的场景中，并巧妙地结合人（如消费者、工作人员等）和品牌元素（画面中有企业或产品的 logo 等），突出企业的产品和形象；三是体现企业管理层形象的照片，这类照片要突出企业管理层良好的精神面貌、工作作风和亲和力。

注意：

➢ 正文中的图片字节不要太大，图片文件大小不能超过网页内容规定的范围，大的图片可用压缩技术对其处理，提高显示速度。

➢ 正文中的图片要保证清晰、明亮、主题突出，不要选用变形图片，影响浏览者的视觉效果。

➢ 图形文件扩展名以"JPG"、"GIF"和"PNG"为主。

（5）修订正文内容。参照"撰写非原创营销推广软文"部分"修订正文"中提到的方法对原创文字进行校对与修改，确保文中事件、人物、名称、时间、数字、单位等信息的准确性。同时，要注意段落格式、字体字号、标点符号的使用要规范，在文中要避免语法错误和错别字现象。

拓展阅读

营销推广软文内容常用的文体可以是记叙文，平铺直叙，以讲故事的方式娓娓道来，引出产品或企业，给浏览者造成心理暗示，使销售成为必然；可以是议论文，先提出论点再进行论证，在议论中强调企业或产品，加深浏览者的印象；可以是说明文，以普及知识的形式传递企业或产品信息，在知识中渗透企业与产品，而不是直接向浏览者做广告，让浏览者反感；当然，还可以边叙边议，这种方式更能得到消费者的关注。

实例39：

《贾君鹏　鲁大师叫你“清扫”电脑准备过年》

“贾君鹏，你妈妈喊你回家吃饭！”一句只有寥寥数字的帖子在网上爆炸开来以后，贾君鹏几乎被全世界网民喊过一次，也不知被多少人喊去做过多少事情，贾君鹏确实也够累的。好不容易风波稍静，可这眼看就要过年了，鲁大师金口一开：“贾君鹏，鲁大师叫你‘清扫’电脑准备过年！”把贾君鹏叫得浑身兴奋！

这一叫非常必要，电脑一年到头365天，平均每天10个小时被贾用来上网聊天、发帖、浏览网页、看新闻、下载电影资料，还有工作，最后还不忘SNS或QQ，“常在路边走，哪有不湿鞋。”电脑经常在网上东奔西跑，就会沾染不少“垃圾灰尘”，比如无用的临时文件、系统垃圾文件、电脑使用过程中残留的各种无用信息等，这些垃圾灰尘积累到一定程度，就会抢占电脑内存空间，严重影响到电脑运行速度，上网快感大受干扰。因此，鲁大师叫贾君鹏“清扫”电脑，是有根据且十分必要的！

中国传统有这样一个习俗，小年前一天也就是农历23日，家家户户都要对房屋进行一次彻底的清扫，包括房顶、屋脊、墙壁、角落等等。眼下也近年关，贾君鹏只是鲁大师第一个叫回家清扫电脑准备过年的，接下来，鲁大师要提醒所有用户：“快过年了，都回去彻底‘清扫’下你的电脑系统，准备过年吧！”

鲁大师就像一位大年前的清洗专家，扫除电脑垃圾文件、残留信息等，洗去一年的晦气和阴霾，能让电脑干干净净，过一个清清爽爽的大年！

（华军资讯）

温馨提示

如果你是一个新手，对撰写营销推广软文内容一筹莫展，可以试试这样做：

1. 修改法。看到好的文章，在其中有效地融入自己的想法、企业文化，自然地向浏览者传递、表述自己企业或产品的信息，让客户记住自己。

2. 拼揍法。找几篇好的文章，对其精彩内容进行归纳与总结，再融入自己的想法、企业文化，拿出来与大家分享收获。

3. 案例法：收集自己或身边的案例、过程、做法，以故事的方式写给大家看，对于生活中真实的东西大家都喜欢看。

想一想

1. 什么样的营销推广软文最受欢迎？
2. 我们写营销推广软文到底是应该原创还是伪原创？

任务五
商城网站帮助中心页面信息

任务要点

- **重点：** 能够描述“帮助中心”在商城网站中的作用；
  能够理解“帮助中心”需要的信息分类及分类下的信息组成
  能理解服务信息的编写要求；
  维护网络信息安全可信，是网络编辑从业者的责任，树立学生的责任感，建立遵纪守法意识，形成网络编辑职业道德。
- **难点：** 根据信息编写标准，通过文字及流程图，准确编辑服务信息，解决用户使用网站的常见问题。
  根据用户浏览习惯，设置帮助中心内容分类，便于用户快速找到所需的信息；
  根据信息编写标准，通过文字及流程图，准确编辑服务信息，解决用户使用网站的常见问题。

任务情境

接到客户服务部门发来的用户反馈信息，反映网站的信息购物流程、退换货流程和售后服务流程编辑的不确切，用户按照帮助信息不能完成相应操作，请调整信息呈现形式，便于用户浏览使用。小张打算为网站商城编辑帮助中心的页面内容，小张首先需要了解这个帮助中心的作用，及帮助中心需要的信息分类和分类下的信息组成，然后才能帮助编辑正确的流程，于是小张开始了下面的学习。

任务分析

首先要了解“帮助中心”的作用，了解“帮助中心”需要的信息分类和分类下的信息组成，而且“帮助中心”在不同的网站商城有不同的设计，我们首先要通过比较目前比较流行的几大网站商城来了解一下帮助中心都有哪些内容，然后进入到编辑“帮助中心”的具体步骤，最后我们要总结好的编辑方法。

任务实施

（一）什么是帮助中心？

帮助中心是用户遇到问题和困惑能够得到解答的地方，如果用户的问题和困惑能够通过网站帮助中心得到解答，那么一个大型的网站就可以减少很多在人力上的投入，既降低了网站运营成本，又提高了效率和用户满意度。通常电子商务网站的帮助中心包括购物指南、配送方式、支付方式、售后服务等用户使用网站时常见的问题。

案例：

较大规模的商城规划充分考虑用户体验，设计帮助中心时也是非常人性化，简约化，用户可以快速找到答疑解惑的内容，分析比较京东商城（图 3－186）、凡客诚品（图 3－187）和天猫商城（图 3－188）帮助中心内容分类及内容组成。

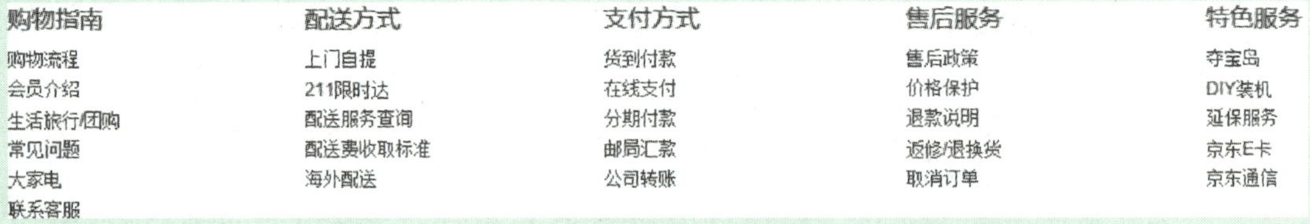

图 3－186　京东商城帮助中心

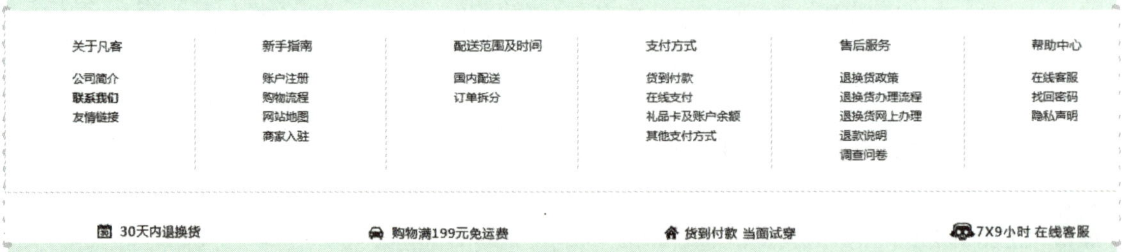

图 3－187　凡客诚品帮助中心

图 3－188　天猫商城帮助中心

分析：从图中发现，三家商城的帮助中心内容分类及内容组成基本相同，而且，根据网站定位及提供的服务，每个网站都设计了特色内容，满足网站用户的需求。

天猫商城设计了“商家支持”的帮助内容。众所周知，天猫是第三方电子商务平台，入驻天猫的商家主要是为了拓展销售渠道，提高销售额，作为天猫，对商家的服务尤为重要，因此帮助中心有很大一部分给了“商家支持”这一项，其中包括“商家入驻”、“商家中心”、“商家成长”和“天猫规则”四个分类，指导商家顺畅完成相关操作。

京东商城和凡客诚品在不同的领域占据了电商行业很大一部分市场份额，得到业内人士和业外用户的认可，各自的顾客群始终如一地热爱和光顾着两家网站，这两家商城帮助中心则以会员介绍、购物流程、支付方式、退换货等买家关心的问题为主要内容，给予用户非常清楚，详细，明确的帮助和指导，此外，京东商城根据自身销售商品的特点，还设计了“特色服务”内容。

（二）“帮助中心”信息编辑的基本原则

1. 准确、详实地描述客户在购物过程中的主要环节及注意事项。
2. 语言描述要流畅、简捷、清晰，太复杂的内容容易让客户失去耐心。
3. 段落排版要规范，文字字体、大小要统一且有层次。
4. 语句没有错词错句，措词符合客户浏览、阅读习惯。
5. 流程图、表格、图像、标注等信息要直观、一目了然、易于理解。
6. 色彩搭配要与网站风格统一。
7. 帮助中心的购物流程的说明应从客户需求出发，以达到增强客户购物体验的目的。

步骤一：编辑帮助中心“购物流程”内容

（一）常见的购物流程编辑方法

1. 文字描述法。这是最常见的编辑方法，首先，内容要准确、简捷、清晰、流畅，易于阅读；其次，在排版时可以通过字体格式、段落格式、项目符号、底纹边框等方式进行排版，使版面统一协调，易于浏览。

下面的内容就是列表页式文字描述法，通过点击进入到关键环节，此时用户浏览的目的应当相对明确，聚焦于某一关键词或某一类别的信息，用户可以通过标题进入具体页面，如果页面空间允许的话，会选择包含着标题的内容简介，如果需要查看更多，点击相应的链接进入下一页面即可，如图 3－189 所示。

2. 流程图图示法。购物流程通过直观、简捷的流方式展示更有利于客户浏览，老少皆宜。

在购物流程的首页设置目录及准确的链接，客户可以了解购物流程的主要内容，并根据自己的需求点击相关内容浏览。在我们编辑购物流程帮助信息时，可以借鉴京东商城的编辑方法，使用流程图呈现信息，这种方法简单，一目了然，用户能够清晰准确知晓购物的操作步骤，实现指导帮助用户的目标。如图 3－190 所示，购物流程图用箭头引导顾客浏览具体的操作步骤，指导用户准确操作，顺利完成购物。

3. 提交订单(进入结算中心)

A、用户登录、注册

如果您未在优购网注册登录过，可选择"免费注册"；

如果您已是优购网注册会员，直接"登录"即可。

小贴士：注册只需花费您一分钟时间，并且注册用户享受更多优惠。

B、填写收货人信息

为了保证您订购的商品顺利送达目的地，请准确填写收货人的姓名、地址、电话等有效信息；

C、选择送货方式

根据您的收货地区填写送货方式。

D、选择支付方式

提供的支付方式有：在线支付(支付宝、财付通、快钱、手机支付、网上银行、信用卡快捷支付)。

E、立即付款

订单提交成功后，请按照您所选择的付款方式立即支付；下单后，订单将保留24小时，24小时后若仍未付款将自动取消。

F、确认订单，并提交

完成上述所有流程后，您可以点击"确认无误 提交订单"按钮，订单提交后页面会提示订单号，进入"我的优购"即可查询订单状态。

G、收货和确认

正常情况下，全国大部分地区3-5天到货(除天气灾害等延误)。收到货后，请对我们的商品进行评价！

温馨提示：

您可以直接从优购网上选购您喜欢的商品，然后拨打我们的客服热线咨询或者订购。

订购热线：400-163-8888、400-6963-666　客服邮箱：service@yougou.com

图 3－189

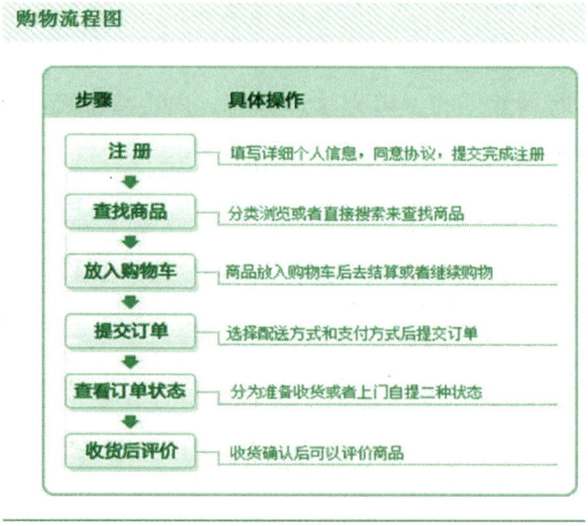

图 3－190

除了以上的箭头流程图以外，有些网站使用步骤法示意的流程图，如图 3－191 所示，通过步骤法示意图，一方面可以在旁边增加小图标，更加形象化，另一方面步骤内容可以写得更加详细，对每一步的说明更清楚。

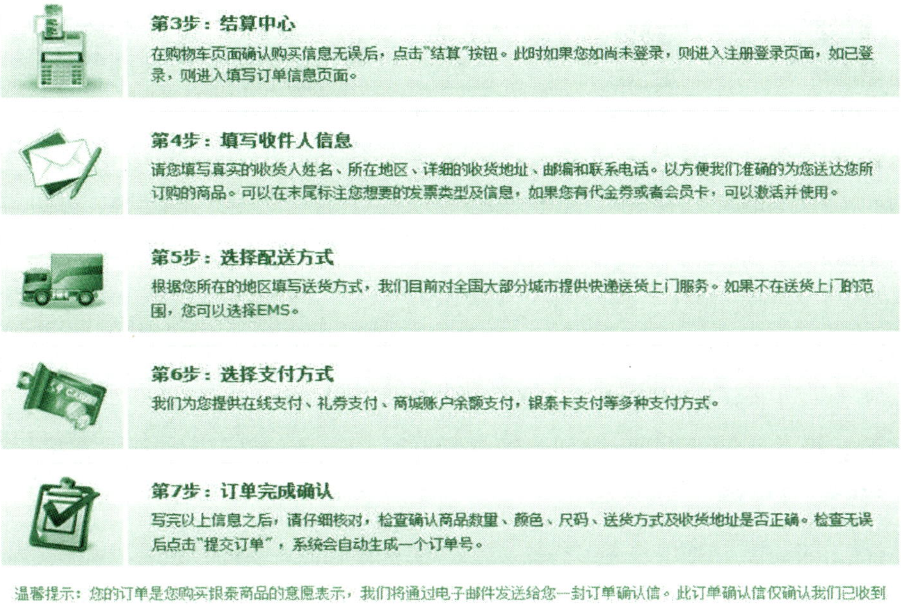

图 3－191

购物流程图在编辑的过程中注意事项：

（1）在有限的空间里呈现最有效的内容，以上两个流程图都非常细致和慎重的选择了对用户决策起重要作用的过程，包括详细的说明文字，具体到选择配送方式的不同，支付方式的不同，提供给用户清晰的选择内容。

（2）突出重点信息，对标题简化，采用字体加粗及小图标的方式对信息进行突出说明，一目了然。

（3）清晰的划分，减少干扰，各内容之间用流线箭头或者第一步，第二步的方法区分，减少信息间的干扰，让顾客更清楚每一流程的内容。

3. 导航条设计法。导航是对网站信息架构的一种反映，体现了网站内容的分类和组织方式，没有导航的内容像一盘散沙，用户不容易找到所需要的内容，却很容易在网站上“迷路”，失去方向感，有时只能后退或者关闭页面才能推出，因此网站页面上增加导航元素，提供目标页面的入口，方便用户浏览网站，导航用于呈现购物流程内容，一方面标识购物的操作步骤，另一方面是购物网站的快捷入口，对于新用户注册、挑选商品、确认下单、订单跟踪及验收商品等重要购物环节，用户通常点击导航链接就能快速进入到目标页面（是操作图示，还操作页面）。如图 3－192 所示：

图 3－192

如图 3－193 所示，凡客诚品新手购物规则是以导航的形式呈现的，导航中每个箭头代表购物流程中的一个操作环节，在目录中设置与购物情节相吻合的图示，不仅能吸引客户的注意力，更有助于客户理解。

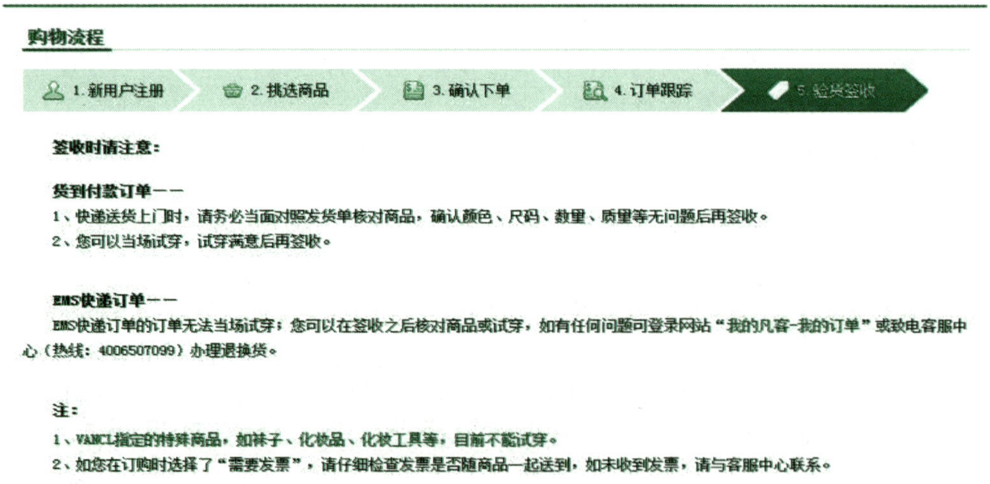

图 3－193

（二）购物流程要注意的事项

1. 购物流程说明中使用操作截图，真实、直观、易懂，利于客户模仿操作。如图 3－194所示：

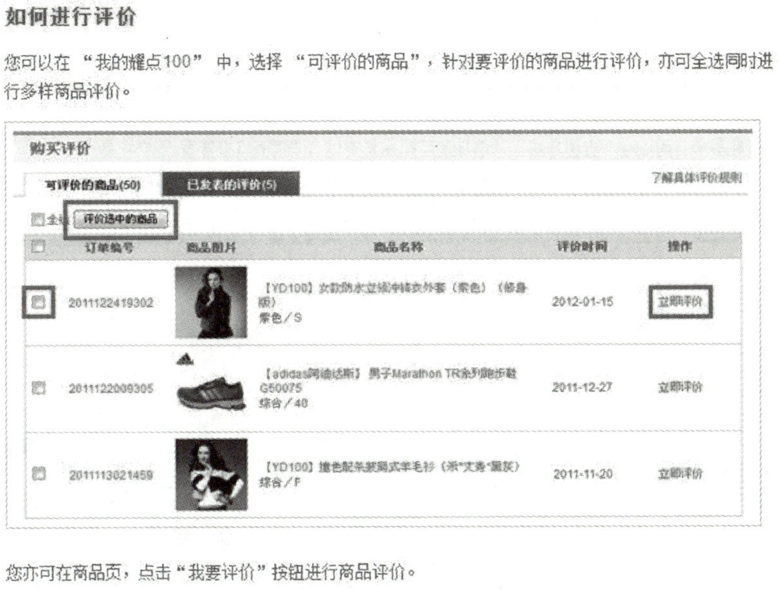

图 3－194

2. 购物流程中突出重点信息。购物流程信息编辑时，对于重点操作步骤或重点选项，在操作图示中可以用文本框或标注强调出来。此外，在图示中出现的客户信息一定要隐去，避免不必要的麻烦，如图 3－195 所示。

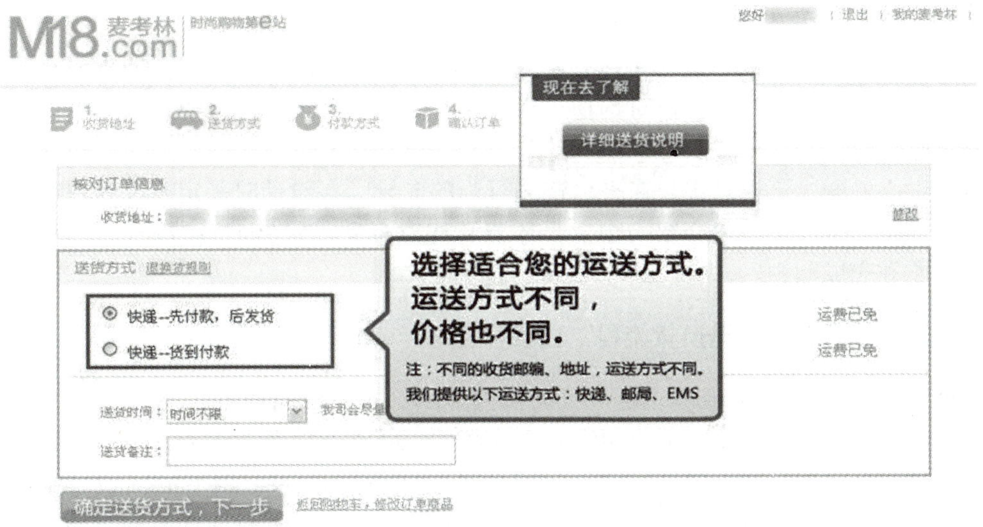

图 3－195

3. 购物流程说明中，针对用户购物过程中会出现的其他情况，用“特别提示”、“温馨提示”或“注意事项”加以说明，解除客户的疑虑。

如图 3－196 所示，“礼品卡”或“礼券”是网站常用的促销方式之一，存于部分用户的账户中，购物流程说明中，不适合放在一般购物操作说明中，用“特别提示”的方式进行说明。

特别提示 top↑

1、若您帐户中有礼品卡，可以在“支付方式”处选择使用礼品卡支付，详情请点击查看 当当礼品卡

2、若您帐户中有符合支付该订单的礼券，在结算页面会有“使用礼券”按钮，您点击选择礼券即可，点击查看 礼券使用规则

当您选择了礼券并点击“确定使用”后，便无法再取消使用该礼券

图 3－196

4. 编辑时要注意兼顾网站主题、风格的色彩搭配，协调的界面更容易获得客户的好感。如图 3－197 所示：

图 3－197

随着网络市场的不断成熟，大小企业纷纷开拓网上市场，客户群体已不仅仅是白领及大学生。很多有过网上购物经验的朋友深有体会，在购物过程中因为网站某些功能和服务不如意或购物流程不顺利，往往会直接放弃购买。

当客户第一次进入某一购物网站或对网上购物还很陌生时，如果我们能提供客户简捷明了的网站购物流程说明，让客户对购物过程心中有数，会大大增强客户的信任度，提高客户的购物体验。

帮助中心的购物流程是客户在平台购物行为的向导，在设计时一定要以客户需求、客户阅读习惯为出发点，向客户介绍购物主要环节及注意事项，并努力营造轻松、愉跃的氛围，引导客户顺利完成购物。

步骤二：编辑帮助中心“退换货流程”内容

根据市场调查公司 Harris Interactive 的调查显示：90% 的消费者称，网站方便的退货政策和退货程序对于他们做出购买决定起着重要作用；85% 的消费者认为，如果退货程序不方便的话，他们可能不会到该网站购物；而 81% 的消费者表示，当他们选择购物网站的时候，都会把退货的方便与否纳入考虑因素中。这些因素使得退货管理成为网上零售商不得不高度关注的问题。如何做好退换货服务是电商服务中的重中之重，那么如何提升消费者退货的满意度呢？

（一）明确退换货流程

电商企业在制定退货流程时，应该简单化、专业化、标准化。让消费者对退货流程一目了然。

案例分析：亚马逊退货流程。

如图 3－198 所示，亚马逊网站的退换货流程说明采用流程图的方法，将退换货流程分为申请成功和申请失败两种情况分别进行说明。

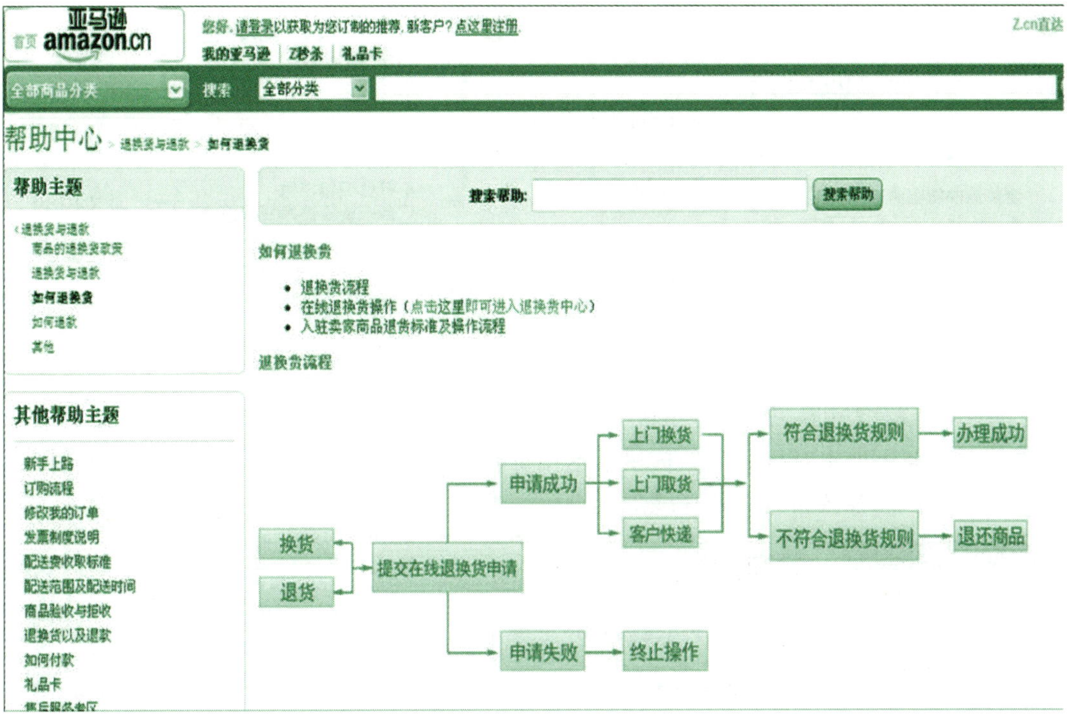

图 3－198　亚马逊的退货流程

综合以上的退换货流程说明，我们可以看出，网站常用退换货流程分为以下三步：

第一步：提交退换货申请；

第二步：将申请分为成功和失败两种情况说明，申请成功继续下面操作，申请失败直接终止操作。

第三步：申请成功后，对于换货，货品符合网站换货规则，就可以换货；对于退货，货品符合网站退货规则，就可以办理退货和退款。

（二）退换货帮助信息的内容组成

退换货的帮助信息一般放在“售后服务”分类下，主要包括以下几方面的内容：

1. 退换货办理流程。像编辑购物流程一样，要清晰呈现网站退换货的流程，让用户购物没有后顾之忧。一般情况下，网站多采用流程图方式说明退换货办理流程。如图 3－199 所示，京东网站就采用了流程图，条理清晰，一目了然，鼠标放在流程图的节点上，就会出现相关说明，便于用户理解。

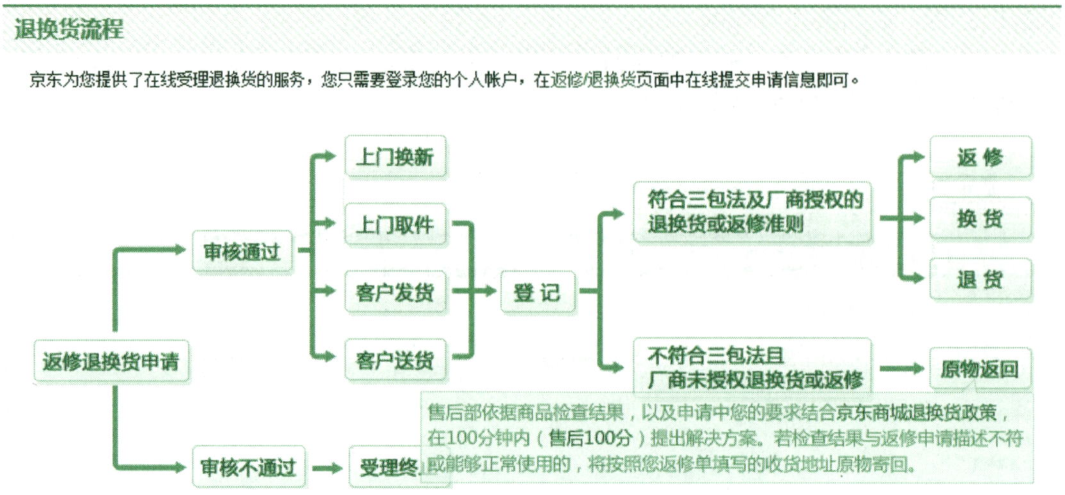

图 3－199

2. 退换货操作帮助。如图 3－200 所示，凡客诚品网站对客户提供自助服务和帮助导航，在帮户导航一项中对售后服务提供了退换货政策说明，退换货办理流程及退换货网上办理的方法说明，凡客诚品网站的在线退货系统

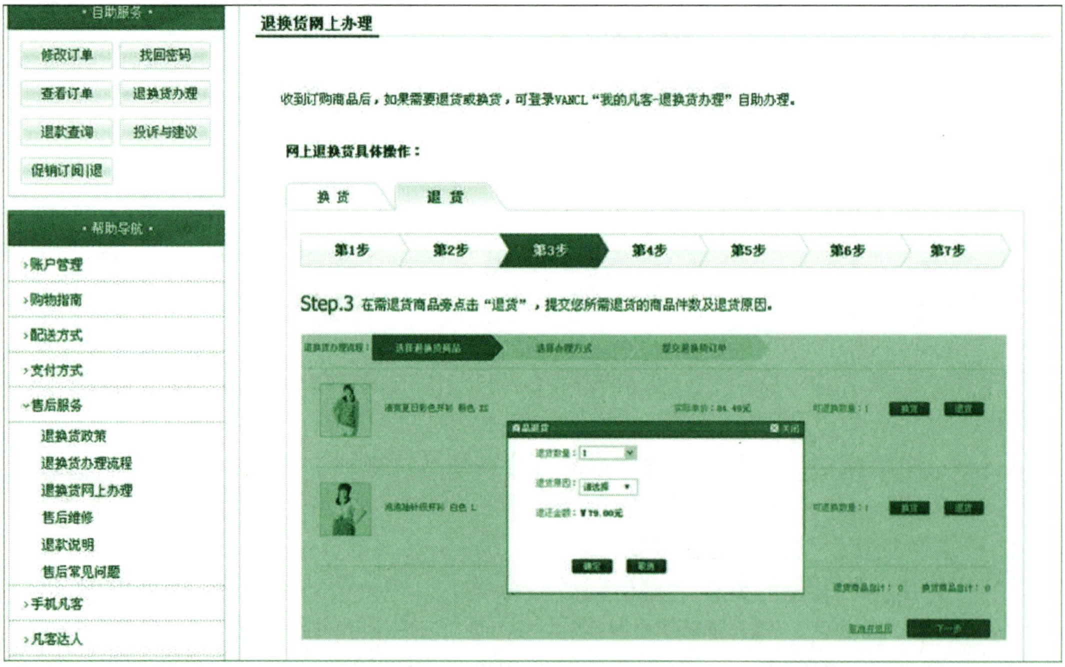

图 3－200

3. 退换货规则。针对商品类别的不同，退换货规则是有区别的，食品类商品与服装类商品退换货规则是不一样的，所以，退换货规则要尽量细化。

如图 3－201 所示，某网站的退换货规则分为退换货总则及退换货细则两方面。退换货总则为网站通用规则，适用于所有商品类别，包括退换货期限、发生退换货的条件及特别说明等信息；退换货细则是针对如汽车用品、食品等不同品类商品量身定制的细则，这类特殊商品发生退换货时以退换货细则为准。

一、退换货总则

1. 送达时间判定标准：
(1). 苏宁易购配送或者自提的订单：以客户实际签收日期为准；
(2). 非苏宁易购配送的订单，按照第三方物流平台显示的实际到货日期为准。如果第三方物流平台未能显示实际到货日期，则以苏宁易购根据配送区域、距离等因素和客户人工确认的实际到货日期为准。
2. 退换货(包含有质量问题的商品)时，请务必将商品的外包装、内带附件、保修卡、说明书、发票、检测报告（针对需凭检测报告办理退换货的商品）等随同商品一起退回。如果缺少前述包装及文件等资料，退换货将不予办理。
3. 如果客户需要办理退换货，请通过“我的易购——退换货”申请退换货。
4. 当客户与苏宁易购对商品是否存在质量问题存在意见分歧时，以该商品厂家或其指定维修站的鉴定结果为准。
5. 特别说明，以下情况不予办理退换货：
(1). 任何非苏宁易购出售的商品（序列号不符）；
(2). 过保商品（超过退换货期限的商品）；
(3). 未经授权的维修、误用、碰撞、疏忽、滥用、进液、事故、改动、不正确的安装所造成的商品质量问题，或断毁、涂改标贴、机器序号、防伪标记；
(4). 商品的外包装、附件、赠品（需要和主商品一起退换）、说明书不完整，发票缺失或涂改；
(5). 密封产品原包装打开，一次性封贴或胶条破损（质量问题除外）；
(6). 产品已使用（质量问题除外），如已通电、过水、插入卡槽、服饰已穿洗等；
(7). 购买时明确说明不支持退货的商品；
(8). 其他依法不应办理退换货的。

二、退换货细则

化妆洗护	玩具、母婴、乐器	鞋靴、服饰箱包、运动户外
办公用品	卫浴五金	家纺、家居、家装建材、清洁
汽车用品	家用电器	手机、数码、电脑
图书音像	厨具	钟表、黄金、珠宝首饰、玉器
宠物用品	国家三包政策	机票退签改签说明
食品、饮料、酒水		

图 3－201

有些网站的退换货规则分为普通商品退换货政策和特殊商品退换货政策，按照商品的品类，制定退换货细则，包括退换货说明、退换货方式等信息。总之，退换货规则尽量细化，表述准确，避免因规则不清晰造成网站与用户之间的矛盾。

4. 退款说明。一般情况下，网站退换货的流程都是用户先把货品退回，网站才能把货款退回用户账户，用户最关心的是货款打回的时间，所以，有必要在帮助中心编辑“退款说明”，明确退款方式及退款时间，消除用户的顾虑，如图 3－202 所示，某网站的退款说明，用表格的形式呈现，重点信息突出，满足用户的信息需求。

退款说明

支付方式		退款方式	京东退款处理周期	银行退款处理周期
在线支付	储蓄卡	储蓄卡	1个工作日	1-7个工作日
	信用卡	信用卡	1个工作日	1-12个工作日
快捷支付		储蓄卡	1个工作日	1-7个工作日
		信用卡	1个工作日	1-12个工作日
货到付款/自提支付	现金支付	储蓄卡（工、建、农、招）	1个工作日	1-2个工作日
		其他储蓄卡	1个工作日	2-5个工作日
	POS机刷卡	原支付卡	1个工作日	1-12个工作日
分期付款	在线分期	原支付卡（按银行期数，一次性返还）	1个工作日	2-12个工作日
公司转账		公司账户	1个工作日	1-2个工作日
邮局汇款		储蓄卡	1个工作日	1-5个工作日
支票支付		公司账户	1个工作日	1-2个工作日

温馨提示：退款周期仅供您参考，具体退款周期可能会受银行、支付机构等相关因素影响。

A. 京东在线支付及POS机刷卡支付订单退款，如涉及到银行信息京东会依据银行及相关机构已经建立的条例处理退款，为了保证客户账户金额的安全，我们均会安排原卡原退。

B. 由于快捷支付的款项来源为信用卡支付，所以快捷支付的订单只支持原路退款，不支持返还至余额。

C. 公司转账或支票支付的订单，需与客服人员确认公司相关信息后进行公司转账,目前京东只支持原路退回至客户原支付的公司账户中，给您带来的不便请您谅解。

D. 京东礼品卡支付退款无法直接兑换成现金，会在1-3个工作日内返还至您的原支付礼品卡账户中。

E. 退款金额在1000元及以下可选择退京东余额，退款时效即时到账。

图 3－202

（三）退换货保障编辑事项

1. 对于在帮助中心给用户提示，可以用一问一答的方式来回答如何退换货品，问题要贴合用户需要，是客户经常碰到的问题。如图 3－203 所示：

- 如何办理退换货
- 退换货政策
- 退换货网上办理流程
- 退款说明
- 办理退换货需要多长时间？
- 网上退换货申请提交后发现出错如何修改？
- 为什么我的订单中没有“退换货办理”按钮？

图 3－203

2. 回答客户问题时，最好用流程图的方式给予解答，简单易读（图 3－204）。

如何办理退换货

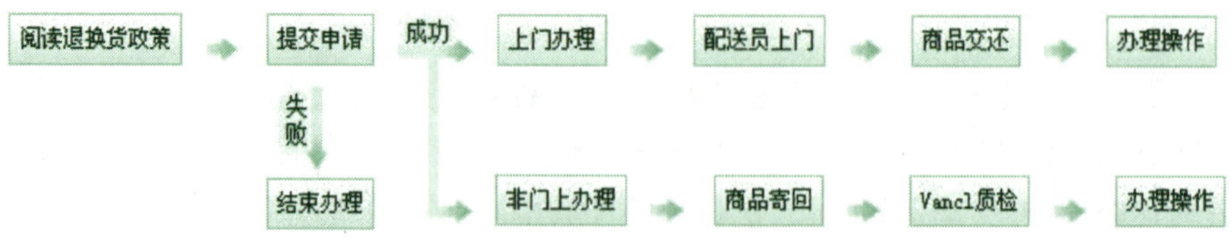

图 3－204

3. 针对一些客户可能提出的特殊问题，我们要有充分的准备，可以通过自助方式提供帮助，也可以为客户提供客户服务、人工服务等方法（图 3 – 205）。

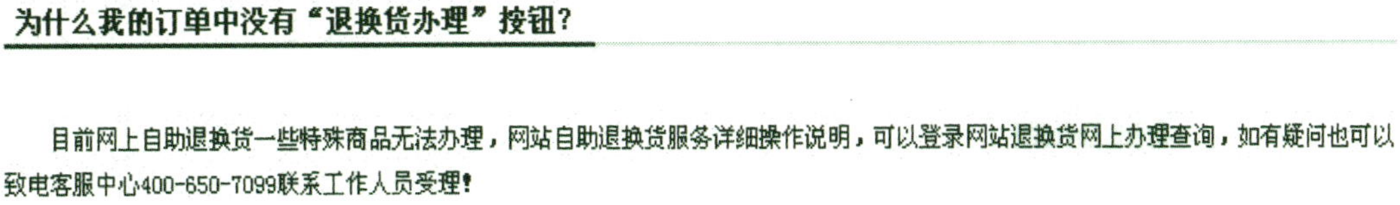
为什么我的订单中没有“退换货办理”按钮？

目前网上自助退换货一些特殊商品无法办理，网站自助退换货服务详细操作说明，可以登录网站退换货网上办理查询，如有疑问也可以致电客服中心400-650-7099联系工作人员受理！

图 3 – 205

4. 完成退换货的步骤可以用一些图示来说明，指导性更强，也更有利于客户理解和使用，如图 3 – 206 所示：

图 3 – 206

主要要对网站退换货的流程、时间、方法、规则进行说明，同时针对编辑退换货的网站编辑需要考虑的一些关键点进行解说，作为商城要充分为客户考虑，周到、全面地为用户提供细致的服务，详尽的说明和充分的介绍，只有这样才能留住客户，方便客户。

同时，要知道各电商企业面对的消费群体各不相同，电商企业应该对自身的消费群体的行为与态度进行深入研究分析，找出即符合消费者习惯和相对节约成本的退货模式，区别对待，以应对越来越激烈的市场竞争。

比如凡客诚品实行“30 天内无理由退货”，对于像凡客诚品这样以服装鞋帽等日常生活用品为主的电子商务商家具有可行性，由于采用无理由退货之后，带来的对需求量增加远大于退货成本的增加，因此，对此类电子商务商家无理由退货具有可行性。

而对于京东商城等以电子产品为主的商家仍具有挑战性，因为商家不能排除顾客是否将产品调换的可能，所以必须对退货的产品进行负责的检验，这将大大增加退货的成本，因此商家可能不会采用“无理由退货”。

拓展阅读

淘宝的售后服务

有的卖家认为商品卖出后就“万事大吉”了，其实则不然，好的售后服务可能会给你带来更多忠实的买家，下面让我给你细细道来。

一、售后服务的作用

售后服务是整个交易过程的重点之一。售后服务和商品的质量、信誉同等重要，在某种程度上售后服务的重要性或许会超过信誉，因为有时信誉不见得是真实的，但是适时的售后服务却是无法做假的。

1. 贴心周到的售后服务会给买家带来愉悦的心情，从而成为你的忠实客户，以后会经常来购买你的商品。网店疑问，中国网店教程网帮你解答。

2. 售后服务增加了与买家交流的机会，同时拉进了与买家之间的距离，增强信任的机会，这样的话买家很可能会介绍其他更多的亲朋、好友来光顾的。

二、售后服务具体事项

1. 随时跟踪包裹去向。买家付款后要尽快发货并通知买家，货物寄出后要随时跟踪包裹去向，如有运输意外要尽快查明原因，并和买家解释说明。象我发过一个申通快递，在查询包裹时发现日期都两天了也没变化，赶紧向快递公司询问原因，原来是客户所在地区下大雪了而无法走件，和买家说明后买家表示理解，避免了差评。

2. 交易结束及时联系。货到后即时联系对方，首先询问对货品是否满意、有没有破损，如对方回答没有，就请对方确认并评价。这就是所说的“先发制人”，都满意了她还能给你差评吗？如果真的有什么问题，因为我们是主动询问的，也会缓和一下气氛，不至于“剑拔弩张”，更有利于解决问题。因为往往好多事情从情理上来讲争取主动要比被动更容易占“上风”，当然遇到“胡搅蛮缠”的买家则另当别论。

3. 认真对待退换货。货品寄出前最好要认真检查一遍，千万不要发出残次品，也不要发错货。如果因运输而造成货物损坏或其他确实是产品本身问题买家要求退换货时，我们也应痛快的答应买家要求，和气生财嘛！说不定这个买家以后会成为你的忠实客户。

4. 平和心态处理投诉。网购会不可避免的出现各种各样的纠纷，能和平解决的尽量和平解决，如果真正遇到居心不良或特别顽固的买家我们也要拿起淘宝的合法武器去据理力争、奉陪到底。

5. 管理买家资料。随着信誉的增长，买家越来越多，那么管理买家资料也是很重要的啦！除了买家的联系方式之外我还会记录这些信息：货物发出、到货时间；这个买家喜欢自己挑选还是别人推荐；买家的性格是“慢吞吞”还是“风驰电掣”；在价格或产品问题上是随意还是苛刻……

建立这些资料作用有二：一是如果买家再次购买时可以用不同的方式与之沟通，二是可以积累实际“战斗”经验。

6. 定时联系买家，并发展潜在的忠实买家。交易真正结束后，不要以为什么事也没有了，就此冷落了买家。适时的发出一些优惠或新品到货的信息，可能会吸引回头客；每逢节假日用短信或旺旺发一些问候用语，会增进彼此的感情……当然，也有的人不喜欢这些，自己要适度掌握并灵机应变，尽量挑选自己认为比较随和、有潜在性的买家去发展从而使其成为忠实的买家。

世界之大，买家也是“千奇百怪”，再完美的售后服务也无法使每一位买家都能如愿所偿，但我们只要认真的去做过了就成，但求无悔。愿每位卖家的辛苦付出都有良好的回报，发展出越来越多的忠实买家！

来源：中国网店教程网 http：//bbs. wdjch. com。

任务六
编辑多媒体信息

任务要点

- **重点：** 1. 掌握几种常用的视频格式之间的转换方法。
  2. 掌握截取一个视频片段的方法。
- **难点：** 1. 能够对视频进行添加转场效果、制作水印、重新编辑视频中的音频等。
  2. 能够从视频网站上传、下载视频文件，并了解相关操作规范。

任务情境

小张工作一段时间，认为网站的信息形式太单一了，不是文字就是图片，他向总编建议，在网站信息适当的位置增加视频形式的信息展示，增加用户对网站的信任度，指导用户正确使用商品，为用户提供更体贴的服务。

任务分析

为了满足网络传输的要求，小张需要进一步对视频素材进行格式转换、截取片段、添加各种特效等。他在掌握了网站视频处理流程、基本参数设置规范后，需要通过以下几个步骤来完成本任务：

1. 确定发布视频所采用的格式，对原始视频转码。
2. 从原始视频中截取所需要的片段。
3. 对选择出来的片段进行整合，适当添加转场效果。
4. 给整合后的视频重新添加音频。

5. 对视频添加适合的水印。

6. 为修改好的视频文件重新配音或增加配乐。

7. 预览视频，检查播放效果，确认无误后上传到网站。

于是，小张便开始逐步进行下面各环节的多媒体编辑操作。

任务实施

在网站中插入视频是常用的一种宣传手段，不论是网站内部宣传商品信息，还是网站外部宣传商店信息，视频方式无疑是能给用户带来最直观印象的一种传播手段。

步骤一：网站视频处理流程、基本参数设置规范

在网站中使用视频可以大致分为三个步骤：获取视频、处理视频、应用视频。其中处理视频一步是关键一步，下面我们来分析一下视频处理的流程。

（一）网站视频处理流程

网站用视频的处理流程可以大致归纳为两步：

1. 先使用视频编辑软件对视频处理，并渲染输出“超高清视频文件”。

2. 然后再使用视频转码软件，对其输出的“超高清视频文件”进行转码，然后发布转码后的视频。

本环节，小张使用视频编辑软件 Vegas Pro 进行操作（图 3－207），并遵循相关的参数设定规范，视频转码部分将在下一步骤中进行。

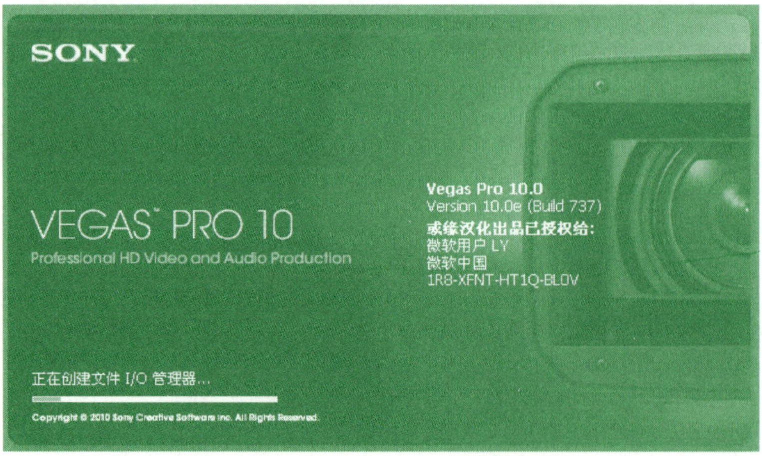

图 3－207　Sony Vegas Pro 启动界面

（二）基本参数设置规范

一个视频文件的“参数”，一般使用如下 5 点描述：

1. 视频文件扩展名、编码方式。视频是现在电脑多媒体系统中的重要一环。为了适应储存视频的需要，人们设定了不同的视频文件格式来把视频和音频放在一个文件中，以方便同时回放。视频文件格式有不同的分类，如表 3－6 所示。

表 3-6

微软视频	wmv、asf、asx
Real Player	rm、rmvb
MPEG 视频	mpg、mpeg、mpe
手机视频	3gp
Apple 视频	mov
Sony 视频	mp4、m4v
其他常见视频	avi、dat、mkv、flv、vob

所谓视频编码方式就是指通过特定的压缩技术，将某个视频格式的文件转换成另一种视频格式文件的方式。目前视频流传输中最为重要的编解码标准有国际电联的 H. 261、H. 263、H. 264，运动静止图像专家组的 M - JPEG 和国际标准化组织运动图像专家组的 MPEG 系列标准，此外在互联网上被广泛应用的还有 Real - Networks 的 RealVideo、微软公司的 WMV 以及 Apple 公司的 QuickTime 等。

通常，我们描述这个参数时，往往两点一起说，如 mp4 文件，使用 h. 264 编码。

2. 视频画面分辨率。视频分辨率是各类显示器屏幕比例的常用设置，常见的屏幕比例有以下几种（表 3-7）：

表 3-7

4:3	最常见屏幕比例，从电视时代流传下来的古老标准。
16:9	主要是 HD 电视在用的比例。常听到的 720p、1080p 都是这个比例。
16:10	是常见的「宽屏幕」比例，近几年来突然间变得很常见，差不多把市场给独占了。
5:4	分辨率为 1280 × 1024

3. 帧率。帧率是用于测量显示帧数的量度。每秒的帧数（fps）或者说帧率表示图形处理器处理场时每秒钟能够更新的次数。高的帧率可以得到更流畅、更逼真的动画。一般来说 30fps 就是可以接受的，但是将性能提升至 60fps 则可以明显提升交互感和逼真感，但是超过 75fps 一般就不容易察觉到有明显的流畅度提升了。如果帧率超过屏幕刷新率只会浪费图形处理的能力，因为监视器不能以这么快的速度更新，这样超过刷新率的帧率就浪费掉了。

4. 码率。码率就是数据传输时单位时间传送的数据位数，一般我们用的单位是 kbps 即千位每秒。通俗一点的理解就是取样率，单位时间内取样率越大，精度就越高，处理出来的文件就越接近原始文件，也就是说画面的细节就越丰富。

例如 300Kbps 的码流，表示为：一秒的视频需要 300Kbyte（大约等于 ADSL 接入速度的 300Kbit）的数据保存。需要注意的是，视频文件的视频码流和音频码流是分别设置的，总码率才是视频的码率。码率越高则清晰度越高，但超过一定数值后，码率再提高对质量影响不大。

5. 声音编码方式及码率。数字音频是指一个用来表示声音强弱的数据序列，由模拟声音经抽样、量化和编码后得到的。简单地说，数字音频的编码方式就是数字音频格式，我们所使用的不同的数字音频设备一般都对应着不同的音频文件格式。常见的声音格式有：wav，

midi，mp3，cda，wma，mp4 等等。

声音的码率是指将数字声音由模拟格式转化成数字格式的采样率，采样率越高，还原后的音质就越好。

（三）视频处理时容易出现的错误做法

1. 使用视频处理软件渲染输出的是中、低清视频（图 3－208）。

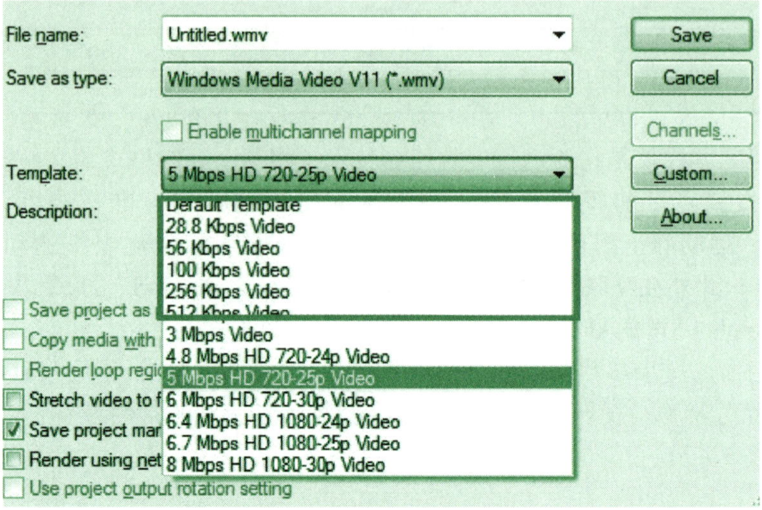

图 3－208

原因：

（1）渲染速度慢，例如大部分视频编辑软件无法通过 GPU 加速渲染。

（2）日后如果需要调整码流或使用多种不同码流的版本，就不得不重新渲染。

（3）视频处理软件往往涉及诸多复杂的参数，为输出不同分辨率视频反复调整各项参数，容易出错。

2. 不保留“超高清视频文件”，转码时不使用标准参数的“超高清视频文件”作为原始输入。

原因：

（1）每次渲染、转码都会损失质量，使用转码后的视频文件再次转码，品质会明显低于使用“超高清视频文件”直接转码的品质。

（2）无法使用多台电脑并行工作。

（3）多名人员配合时，容易由于版本混乱而出错。

（四）操作注意事项

1. 为了保证视频的质量并精确的设置各项参数，一般使用 Xilisoft Video Converter 这样的专业工具对视频转换，而不是用“QQ 影音”等工具进行简单格式转换。

2. 选择视频码流时，要注意“视频码流＋音频码流”的总码流，低清版总码率不超过 450Kbps，以保证 512k 速率的 ADSL 用户能流畅播放。而不是只关注视频码流而不关注音频码率。

3. 编码往往使用独立的装有独立显卡（Nvidia 显卡应支持 CUDA 功能、ATI 显卡应支持

STREAM 功能）的机器转码和生成，使用了支持 CUDA 或 STREAM 加速的机器，转码速度会大大提高（大约快 3 ~8 倍）。而不是只在普通的电脑上转码或者因为转码占用电脑而影响视频编辑的工作。

4. 在转码软件中设置一次参数后，就另存为快捷模板，命名为类似“WBYY. org 规范发布视频方案（高清版）”，日后可快速调用。而不是每次转码前都逐项设置参数。

5. 很多时候的转码是为了使编辑软件可以编辑才进行的，因此保留各种原始文件时，也尽量选用 WMV 等广泛支持的视频格式，避免使用 FLV 等支持较少的专利格式。

6. 日常应使用“Mediainfo 软件”来看视频的格式，而不是使用转码工具看原始视频的编码信息。

视频处理是网站应用视频的关键步骤，网络编辑人员应遵循以上标准和规范开展此项工作。

想一想

在进行视频渲染时，有时视频处理软件渲染输出的是中、低清视频。这是一种视频处理中的典型错误做法，为什么？

步骤二：批量视频转码、转格式的方法

常见的视频格式有很多，在上一制作环节中我们已经有所了解。什么格式的文件就有什么样的播放器对应：MOV 格式文件用 QuickTime 播放，RM 格式的文件用 RealPlayer 播放。但假如你的电脑中只装有 RealPlayer 播放器，而你所得到的却是一个 MOV 格式文件，此时就需要找到这两种视频格式之间的“桥梁”从而实现相互转换。小张根据找来的视频素材文件，进行相应的转码、转格式操作，以满足用户浏览的需要。

（一）视频转码的基本概念

视频转码（Video Transcoding）是指将已经压缩编码的视频码流转换成另一个视频码流，以适应不同的网络带宽、不同的终端处理能力和不同的用户需求。转码本质上是一个先解码、再编码的过程，因此转换前后的码流可能遵循相同的视频编码标准，也可能不遵循相同的视频编码标准。

（二）转码使用的软件

小张选用了 Xilisoft Video Converter Ultimate，它是一款视频转换工具，可以在 DVD、VCD、SVCD、MOV、RM、AVI、MPEG、WMV 等格式间相互转换，你可以指定视频和音频编码器、设置各项输出参数，其重要之处在于：可以从视频文件转换出任意流行的音频文件，诸如 MP2、MP3、AC3、RA、M4A 等；此工具支持多线程，可以同时进行多个文件的转换，所有的转换过程都非常简明快捷；Xilisoft Video Converter Ultimate 还支持批量转换，省时、省力；提供视频简单编辑功能，支持添加视频特效（如：老电影效果、黑白效果等），添加字幕、水印合并文件或分割视频文件，调整视频的大小等；适用于多种设备的视频转换。

（三）转换视频格式规范

1. 描述一个视频文件的“设置参数”时，统一使用如下5个参数描述：（1）视频文件扩展名、编码方式（如.mp4文件，使用h264编码）；（2）视频画面分辨率；（3）帧率；（4）码率；（5）声音编码方式及码率。

2. 转码使用的软件为：Xilisoft Video Converter Ultimate软件。禁止使用QQ影音、暴风影音等非专业的转码工具转码，以免影响品质或影响随后的视频处理。

3. 网站发布的视频，使用转码软件（Xilisoft Video Converter）转码时，使用预制方案中的“高清视频”中的“高清－H264视频模板”，使用如下编码参数方式：

（1）视频文件扩展名、编码方式：使用H.264/Mpeg4 AVC编码的视频，可使用flv格式或mp4格式。使用“二次处理方式”；

（2）视频画面分辨率：1280×720；

（3）帧率：25帧/秒（高清版）、15帧/秒（中清版、低清版）；

（4）码率：2M bps（高清版）、800K bps（中清版）、400K bps（低清版）；

（5）声音编码方式及码率：MPEG4 AAC、44KHz、16bit采样率、双声道。

声音码率为128K bps（高清版）、64K bps（中清版）、32K bps（低清版，或使用16K bps，单声道）

其余参数使用默认值，如：编码方式VBR、缩放模式：信箱、宽高比：默认；等级：40。

H.264也称为MPEG4 AVC，是目前广泛支持及压缩效果最佳的编码方式。

4. Xilisoft Video Converter首次设置好转码方案后，应将方案存为模板，以便下次使用。

5. 查看视频编码格式、码流的工具统一为：Media Info软件。

6. 如果是由于要编辑VEGAS所不支持的视频格式而转码，则转码时只改动视频格式，并将码率较原编码方式至少提高20%。原始视频的分辨率、画面比例、帧速均保持不变。

练一练

进行以下视频格式的转换：

1. RMVB转MP4
2. AVI转MPEG
3. FLV转WMV

步骤三：截取一个视频片段及渲染输出设置的规范

截取一个视频片段是指，从一段长视频中截取一小段或多个小段视频，形成一段新视频的操作过程，如图3－209所示。

图 3-209 截取一个视频片段示意图

进行截取视频片段操作时，我们要选择能进行帧操作的专业视频编辑软件，而不是使用播放器自带的截取功能，小张采用的软件是 Sony Vegas Pro。

（一）两个概念

当你看电影时，一定会发现这个电影有一小段非常的精彩，但是其他的部分却十分枯燥。如何才能把精彩的部分留下来，去掉枯燥的部分呢？利用视频截取软件就可以帮你实现。在开始学习截取视频操作之前，我们先来掌握两个重要概念。

1. 帧。帧是指影像动画中最小单位的单幅影像画面，一帧就是一副静止的画面，连续的帧就形成动画影像。进行截取视频工作时，操作应以帧为基本操作单位，而不是简单的以某分某秒到某分某秒来截取视频。

2. 渲染输出。在视频编辑术语中，把影片输出的过程叫“渲染”。它的作用主要是将生成影片时后加入的素材或效果融合到影片中使之成为影片的最终画面，然后按照用户指定的视频文件格式进行编码输出，以适应网络传输出对文件大小的要求等。

（二）操作规范

1. 进行截取视频工作时，操作应以帧为基本操作单位。

2. 确保每段视频时间在 1 分 30 秒左右，长视频不超过 10 分钟，让视频内容紧凑充实，而不是截取出冗长的视频片段。

3. 了解 Sony Vegas 常用快捷键，在处理视频时最常用的是“空格键”（图 3-210）。

J	反向搜索
K	暂停
L	正向搜索
Enter	播放/暂停（光标就地停止）
Space	播放/停止（光标返回播放点）
S	截断（常用）
M	打点
G	组合
U	解组
I	标记头
O	标记尾.
Ctrl+T	裁切 [X] 保留循环区域
Ctrl+X	裁切 [X] 剪掉循环区域
→、←	小键盘移动素材
↑、↓	小键盘跳动素材
Delete	删除

图 3-210 Sony Vegas 常用快捷键

（三）操作技巧

1. 先将素材拖入到“资源区”再拖入到音视频轨道，而不是直接拖入到音视频轨道，以免有时干扰正在处理的视频，同时方便多次使用。

2. 在音视频轨道区域的空白位置或者上方位置，能快速定位“磁头”。

3. 删除多余的视频时，注意在“音视频轨道”上方选删除，而不是在“空白位置”选删除。

练一练

将教师提供的视频素材“10秒倒计时”中的第5、6、7秒的片段删除，并渲染输出为AVI文件。

步骤四：通过各种转场效果合并两个视频的方法

转场效果其实就是在一段视频结束之后以某种效果转换为另一个片段的电影镜头。为了使电影镜头的切换衔接更加自然、有趣，用户可以使用各种转场效果来制作出令人赏心悦目的画面变化。本环节小张使用 Premiere Pro CS4 加入转场效果。

Adobe Premiere 是一款强大的视频编辑软件，Adobe Premiere 目前已经成为主流的 DV 编辑工具，它为高质量的视频提供了完整的解决方案，作为一款专业非线性视频编辑软件在业内受到了广大视频编辑专业人员和视频爱好者的好评。

（一）转场效果分类

Premiere 视频转场提供了十一个类别的转换特效，每个类别又包含若干种转换效果。转场的分类主要有以下几种：

1. Cut 转场。所谓 Cut 转场就是所有影片中最经常出现的影片衔接方式，即两段视频影片直接相连，不做任何其他处理。这种转场效果最简单、最直接，可能会有人认为这种转场毫无技术可言，对此不屑一顾。但事实上 Cut 转场因视觉转换快速，意象鲜明，是剪辑影片过程中不可缺少的转场过程。

2. Dissolve 溶解转场。所谓溶解转场就是类似于第一段视频片段渐弱结束，第二段片段渐强开始的转场效果。Dissolve 溶解转场也是在视频中经常使用的转场效果，特点是在大多数影片场景下都可以采用这种转场，不会产生任何歧义。

3. 其他特效转场。Premiere 可提供超过 75 种以上的转场特效；而每种转场特效都提供不同的调整参数，若交叉使用各种参数来制作转场效果，则 Premiere 可提供的转场效果多达数百种。其中包括波纹转场、分割切换转场等等。

（二）合并视频的操作规范

1. 两段视频进行拼接时，拼接过渡效果时长不超过 2 秒，一般为 1 秒左右。

2. 转场效果应该与视频内容相符合，一般较正式的两段视频的拼接效果不宜过于绚丽，一般为“渐变”或“黑出”、“白出”等即可。

（三）操作技巧

1. 进行平滑合并两段视频时，把磁头移动到转场效果的前边一点的位置，直接按“空格”就能多次、快速从磁头所在位置开始播放，方便多次预览转场效果。而不是每次都手动拖动磁头。

2. 进行平滑合并两段视频时，要注意提示的“过场时长”，一般都是 1 秒即可，部分复杂或者希望更平滑切换，才需要 2 秒的过场时长。

3. 为了确保正确的拖入了效果，在合并操作后，会放大视频导轨来检查两段视频合并部分，而不是仅仅看到两段视频契合就完成操作。

4. 同一段视频的过场效果，往往都是一致的，从而显得视频制作规范，而不是为了展示丰富多彩的过场效果，在同一段视频中使用大量不同风格的过场效果。

做一做

自己找两段视频素材，练习转场效果的设置及修改方法。

步骤五：抽取视频中的音频的方法

当我们在网络上搜集音频素材时，往往会遇到想要的音频文件不是单独的纯音频，而是含在一段视频中的音频，这时就需要进行从视频中抽取音频的操作，以生成独立音频文件。下面小张首先了解了一下常用的音频格式类型，然后再进行具体的操作。

（一）网络常用音频格式

1. wav 格式。Wave Audio Files（波形声音文件）是微软公司开发的一种声音文件格式，是最早的数字音频格式。被用于保存 Windows 平台的音频信息资源，可以从麦克风等输入设备直接录制 WAV 文件。该文件具有较好的声音品质，但因为没有经过压缩，文件庞大，不便于网络交流与传播。有时用于网页中较短的声音特效。

2. mid 格式。Musical Instrument Digital Interface（数字接口电子乐器）使用电子合成器制作出来的音乐，采用数字方式对乐器的声音进行记录，播放时再对这些记录进行合成。优点：文件非常小，适用于网页背景音乐、游戏软件或手机铃声。网络上各种流行的播放器都支持播放。

3. mp3 格式。MPEG－Audio Layer－3 是采用国际标准 MPEG 中的第三层音频压缩模式对声音信号进行压缩的一种声音格式。优点：压缩比高（每分钟音乐的 MP3 格式只有 1MB 左右，每首歌的大小大约 3～4MB）、音质较好、制作简单、交流方便，是网络上流行的音乐媒体格式。使用 MP3 播放器或安装插件即可播放。

4. wma 格式。Windows Media Audio 由微软开发的音频格式。WMA 格式具有比 MP3 更高的压缩比（生成的文件大小只有相应 MP3 文件的一半）并支持流媒体技术，可以一边下载一边播放，适合于网络上使用。安装 Windows media player 播放器即可播放。

5. rm 格式。Real Media 由 Real Networks 公司开发的网络流媒体格式。具有比 MP3、WMA 格式更高的压缩比，支持“流式”播放，可以根据网络传输速率制作出不同的压缩比率，从而实现在低速率的网络上进行音频数据的实时传送和播放。安装 RealPlayer 播放器可以实现在线播放。

本环节推荐使用 Premiere 导出视频中的音频。

（二）抽取视频中音频规范

1. 从视频中提取网络使用的音频时，渲染生成的音频文件应使用“MP3 Audio”中的“128 Kbps，CD Quality Audio”（高清）或“64 Kbps，FM Radio Quality Audio”（低清）模板。有如下参数：

（1）立体声（或单声道）；

（2）取样频率：22050Hz（低清）、44100 Hz（高清），16 bit；

（3）声音码流：32kbps（低清）、128kbps（高清）。

2. 如果只为了减少音频文件大小而将双声道的立体声转换成单声道时，要先“合并两个声道”，再提取，以免遗漏音频信息。

（三）操作技巧

1. 通过“导出→媒体”设置生成 mp3 格式音频即可，不必特意删除视频部分。

2. 尽量根据原始视频的配音编码方式、类型（音乐使用高清版、语音使用低清版）来决定使用高清或低清的版本，而不是即使原始视频的声音码率很低，但也提取成高清版音频。

3. 双声道的文件大小比单声道大很多，通过减少声道，能快速减少音频文件大小。而一般播放软件，碰到单声道的声音，会自动同时播放到左右两边喇叭。

4. 如果只为了减少音频文件大小而将双声道的立体声转换成单声道时，要先“合并两个声道”再提取，而不是随意选择左或右声道就提取，以免遗漏音频内容。

练一练

1. 找一段视频素材，练习音频的导出方法。

2. 找同一段高清版的音乐，听听高清版、低清版不同码流的效果差异。

步骤六：在视频画面加图片、水印

小张为保护公司的视频版权，决定在视频画面上加上公司 LOGO 和水印效果。这是因为如果你上传的视频文件对公司很重要，并且不希望被其他用户转载使用时，可以使用 Premiere 的增加图片 Logo 或水印功能，在你上传的视频文件上加注你的公司名称。这样你的竞争对手或者同行要使用该视频时，其可能会因为视频上注明了你的公司名称而放弃。总之，为重要视频增加水印，对保护视频版权有一定的积极作用。

（一）操作规范

1. LOGO、水印类内容，应优先加在“右下角”位置。

2. 作为 LOGO、水印类的内容，其宽度不超过视频总宽度的六分之一，高度不超过视频总高度的四分之一。并优先使用支持透明的图片，减少对视频内容的遮挡。

3. 插入的 LOGO 类图片应优先为 PNG、GIF 格式，并根据需要设置好透明色。

4. LOGO、说明类图片从出现到消失的时间一般为 30 秒。

（二）操作技巧

1. 图片先拖入到“资源区”再拖入到视频轨道。而不是直接拖入到视频轨道，以免有时干扰正在处理的视频，同时方便多次使用。

2. 添加图片的实质是“根据图片，产生一段包含图片的视频片段，然后将这个产生的视频片段和视频叠加”。

3. 调整图片在视频上的位置和大小时，默认的会根据图片的比例设置好“Event Pan/Crop”的比例，往往需要按住“CTRL”只拖动宽边或长边调整比例。

做一做

找一个视频素材，练习添加图片和水印文字的操作。

步骤七：为视频重新配音或增加配乐

给视频进行配音或配乐，可以使作品中的场景、气氛得到无尽延伸，吸引观众的注意力，激发观众的联想。配音不仅是代替字幕、代替现场乐队的作用，在视频后期制作中的配音同样带给我们艺术的享受。小张使用 Premiere 完成视频配音的操作。

（一）操作规范

1. 导入的音频不能随意拉长或压缩，以免变调，拉长或压缩不得超过 2%。
2. 所配声音的原始压缩品质，不应低于 64Kbyte 的 mp3 立体声码流。
3. 为视频重新配音，需要先写配音稿，再录音，再后期处理。
4. 视频配音应该左右声道均衡，不能出现只有一个声道有声的情况。
5. 视频的配音音量应该均衡、声画同步，避免出现明显音量过大或过小或声音画面不同步。

（二）操作技巧

1. 在声音和视频长度不一致时，在差距不大（不超过 2% 时）时直接对音频或视频长度进行调整，而不是剪去视频或音频。
2. 为视频重新配音，需要先写配音稿，再对着播放的视频开始录音，而不是先单独录制声音文件，再导入到编辑软件。
3. 通过麦克风配音时，是在操作系统 Windows 里设置“默认录音”设备而指定使用哪个音频源的。例如在 Windows7 下，设置方法为在状态栏右下方的喇叭图片上右键选择“录音设备”，即可列出所有的录音设备，然后选择某一个点“设为默认”即可。
4. 不要轻易删除音轨，而是将不用的音轨“Mute（静音）”。

练一练

1. 给一段视频添加背景音乐，注意音乐时长与视频时长的匹配。
2. 尝试给一段视频录制一段解说。（例如，配乐诗朗诵）

步骤八：从视频网站上传视频规范

视频网站是指在完善的技术平台支持下，让互联网用户在线流畅发布、浏览和分享视频作品。除了传统的对视频网站的理解外，近年来，无论是 P2P 直播网站，BT 下载站，还是本地视频播放软件，都有着十分迅猛的发展。借助这些视频门户网站来发布自己公司的产品宣传视频，可以更有效地扩大公司产品宣传力度。于是，小张对目前的几大视频网站进行了以下了解。

（一）各大知名视频网站介绍

1. 优酷网（http：//www. youku. com/）。优酷网是中国领先的视频分享网站，是中国网络视频行业的第一品牌。优酷网以“快者为王”为产品理念，注重用户体验，不断完善服务策略。已成为中国视频网站中的领军势力。

“爱酷”是优酷开发的一款小巧的客户端软件。它提供了下载、转存、播放、搜索、上传视频五大功能。

2. 土豆网（http：//www. tudou. com/）。土豆网同样也是中国领先的视频分享网站，其起步较早，2005 年 4 月就开始运营，在网友中拥有较高的知名度。

3. 乐视网（http：//www. letv. com/）。乐视网是国内最早购买影视剧版权的视频网站，乐视网已经拥有国内最大的正版影视剧版权库，拥有 5 万多集电视剧、4000 多部电影，几乎覆盖了国内所有的影视剧网络版权。在喜欢影视剧的网友中有着比较高的知名度。

4. 奇艺网（http：//www. iqiyi. com/）。爱奇艺，原名奇艺。2010 年 4 月 22 日，奇艺正式上线，2011 年 11 月 26 日，奇艺正式宣布品牌升级，启动“爱奇艺”品牌并推出全新标志。

（二）操作规范

1. 如需将视频上传到第三方视频网站，优先选择：优酷网、土豆网、新浪视频等大型网站。推荐使用优酷网。

2. 待上传视频文件大小一般不超过 200M，最大不超过 1G。

3. 上传视频时，要填写好视频的如下信息：（1）视频的标题；（2）摘要；（3）标签；（4）分类。

4. 必须使用视频分享网站提供的上传工具来上传视频。

5. 如果在优酷网希望同时提供“高清版”视频，则原始视频应满足：

（1）分辨率：大于或等于 600 × 480；

（2）时长要求：时长超过 30 秒；

（3）码率要求：使用 Mp4（h264 编码）压缩时，码率大于等于 1Mbps。

（三）操作技巧

1. 使用爱酷（iKu）等视频网站提供的专用工具上传，更方便、更稳定。而不是从网页接口上传。

2. 上传时会仔细填写好视频的标题、摘要、分类和标签。而不是随意填写。

3. 平时准备好一个为网站上传视频的专用账号，并将要上传的视频统一整理好，一次性批量上传。

4. 优酷网直接提供视频下载功能，需要下载视频优先从优酷、土豆等提供下载功能的网站先搜索。

（四）优酷网视频上传说明及注意事项

1. 上传条款：

（1）不含有反动政治、黄色、严重暴力的内容；

（2）不侵犯其他任何人的合法权益；

（3）不含有涉及版权问题的影视片断。

2. 大小：所上传的视频文件大小不能超过200M。

3. 时长：时长无限制。但5分钟以内的视频，可以达到最流畅的上传及观赏效果。

4. 支持格式：优酷支持绝大多数的视频格式：

5. 高清与超清：上传高品质画质的视频，会有较大机率享受高清、甚至超清转码，并获得标识。

6. 分辨率要求：

（1）高清分辨率 > =600×480；超清分辨率 > =960×720；

（2）时长要求：时长 > =30秒；

（3）码率要求：视频码率 > =1Mbps时为高清，> =1.5Mbps时为超清。

7. 宽屏播放：传宽屏尺寸的源文件，并且符合高清转码标准，将会获得宽屏播放体验。

（1）分辨率要求：高清分辨率 > =600×480；且宽∶高 > =1.6∶1。最佳观看体验的宽高比为2∶1；

（2）时长要求：时长 > =30秒；

（3）码率要求：符合高清转码要求。

8. 标题：最多可以填写50个汉字。

9. 标签：每个标签最少要有两个汉字，标签间使用逗号、分号或者空格进行分隔。每个视频最多可以有十个标签。

练一练

优酷网上传视频

1. 从优酷网页面上传视频：

（1）打开优酷网主页，单击页面右侧的“登录”链接，然后输入自己的用户名和密码进行登录，如果没有注册过，此时也可进行新用户注册；

（2）再单击刚才“登录”链接右侧的“上传”链接，进入上传视频页面，选择上传的视频文件即可开始上传；

（3）待文件上传结束后，填写好视频文件的标题、标签、分类等信息，最后单击“保存”按钮，至此完成上传操作。

2. 使用优酷网客户端软件爱酷（iKu）上传视频：

（1）下载安装优酷网客户端软件爱酷（iKu）并打开；

（2）切换到“上传”选项卡，输入自己的用户名和密码进行登录；

（3）单击界面右上方的【新建上传】按钮，选择上传的视频文件，填写好视频文件的标题、标签、分类等信息，即可开始上传；

（4）待文件上传结束后，可进入自己的网上空间进行查看，至此完成上传操作。

3. 从网络上查找其他视频门户网站进行体验。

网站编辑人员根据用户需要，在页面上添加相应的视频素材，从而使得网页的视觉效果更加丰富。为了满足网络传输的要求，网编人员需要进一步对视频素材进行格式转换、截取片段、添加各种特效等。

通过完成本任务，学生应达到掌握编辑网站用视频应遵循的处理流程；视频编辑软件生成视频文件的标准参数设置规范；音频、视频文件常用格式；掌握视频编辑的热门软件及其常用操作；了解在网络中使用视频的行业规范和操作技巧。

项目总结

网编需要针对商城网站页面，围绕网站的主题，功能，类型等因素，确定页面布局、风格等；调整网站版块；设计制作LOGO、导航等网站通用元素；根据用户对商品信息的需求，编辑发布商品图文信息，形成商品详情页面，增加多媒体形式展示商品，符合网站规范；在理解营销理念的基础上，根据促销活动策划方案，编辑网上活动促销图；依据用户浏览网站的习惯，编辑可读性高的帮助中心内容，指导用户顺畅使用网站。

本项目是教材的核心内容，包括美编岗位与文编岗位的能力训练，案例来源于商城网站一线，主要训练学生图片编辑与文字编辑能力，能够满足网编岗位的基本工作任务要求。

实战强化

实训一 撰写营销推广软文

一、实训目的：

撰写营销推广软文。在软文中要巧妙融合商业、文化、娱乐氛围，通过“有穿透力的标题，有说服力的内容”将企业信息表达准确、产品卖点叙述透澈，提高浏览者对企业、品牌及产品的信任感与认同度。

二、实训内容：

请阅读撰写提示资料，为某中国葡萄酒企业撰写字数800字左右的营销推广软文。

参考：（一）了解中国葡萄酒的市场

我国葡萄酒行业的集中度、效益不断提高，葡萄酒生产、消费与市场不断扩大，葡萄酒产业与市场环境向理性发展，盲目投资有所遏制，低价竞争的情况得到改善，生产经营秩序井然。伴随着中国人均收入水平的提高，特别是中产阶层的发展壮大，葡萄酒的消费量将呈现快速增长的趋势，在酒类消费中的比例亦将不断提高。同时，高端市场发展较快，葡萄酒城乡消费保持增长。

目前，我国葡萄酒的消费主要集中在东部地区、大中型城市和中青年、高学历、高收入人群，但从趋势来看，消费的地区和人群已有向外延伸的趋势，并将继续保持下去。

随着国内消费者对进口葡萄酒认识的增加，葡萄酒专卖店、连锁酒行等新兴销售渠道日益崛起，开始冲击以商超、酒楼等传统终端为主体的旧有格局。

（二）在软文要注重品牌拓展

酿酒行业的品牌不仅反映出酿酒企业在当前市场竞争态势下的优势所在，还体现出其历史文化沉淀下来的无可比拟的优势，对企业具有超强的保护能力。国内几大葡萄酒品牌保持较快的增长速度，几大品牌占据了国内葡萄酒市场的大部分份额，集中度进一步增大。

（三）在软文中要突出红酒文化

红酒的营销推广软文不仅仅是为了销售红酒，还应该具备一定的红酒文化知识，首先应该让浏览者知晓酒的产地，用哪种葡萄酿造面成的，其次还可以通过红酒的健康知识来引导消费者购买。比如，对年轻的女孩告诉她们：红酒对皮肤的美容有非常好的作用；对中老年人告诉他们：红酒对心血管有很好的保健作用，每天晚上喝一小杯，可以预防心血管病；对青年人告诉他们：喝白酒容易伤肝脏，而喝红酒还对身体有保健作用；对送礼的人告诉他们：现在流行送礼就送健康，红酒有美容、预防心血管病的保健作用等等。

（源于无忧商务网）

实训二　制作商城购物流程图

一、实训目的：

学生根据商城网站购物流程，制作购物流程图。

二、实训内容：

设计购物流程图要依据网站购物主要环节，要符合准确、流畅、简捷、清晰、规范、统一的基本原则，同时要有个性与创新，这样才能达到服务于客户，吸引客户的目的。购物流程如下：

第一步：选购

浏览/搜索您所需要的商品，选择您需要的尺码，点击“放入购物车”。

第二步：加入购物车

放入购物车后，如果您还想购买其他感兴趣的商品，点击购物车中的“继续购物”或者进入其他页面、搜索商品继续购买。

第三步：登录/注册

如果您未在好乐买注册登记过，请点击新用户注册页面，只需要几秒，填写基本的注册信息，完成注册，然后登录。

第四步：填写详细收货信息

请您详细准确填写您的收货地址、Email、电话、邮编等资料。

第五步：选择配送方式

有以下配送方式：普通快递、EMS、顺丰；

第六步：选择付款方式

付款方式任选其一：货到付款、支付宝、第三方网上支付、银行电汇。

点击“提交订单”按钮，检查信息，如果没有问题，点击“确认提交”按钮。

第七步：生成订单

请您记住订单编号以便查询。

第八步：验收商品

当您收到货物后，请仔细核对您所订购的商品种类、数量、规格以及相应的赠品，合格后，请在送货单上签字。如果您对我们的服务不满意，请勿拆开、损坏商品及外包装，并欢迎您拨打我们的客服热线，提出您的意见和建议，帮助我们提高服务质量。

注意：货到付款订单，若您对我们的服务和商品不满意，您可以当场拒签，不产生任何费用！

实训三　编辑产品宣传片中的配音

一、实训目的：

学生运用掌握的为视频重新配音的方法来完成对广告宣传片中配音的替换。

二、实训内容：

小张接到一个编辑香水广告视频的任务，这款香水原产地是法国，给他的原厂宣传视频中的解说配音也为法语，为适应中国消费者的浏览要求，需要他将视频中的法语配音删掉，替换成公司制作好的中文解说配音。

三、操作步骤

根据视频长度，调整好中文配音文件的长短，以达到更好地播放效果。

（1）启动 Premiere，新建项目，导入视频素材及音频素材到项目面板中。

（2）将视频素材拖拽到“时间线”面板中的主视频线上，执行“解除视音频链接”命令，将原始视频与原始音频分离开来。

（3）单击选中原始音频轨，按【Del】键，将其删除。

（4）将准备好的音频素材拖拽到“时间线”面板中的音频 1 轨道上。

（5）用“工具”面板中的剃刀工具将新添加的音频进行剪裁。

（6）选中多余的音频部分，按【Del】键将其删除。如果剪裁音频后的长度与原始视频长度不一致，可以拖动音频轨的右端边缘进行微调，如果长度差距过大，最好进行重新剪裁或考虑更换其他音频文件，以免音频播放时改变音调。

（7）将视频和音频两个轨道一起选中，然后单击鼠标右键，从弹出的快捷菜单中选择“链接视频和音频”命令，重新将音视频进行整合。

（8）播放视频，观看效果，反复调试至满意为止。

项目四

4 商城网站交互页面内容编辑与管理

知识目标：

1. 能描述互联网主流的互动形式在网络信息表达方面的作用；

2. 能理解在线交互活动策划与实施的工作流程及思路

3. 能描述互动形式内容管理的职责及规则

技能目标：

1. 能根据网站规范，引导网民正确展开在线交互，管理维护有序的交互环境；

2. 能参与策划交互活动，协同团队，实施策划方案，吸引受众参与，提升流量，达到推广的目的；

3. 能运用交互工具与用户进行互动，渗透促销内容，达到网站推广的目标；

情感目标：

通过网络互动的学习及实践，提高学习的人际交往能力、协作能力，树立学生诚信、公正、守法的职业道德，培养学生良好的职业道德观。

任务一
管理与应用网络论坛

任务要点

- **重点：** 能够描述网络互动基本形式
  能够了解网络论坛的作用
  能够理解网络论坛的管理
- **难点：** 进行网络论坛的基本应用

任务情境

网站活动策划预备在口碑中心版块开展产品分享征文比赛活动，根据活动策划的方案及规则，小张编辑活动贴子发布到论坛上，同时负责活动期间的贴子管理工作。

任务分析

要开展论坛活动，首先要从网络互动形式的几种方式开始了解和学习，掌握了网络论坛的概念和论坛活动的方式之后，才能正确有效的进行论坛活动；其次，还要学习并了解论坛版主的职责，并以版主的身份来策划本次论坛活动。

任务实施

（一）网络互动介绍

互动：互相作用，互相影响。网络互动是网络社会学的基本概念之一。网络互动是现实互动在虚拟空间的一种延伸。

从概念上讲，网络互动是指信息化网络化社会，人与人之间以计算机为载体，通过网络的形式而借助虚拟空间相互作用的网上交往行为与方式。

（二）网络互动形式

通过进一步的研究发现，网站互动功能程度的高低，并不与“访问人次”存有显著的关系。网站不仅仅要提高访问量，还需要用心的去经营关系，实现网站与网民间的互动。这些网络互动的形式常见的有网络问卷调查、网络论坛、网络博客、网络个人空间、各种即时通讯工具等等。

1. 网络问卷调查。随着科技的进步，网络的发展也日新月异，加入网络的人更是无以计数，并且网络已经成为我们现代人生活中的一部分。在网络当中，有来自全世界不同地区、不同文化背景、不同信仰、不同年龄、不同爱好、不同学历等众多不同的人，这些人往往是社会消费的主导者与决策者，足以影响整个时代潮流，那么网络上的“您”便成了一个极优的、可利用的消费咨询资源，所以就会有网上调查公司或个人，他们花费一定报酬来或免费聘请网民来发表意见。网络问卷调查则是网上调查一种最直接有效的方式。

2. 网络论坛。论坛即 BBS 的英文全称是 Bulletin Board System，翻译为中文就是“电子布告栏系统”。BBS 最早是用来公布股市价格等类信息的，当时 BBS 连文件传输的功能都没有，而且只能在苹果机上运行。早期的 BBS 与一般街头和校园内的公告板性质相同，只不过是用来传播或获得消息而已。直到有人尝试将苹果计算机上的 BBS 转移到个人计算机上，BBS 才开始渐渐普及开来。现在一提到论坛，就跟网络分不开了，近些年来，由于爱好者们的努力，BBS 特别是网络论坛的功能得到了很大的扩充。目前，通过网络论坛系统可随时取得各种最新的信息；也可以通过网络论坛系统来和别人讨论各种有趣的话题；还可以利用网络论坛系统来发布一些“征友”、“廉价转让”、“招聘人才”及“求职应聘”等启事；更可以进行电子商务比如推广营销。

目前，通过网络论坛系统可随时发布或取得国际最新的咨询、软件或信息，也可以通过网络论坛系统来和别人开展电子商务，比如生意谈判、买卖交易、合同签定等等。只要您拥有 1 台计算机、1 只调制解调器和 1 条电话线，就能够进入这个“超时代”的领域，进而去享用它无比的威力！

3. 网络博客。博客（Blog），又叫网络日志、部落格或部落阁等，是一种通常由个人管理、不定期张贴新文章的网站。简言之，Blog 就是以网络作为载体，简易迅速便捷地发布自己的心得，及时有效轻松地与他人进行交流，再集丰富多彩的个性化展示于一体的综合性平台。目前很多博客都提供丰富多彩的模板等功能，这使得不同的博客各具特色。Blog 是一种新兴的网络交流方式，是网络时代的个人“读者文摘”，是以超级链接为武器的网络日记，是代表着新的生活方式和新的工作方式，更代表着新的学习方式。具体说来，博客（Blogger）这个概念解释为使用特定的软件，在网络上出版、发表和张贴个人文章的人。

近年来博客正在成为全球热门的互联网词汇之一，企业特别是正在实践电子商务的企业对这一开展营销沟通新方法的应用也日渐发展，现在全球有很多公司利用博客进行电子商务营销。大公司通过博客营销进一步巩固了品牌形象，强化了用户忠诚度；而对于小公司，通过博客营销，迅速扩大了品牌知名度，实现了销售业绩的节节攀升。

博客的作用如下：

（1）个人自由表达和出版。这实际上是发表者想张扬自我，找到自己的共鸣族群。因人不可能被所有的人认同，但我们一定能找到同类人，而博客是最佳载体与平台，选择这种应用的人会选择人流量大的博客网，圈子类网站。

（2）知识/信息过滤与积累。这里的意义在于记录自己，自我欣赏。博客起到了日记的作用，可供自己和自己的贴身朋友圈去看，甚至有的做个人主页，只给自己看。

（3）博客营销。博客在企业中发挥的作用已经越来越被关注，特别是当他们需要利益时。企业把博客作为手段和平台进行相关的树立品牌、促销产品、公关沟通的营销活动称之为博客营销。

从网络营销观点来看，博客是一种信息传递方式，博客是一个网络营销工具。博客营销就是营销者利用博客的集聚性、互动性、知识性、自主性和共享性点及其赖以运行的网络载体，把企业及其理念、产品和服务的信息向潜在的细分的客户作具有多向沟通性的宣传推广与交流，以达到方便地满足客户需要和实现目标的策划与实施的过程。

博客，之所以公开在网络上，就是因为他不等同于私人日记，博客的概念肯定要比日记大很多，它不仅仅要记录关于自己的点点滴滴，还注重它提供的内容能帮助到别人，也能让更多人知道和了解。很好的一句话：博客永远是共享与分享精神的体现。

4. SNS社区。SNS，全称Social Networking Services，即社会性网络服务，专指旨在帮助人们建立社会性网络的互联网应用服务。SNS社区的本质，即通过网民共同的兴趣爱好结交朋友。就当前来说，SNS社区依然以拥有3.5亿用户的facebook为领跑者，但仍然有其他很多国际化的社交网络，如：专注音乐和娱乐领域的MySpace、专注职场人士的LinkedIn、允许用户发布140个字符短信息的Twitter等。

5. 各类即时通讯软件。即时通讯（Instant Messenger，简称IM），是一种基于互联网的即时交流消息的业务，也是一个终端服务，允许两人或多人使用网路即时的传递文字讯息、档案、语音与视频交流。即时通讯按使用用途分为企业即时通讯和网站即时通讯，根据装载的对象又可分为手机即时通讯和PC即时通讯，手机即时通讯代表是短信，在网际网路上颇受用户欢迎的即时通讯服务包含：FastMsg、人人桌面、MSN Messenger、AOL Instant Messenger、Yahoo！Messenger、NET Messenger Service、Jabber、YY语音、ICQ与QQ、Gmail Talk、飞信、企业飞信等。

案例：

即时通讯工具“淘宝旺旺”在电子商务中的应用

淘宝旺旺是一款集成了即时的文字、语音、视频沟通、以及交易提醒、快捷通道、最新商讯等功能的即时聊天软件（IM），是网上交易必备的工具，在淘宝交易过程中起沟通联系以及交易提醒等作用。

1. 收发消息。这里包括收发消息、自动回复、快捷短语、给指定淘友发送消息、多方洽谈、给旺友发短信等。

特别需要提到的是，当需要多人或是多个商家参与讨论时，就可以利用多方洽谈功能。右键点击任意淘友会员名，选择“开始多方商务洽谈”，即弹出“邀请淘友进入商务洽谈室”对话框，选择需要邀请的淘友，输入邀请信息，对方接受后即可进行多方洽谈。

2. 淘友管理。这里的管理内容有：查找添加好友、模糊查找、分组操作、“最近联系人”、“黑名单”、群组、批量管理联系人。在这里，涉及到商业内容，特别是电子商务时，批量的管理联系人是非常被商家喜欢的。

3. 资料管理。

4. 文件传输。淘宝旺旺，可以传输超大文件，速度超快而且很安全。它与大多数即时聊天工具相比，传输容量大，速度又快得多，比如商家之间传输一些商业资料等等。

分析： 淘宝旺旺是一款为商人度身定做的集即时文字、语音、视频为一体的专业商务沟通和管理软件，从界面风格到服务内容都体现了商务用户对即时通讯软件的需求。商务用户使用该软件可以实现实时在线洽谈业务、即时发布商业供求信息以及随时查看最新商业咨询。

淘宝旺旺是淘宝网和阿里巴巴为商人度身定做的免费网上商务沟通软件。它能帮您轻松找客户，发布、管理商业信息；及时把握商机，随时洽谈做生意！所谓的互动，就是双方互相的动起来。在互动中，只有抓住共同利益点，找到巧妙的沟通时机和方法才能将双方紧密的结合起来，双方都采取一种共同的行为。

步骤一：编辑论坛活动贴子，实施论坛活动

（一）网络论坛

网络论坛是一个和网络技术有关的网上交流场所。一般就是大家口中常提的 BBS。BBS 的英文全称是 Bulletin Board System，翻译为中文就是“电子公告板”。

（二）网络论坛的作用

网络论坛提供了如下交流平台：（1）网友之间；（2）网友与网站之间；（3）网友与论坛版主之间；（4）用户与非用户之间；（5）网民与官方之间。

在这些交流中，实现信息互补，极大提高了社会信息量，形成了包罗万象的互动空间。让消费者摆脱过去的弱势地位，真正当家做主。

（三）网络论坛的分类

BBS 多用于大型公司或中小型企业，开放给客户交流的平台，对于初识网络的新人来讲，BBS - 就是用于在网络上交流的地方，可以发表一个主题，让大家一起来探讨，也可以提出一个问题，大家一起来解决等，是一个人与人语言文化共享的平台，具有实时性、互动性。

同时也使得论坛成为新型词语或一些不正规的词语飞速蔓延例如：斑竹（版主）。罐水（灌水），沙发（第一个回帖人），板凳（第二个回贴人）。因此，在交流的时候请注意，同时避免不正规的词语蔓延。网络论坛根据功能划分，可以有以下几种：

1. 教学型论坛（图 4 －1）。这类论坛通常如同一些教学类的博客。或者是教学网站，中心放在对一种知识的传授和学习，在计算机软件等技术类的行业，这样的论坛发挥着重要的作用，通过在论坛里浏览帖子，发布帖子能迅速的与很多人在网上进行技术性的沟通和学习。

案例：

了解教学型论坛“淘宝橙领学堂”

图 4－1 淘宝网橙领学堂论坛

分析：淘宝网的橙领论坛，展示和整合各种橙领课程，它以最全面的知识体系，最强的师资力量，获得最广大橙领的认同，最终建立最权威的电商时代的在线成长平台。

总结：橙领学堂论坛实际上是一个供各位阅读帖子、学习知识，并跟帖讨论心得的地方，禁止发表新帖，不定期地由版主或葫芦娃将好帖复制到该版块，以营造一个良好的学习氛围。

2. 推广型论坛。

这类论坛通常不是很受网民的欢迎，因其生来就注定是要作为广告的形式，为某一个企业，或某一种产品进行宣传服务，从 2005 年起，这样形式的论坛很快的成立起来，但是往往这样的论坛，很难具有吸引人的性质，单就其宣传推广的性质，很难有大作为，所以这样的论坛寿命经常很短，论坛中的会员也几乎是由受雇佣的人员非自愿的组成。

3. 地方性论坛。地方性论坛是论坛中娱乐性与互动性最强的论坛之一。不论是大型论坛中的地方站，还是专业的地方论坛，都有很热烈的网民反向，比如百度的北京贴吧，清华大学论坛，一汽公司论坛等，地方性论坛能够更大距离的拉近人与人的沟通（图 4－2）。

案例：

百度的北京贴吧

图 4－2 百度的北京贴吧

分析：百度贴吧是一种基于关键词的主题交流论坛，它的分类很多，这里提到的是地方性贴吧—北京贴吧。百度贴吧与搜索紧密结合，准确把握用户需求，通过用户输入的关键词，自动生成讨论区，比如这里提到的北京贴吧，它就能使注册和非注册用户立即参与交流，发布自己所拥有的其所感兴趣话题的信息和想法。这意味着，如果有用户对某个主题感兴趣，那么他立刻可以在百度贴吧上建立相应的讨论区或者叫分论坛。

总结：由于是地方性的论坛，所以对其中的网民也有了一定行的局域限制，论坛中的人或多或少都来自于相同的地方，这样即有那么点点的真实的安全感，也少不了网络特有的朦胧感，所以这样的论坛常常受到网民的欢迎。

4. 交流性论坛。交流性的论坛又是一个广泛的大类，这样的论坛重点在于论坛会员之间的交流和互动，所以内容也较丰富多样，有供求信息、交友信息、线上线下活动信息、新闻等，这样的论坛是将来论坛发展的大趋势。

（三）使用论坛

在网站运营过程中，为了提高人气，提高网站的知名度和影响力，必然会组织用户参与一些线上或者线下活动，除了做一些相关的推广之外，组织和进行一些相关的论坛活动，也是最常见的一种方式，例如新浪论坛的活动专区。

成功的论坛活动，不仅能很好的加强论坛网友之间的交流，同时对于论坛的人气的提高、影响力的扩大也是非常有好处的。在电子商务迅猛发展的今天，好的论坛活动，会为网站增色不少，更重要的是，一个成功的论坛活动，甚至会促进企业或个人电子商务的发展。

1. 网络论坛活动的方式。为了提高论坛及网站的知名度，各种网络论坛活动的方式层出不穷，比如，回贴（抢楼）类，调查竞猜类，原创类，答疑类等等。

（1）回贴（抢楼）论坛活动。抢楼是社区论坛最有效的运营手段之一，定期举行各种主题的抢楼秒杀活动，目的是为了增多人气，增强论坛的用户黏性等，抢楼的成效不仅是这两种，另外也能够增多论坛内容，推进商家销售，扩大论坛的影响力和知名度等，其中抢楼对论坛最大的成效是口碑营销，能有效的在本地网民中构成口碑宣传。

案例：

乖乖兔儿童摄影论坛活动公告

首先在这里祝福所有“乖乖兔”官方论坛的会员身体健康，万事如意。大家最喜欢的祝福语之一就是“更上一层楼”。“乖乖兔”特别为广大会员举办了一个龙年盖大楼活动。一人一块砖，豪礼往家搬，只要您参与本次盖楼活动就有机会免费享受韩国摄影师亲自拍摄服务哦~

一、活动描述：

本次活动以“在本帖中跟帖送笑话”为主，回帖内容必须是一则笑话，内容一定要完整并且健康以及尽量贴近儿童。

二、活动时间：

2012年××月××日~2012年××月××日

三、奖品设置：

1. 实物奖：4名（韩国著名摄影师亲自拍摄套系）

中奖楼层为9楼，99楼，999楼，9999楼。

2. 积分奖10名（100分）：

每十页（即10、20……990页）的第一个帖子，将获得100网站积分。

注：活动结束后3天内。“乖乖兔”官方会以站内信、电话等方式联系获奖者。如在获奖名单公布5天内获奖者未与我们进行身份登记将取消领奖资格。

四、活动规则：

1. 禁止复制他人和自己的内容跟帖。
2. 参加活动用户必须更新头像，资料完整；必须通过常用QQ注册。
3. 每个ID只能获得一次实物奖，但是积分奖是不限次数获得的。
4. “乖乖兔”拥有对本次活动的最终解释权，如有误解以官方回复为主。
5. 同一ID限制回帖10次。

五、中奖名单：

2012年××月××日公布获奖名单。

（2）调查竞猜类论坛活动。论坛活动多种多样，调查竞猜类是其中很有意思的一种，版主列举一些类目，让会员选择，还可以将活动做成投票形式，更加便于会员参加。

（3）原创或答疑类论坛活动。

案例：

沃客会's Archiver 论坛活动

亲爱的会员们，为了增加我们相互了解，彼此进步，论坛现以有奖调查方式，开展活动，惠及各位沃友及新人，只要你提出你喜欢的活动形式即可获得相应奖励

活动方式及奖励原则：

1：跟帖说明自己喜欢的活动形式【比如沃友找茬、营业厅街拍、顶楼大赛】。

2：自行发主贴，写一个完善的活动策划【这个需要认真想一下，但是有大大的财富奖励】。

奖励方式：选择活动方式一奖励财富 1 元以上【含 1 元】。

3：选择活动方式二奖励财富 10 元以上【含 10 元】，如果采取该方案举办活动，再奖励 20 财富。

总结：利用论坛的超高人气，可以有效为企业提供营销传播服务。而由于论坛话题的开放性，几乎企业所有论坛营销在现阶段的展现形式的营销诉求都可以通过论坛传播得到有效的实现。

2. 撰写论坛活动规则。无论什么样的论坛活动，都需要“人气”，但说没有规矩，不成方园，只要有人的地方就需要规则，论坛活动具有强大的聚众能力，利用论坛作为平台举办各类踩楼、灌水、帖图、视频等活动，调动网友与品牌之间的互动。在撰写论坛活动规则时，大致可以由以下几部分内容组成：称呼、活动及目的意义介绍、活动时间、参与方法、参加人员、奖励方式、活动支持方等。

案例：

聚美优品“口碑中心”达人招募活动规则

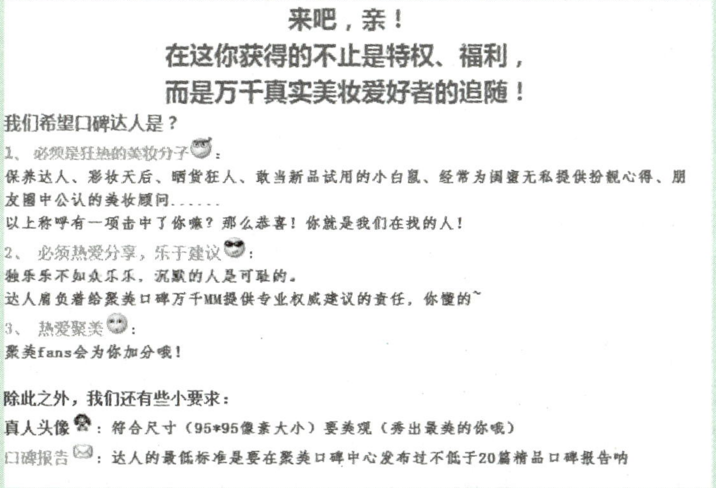

来吧，亲！
在这你获得的不止是特权、福利，
而是万千真实美妆爱好者的追随！

我们希望口碑达人是？

1、必须是狂热的美妆分子：
保养达人、彩妆天后、晒货狂人、敢当新品试用的小白鼠、经常为闺蜜无私提供扮靓心得、朋友圈中公认的美妆顾问......
以上称呼有一项击中了你嘛？那么恭喜！你就是我们在找的人！

2、必须热爱分享，乐于建议：
独乐乐不如众乐乐，沉默的人是可耻的。
达人肩负着给聚美口碑万千MM提供专业权威建议的责任，你懂的~

3、热爱聚美：
聚美fans会为你加分哦！

除此之外，我们还有些小要求：
真人头像：符合尺寸（95*95像素大小）要美观（秀出最美的你哦）
口碑报告：达人的最低标准是要在聚美口碑中心发布过不低于20篇精品口碑报告呐

我们为达人提供的9大特权：

炫宣传：

- **专属标志：**达人独家专属的身份标识，帮你赢得更多跟随的粉丝
- **微博宣传：**有机会获得聚美优品官方微博的不定期强档宣传、推荐
- **达人聚会：**定期组织线下的达人聚会，大家面对面交流美妆心得

优福利：

- **贴心礼物：**达人生日时聚美将送出贴心美妆礼品
- **TOP3评选：**每个月发布口碑报告和精品口碑报告最多的前三名（共计6位同学），将免费获得丰厚奖品。

享特权：

- **美妆发布：**有机会参加聚美、其他品牌的美妆新品发布会
- **专场秒杀：**每月不低于3场达人独享秒杀活动（每场1个产品）
- **优先试用：**有机会大牌未上市产品的独家优先试用机会
- **晒单活动：**无论你是不是达人，所有发布口碑的同学都可以参加晒单活动，每月一到两期，有机会赢取更多好礼哦~

达人的义务

- **月精华口碑数：**每月发布不低于3篇高质量精品口碑报告
- **口碑报告传递：**传播口碑报告给其他女性社区的MM
- **带动社区互动氛围：**积极回复MM对你口碑报告的评论
- **配合活动参与：**积极参与口碑中心组织的站内、站外各类活动，并发布相应的美妆口碑、微博转发或论坛帖子

怎样申请？

申请加入达人招募群7：200820891

分析：撰写论坛活动规则不是一件小事，要考虑到各方面的诸多因素，比如规则的内容、书写的语法语气等等，当然，这里比较重要的是语气，可以通过有趣的语言表达来吸引会员参加，另外页面的良好排版也同样可以吸引会员参加活动，即调动会员的积极性与参与度。

步骤二：管理及维护论坛

（一）网络论坛的管理

1. 网络论坛的管理员。要把论坛管理好并不容易。怎样做一个好的论坛？首先要设置管理员；然后以管理员身份登陆论坛的后台；再次就是添加论坛栏目；最后设置版主，论坛就正式开张了。

（1）论坛版面的书写。有了管理员，下面的工作就交给管理员了，首先，管理员要设置论坛的版面，版面的书写要有层次，有条理。先将一个论坛划分成几个大的区域，再把大区域分成小的版面，尽量不要在版中再增加分版，那样看起来很乱，也会令发帖的用户无所适从。注意大区的摆放次序，一定要把有自己论坛特色的版块摆在最上面；接着是论坛属性区域，比如文学论坛，此处就摆放文学原创区；再下面是灌水聊天的区域，这样的版块通常人气比较旺，摆在中间可以抑制水贴的过度泛滥；最后才是站务管理区域。在每个区域中，各个版面的摆放顺序也有一定的规则，通常将最有代表性，最热门的版面放在第一个。总之，好的论坛给人的第一印象是“眼前一亮”，而不能是一片迷雾。

（2）论坛要有自己的风格。这是最重要的一点。网上的论坛何止千万，拷贝别人的一点意义也没有。你要调出自己的颜色来，至少首页的颜色不能给人似曾相识的感觉。颜色要贴和你的论坛主题，或柔和，或另类，或温馨，或激烈。必须说明的是，提倡自己的风格，并非提倡处处异类。试想，你偏要用大号华文琥珀的字体去书写论坛，或者最小号的细黑，那只能让你的会员眩晕之后再去看眼科了。如果技术支持的话，最好能做出一两样别的论坛没有的东西来。

（3）管理员要制定论坛规则。

案例：

聚美优品口碑中心发贴管理原则

✪✪✪✪✪✪聚美口碑中心管理原则✪✪✪✪✪✪

喜欢

1.真实的美妆产品点评
2.真诚的美容经验分享
3.真心的关注和互动交流

抵制

1.破坏社区秩序,发布广告
2.涉及**，暴力，政治的内容
3.有关民族，宗教，国家，性别的歧视或仇恨的内容
4.违反国家政策法规的内容 《中华人民共和国互联网信息服务管理办法》

♥♥♥♥♥♥♥♥♥♥ 总　则 ♥♥♥♥♥♥♥♥♥♥

1、请发布真实、客观的美妆分享口碑
2、一样的内容、图片、回复请不要重复发布
3、广告（口碑报告、收货短评或评论），都是违反管理规则的，一经发现会被立即删除
4、请不要发布抄袭的，或非原创且未经作者授权的内容，一经发现会被立即删除，由此产生的不良后果由发布者承担。
5、小美账号负责对所有口碑中心内容进行管理。
6、聚美口碑中心中的所有产品信息、口碑报告、收货短评、评论与回复等，未经授权，严禁转载或使用。商品信息均来自于厂商，其真实性、准确性和合法性由其信息拥有者（厂商）负责，口碑中心不提供保证，不承担法律责任。

♥♥♥♥♥♥♥♥♥♥口碑中心用户管理规则♥♥♥♥♥♥♥♥♥♥

1.请遵守上述管理规则。
2.严重违反上述管理规则的用户，小美有权对其账号进行一段时间或永久性封禁。
3.聚美保留因国家政策等不可抗力因素，对个别用户账号进行封禁或注销的权力。

♥♥♥♥♥♥♥♥♥♥口碑中心图片管理规则♥♥♥♥♥♥♥♥♥♥

1. 请使用原创的图片。
2. 请勿使用带水印
3. 如发现有盗图、或非原创且未经作者授权的图片，一经发现该篇口碑会被立即删除；其后果由发布者承担，由此对聚美产生的不良影响，聚美保留追索的权力。
4. 聚美保留因国家政策等不可抗力因素，对用户上传的某些图片进行删除的权力。

2012年12月18日

（4）完善的服务。在不影响速度和技术支持的情况下，尽量让论坛丰富多彩。管理员还可以设置相应的社区服务，诸如银行、医院、学校、法庭、监狱、赌场等；可以有一些在线小游戏，诸如赛马、五子棋、找不同等；可以给斑竹定期发工资和奖金，当然都是虚拟货币；可以举行一些定期的选举，选出论坛的最受欢迎会员；可以配备语音、视频聊天室，外挂留言版、电影院等等。当然，此消彼长，用一部分资源提供完善的服务，就要在别的地方节约资源，可以关闭上传文件的功能，关闭随机广告和一些不必要的信息。

2. 网络论坛的版主。做一个守法守纪的某网络论坛会员不容易，但做一个出色的网络论坛版主更是有挑战，网络论坛的版主实际上就是网络论坛的管理者，他的职责是工作要细心，有责任感，有舆论引导意识，注意学习，掌握一些法律常识，了解国家当前的方针和政策，处理论坛事务要保持"三公"，即公平、公正和公开，同时还要掌握基本的网络知识和网络技术，他的工作内容大致有以下四个方面：

（1）版主的工作内容—贴子管理。

①管理论坛，及时删除污言秽语、反动言论等垃圾帖子；

②删除或转移与本版无关的贴子，以保持版面的清洁；

③及时设好文章为精华，一定时间没整理视为失职。

（2）版主的工作内容——会员管理。

①对破坏论坛气氛的会员提出警告或处分；

②及时理智地解决版块内出现的争论和纠纷，并加以正确引导。

（3）版主的工作内容——活跃版面，回答问题。

①活跃论坛气氛，积极跟贴；

②尽可能经常发表与该版内容有关的原创文章；

③回答网友的问题；

④定期不定期组织讨论话题，制定今日主题，活跃讨论的气氛；

⑤策划组织自己负责的版块活动，提高会员的积极性。

（4）版主的工作内容—宣传论坛。

①搜索引擎优化；

②友情链接；

③口碑传播；

④线下活动。

任务二
注册与使用微博

任务要点

- **重点：** 了解微博及其特点
  理解微博的注册方法
  理解发布、转发、评论微博信息的方法
- **难点：** 能够熟练发布、转发、评论微博信息

任务情境

征文比赛很成功，部门经理打算长期使用论坛维护用户关系，小张自告奋勇承担此工作，并建议开通官方微博，增加与用户的互动途径，提升网站用户的忠诚度。

任务分析

要应用微博增加与用户的互动途径，必须要了解什么是微博，以及应用微博进行信息的发布、转发、评价等方法，只有这样，才能有效地运用微博进行网络互动，维持良好的用户关系，提升网站用户的忠诚度。

任务实施

步骤一：认知微博

（一）微博的定义

微博：即微博客（MicroBlog）的简称，是一个基于用户关系的信息分享、传播以及获取的平台，用户可以通过 WEB、WAP 以及各种客户端组件个人社区，以不超过 140 字的文字更新信息，并实现即时分享。

（二）微博的特点

微博是一种互动及传播性极快的工具，传播速度甚至比媒体还要快。这种非正式的迷你型博客，它是最近新兴起的一个 web2.0 表现，是一种可以即时发布消息的类似博客的系统。具有以下特点：

1. 集成化和开放化。微博广泛分布在桌面、浏览器、移动终端等多个平台上，有多种商业模式并存，并形成多个垂直细分的领域，可通过手机、IM 软件（gtalk、MSN、QQ、skype）和外部 API 接口等途径向微博客发布消息。发布的信息完全公开，信息获取具有很强的自主性、选择性，用户可以根据自己的兴趣偏好，依据对方发布内容的类别与质量，来

选择是否“关注”某用户。

2. 简易性。微博客一个突出特点是“微”，一般每次只能发送140个字（含符号）。相对于强调版面布置的博客来说，微博的内容组成只是由简单的只言片语组成，对用户的技术要求门槛很低，而且在语言的编排组织上，也没有博客的要求那么高，不需要长篇大论，更新方便，使用简单容易。

3. 便捷性。通过各种连接网络的平台，在任何时间、任何地点即时发布信息，其信息发布速度超过传统纸媒及网络媒体。特别是移动终端提供的便利性和多媒体化，使用微博客越来越快捷、便利。

4. 原创性。原创性即微博网站利用现在强大的即时通讯功能，通过QQ和MSN直接书写，在没有网络的地方，只要有手机也可即时更新自己的内容。比如一些大的突发事件或引起全球关注的大事，如果有微博客在场，利用各种手段在微博客上发表出来，其实时性、现场感以及快捷性，甚至超过所有媒体。

5. 关注机制。微博宣传的影响力具有很大弹性，与内容质量高度相关。其影响力基于用户现有的被“关注”的数量。用户发布信息的吸引力、新闻性越强，对用户感兴趣、关注该用户的人数也越多，影响力越大。此外，微博平台本身的认证及推荐亦助于增加被“关注”的数量。

（三）微博的作用

微博是个很大的信息平台。可以获取大量的信息。还可以与人交流。微博的作用主要体现在以下几个方面：

1. 随时记录个人感受见闻。
2. 感知他人的顿悟。
3. 建立网络影响力。
4. 信息公开透明化。

利用微博可以广交朋友，获取自己感兴趣的有用信息。现在已经很多人在用了。有人说过，不会利用微博营销的自己的人，又怎能在社会上营销自己呢？

（四）具体操作过程

案例：

微博的注册步骤

目前大型门户网站几乎都提供免费微博，下面以新浪微博为例，介绍微博的注册步骤：

1. 登录新浪微博注册页。登录地址：http：//weibo. com/signup/signup. php。
2. 填写注册信息。
3. 点击“立即开通”，到填写的邮箱中，进行注册确认。

在使用新浪域名以外的邮箱注册微博时，注册完成后，系统会给该邮箱内发送一封博客注册确认信。

收到确认信后，点击确认账户链接地址即可完成注册。

（五）发布微博

1. 登录微博。

（1）计算机登录：输入网址 http：//weibo. com，打开登录页面，输入登录名、密码即可登录。

（2）手机登录：输入网址 weibo. cn，根据提示登录。

2. 发布微博。登录微博后，页面上会显示发布微博界面，可以发布不超过 140 个字的微博信息，同时根据需要可以插入“表情”图标、图片、视频、音乐等内容，也可以设置“话题”、“投票”等项目，最后选择是公开还是私密进行发布信息，如图 4－3 所示。界面上的功能如下：

微博输入框：输入微博发表信息，发表内容最多是 140 个字。

“表情”链接：插入各种表情图标。

“图片”链接：插入图片，图片要求：JPG、GIF、PNG 格式，小于 5MB。

“视频”链接：插入视频，可上传本地视频，也可以直接输入视频的 URL 地址，但是每条微博限插入一条视频文件。

图 4－3　发布微博界面

“音乐”链接：插入音乐，可以直接输入音乐的 URL 地址，每条微博限插入一条音乐文件。

“话题”链接：“话题”就是微博搜索时的关键字，其书写形式是将关键字放在两个“#”号之间，后面再加上相应内容。在微博编辑器上有“插入话题”链接，点击后在输入框内自动出现两个“#”号，只要将中间内容改成要讨论的话题，再后面加上见解，点击“发布”即可，如图 4－4 所示。

图 4－4　“话题”界面

“投票”链接：点击“投票”链接，弹出“发起投票”页。在该页中为投票创建标，设置投票选项，并设置投票截至时间。新浪微博用户最多可以设置 20 个投票选项，每项最多 20 个汉字，同时自行定义此次投票是单选还是多选，如果定义为多选，还可根据所设具体投票选项，决定参与投票的网友最多能选择多少选项。如图 4 –5 所示。

图 4 –5　发起投票页面

“公开”链接：点击“公开”链接，显示两个选项：“公开”和“私密”。“公开”是指发表的微博所有人都能看；“私密”是指发表的微博只有自己才能看。

“发布”按钮：输入完微博内容后，点击“发布”，即发布微博。

（六）使用微博

1. 转发微博。登录微博后，在每条微博右下方有“转发”链接字样，括号内的数字则是转发的次数，如图 4 –6 所示。点击后进入转发微博界面，如图 4 –7 所示。在输入框内对转发内容发表一下自己的意见，也可以只转发不发表意见，点击“转发”按钮，即提示转发成功。对别人转发的内容也可以继续转发，其转发后的内容还是最初原始的内容。

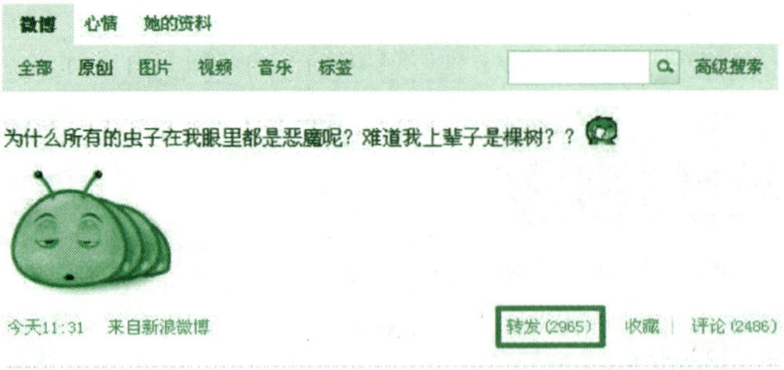

图 4 –6　转发微博

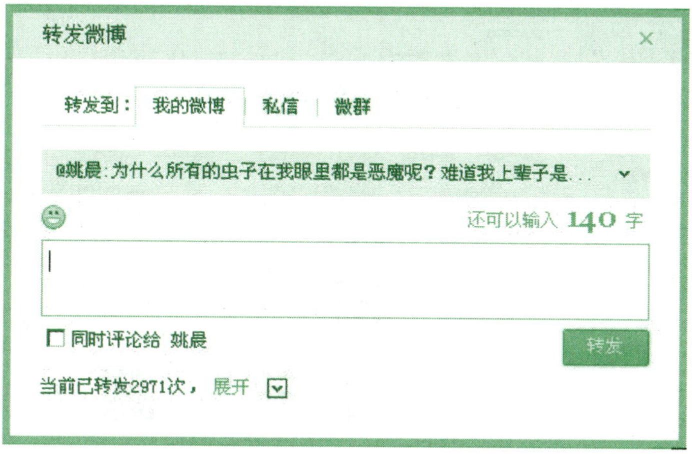

图4－7　转发微博界面

2. 评论微博。登录微博后，在微博内容右下方有“评论”链接字样，括号内的数字则是评论的条数。点击“评论”链接，即可看到评论内容，在每条评论后均有“回复”链接，点击“回复”可以看到输入框，最多可以写140个汉字进行回复，如图4－8所示。

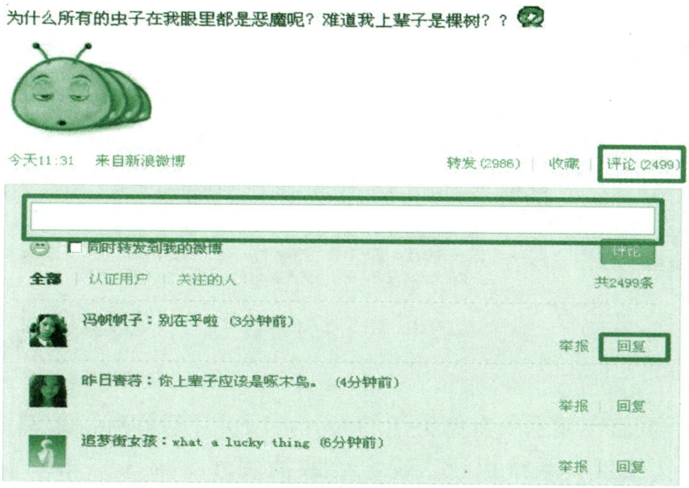

图4－8　评论微博

3. 删除微博或评论。登录微博后，对自己发表的微博、评论或别人对自己微博的评论均可以进入删除。点击微博右下方的“评论”，系统会在有权删除的评论后面显示“删除”链接。

4. 关注和粉丝。

（1）添加关注。添加关注是一种单向、无需对方确认的关系，只要喜欢就可以关注对方，类似于“添加好友”，添加关注后，系统会将该网友所发的微博内容，立刻显示在微博首页中，可以及时了解对方的动态。最多只能关注2000人。如图4－9所示。登录微博后，在首页右侧导航栏中，点击头像下方的“关注”链接，如图4－10所示。

图 4－9　添加关注

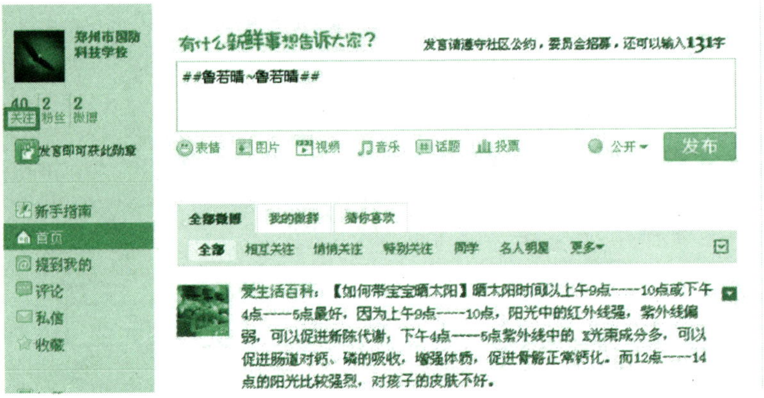

图 4－10　关注链接

“我关注的人”页面会显示所有您关注的人，每项关注后均有“取消关注”按钮。

点击“取消”按钮后，系统提示：确定要取消关注 × × × 点击“确定”后，原“取消”按钮位置会显示“取消成功”。

（2）邀请他人成为您的“粉丝”。“粉丝”就是关注您的人，是没有数量限制的。邀请他人成为你的“粉丝”的方法：在登录微博后，首页顶部导航条上有“找人”按钮，点击进入后，可以按昵称、微号、标签、MSN、邮箱等方式发出邀请，如图 4－11 所示。还可以邀请站外好友，成为您的粉丝，如图 4－12 所示。

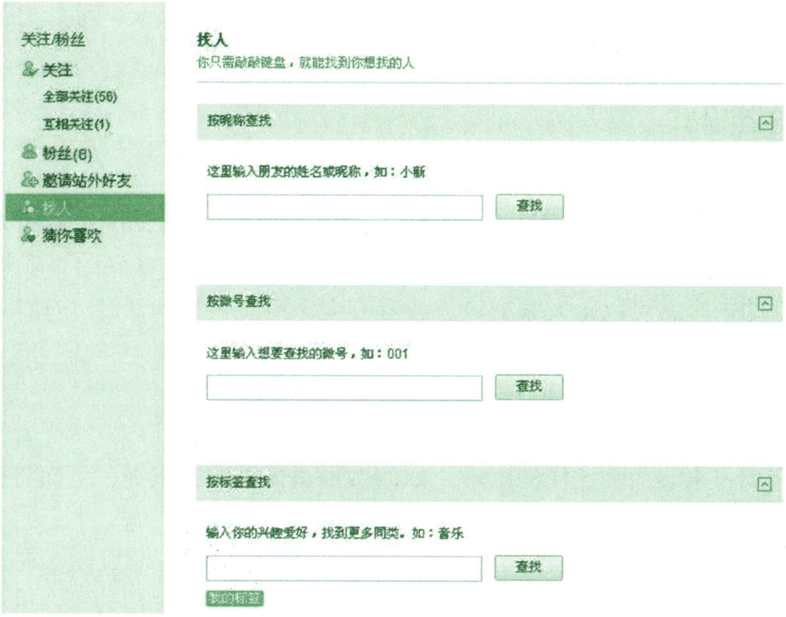

图 4－11　邀请他人成为你的“粉丝”

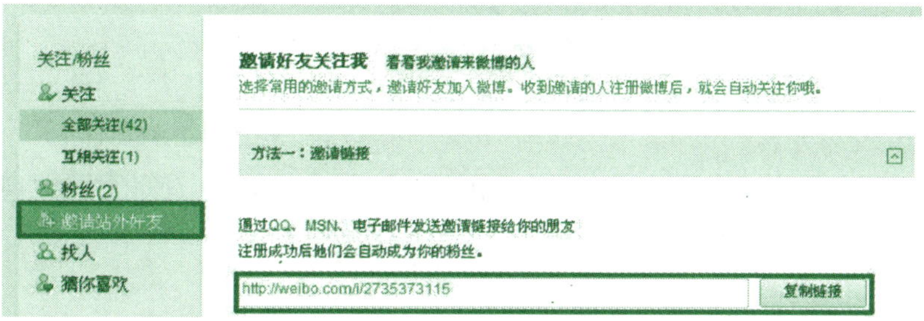

图 4－12　邀请站外好友

（3）移除粉丝。登录微博后，在首页右侧导航栏中，点击头像下方的“粉丝”链接。每项粉丝后均有“移除粉丝”按钮，如图 4－13 所示。

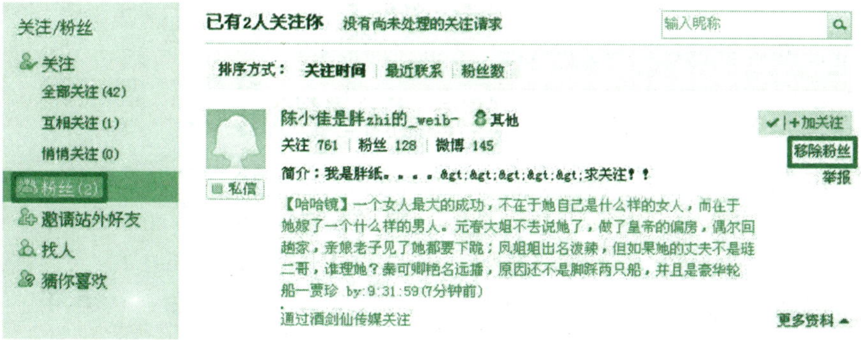

图 4－13　移除粉丝

点击“移除粉丝”按钮后，系统提示：“确定要移除×××××？移除之后将取消她对你的关注”，点击“确定”即可完成移除操作。

步骤二：撰写促销微博

（一）微博推广与微博营销

微博推广就是以微博作为推广平台，每一个听众（粉丝）都是潜在营销对象，每个企业利用更新自己的微型博客向网友传播企业、产品的信息，树立良好的企业形象和产品形象。每天的更新的内容就可以跟大家交流，或者有大家所感兴趣的话题，这样就可以达到营销的目的，这样的方式就是新兴推出的微博营销。

（二）微博推广方案的策划

微博推广大家都已经不再陌生了，但你是否会策划一份微博推广方案呢？特别是在企业中，相信你正在或将来会面临这样的困难。如何做好微博推广方案呢，下面将作具体介绍：

以下为方案具体涵盖内容：

1. 推广目标的阐述。既然是做一份方案，那一定要有至少一个目标，在开篇描述里就要阐述清楚。这个目标不能太空洞，应是具体的，可目测掌控和评估的东西或指标，我相信所有的企业负责人都不喜欢看泛而不实的方案，这也是为什么目标要具体的原因。目标主要分为三个部分：一是内容的编辑方式方法以及发布的频率；其次增加粉丝的数量、质量；再次是内容或活动的转发量、评论数等。

2. 实施步骤。

（1）内容编辑与发布。

①内容素材收集（官方新闻、动态，活动等相关介绍、文字、原始图片/视频等）；

②文字编辑；

③图片美工处理；

④@粉丝（告知他们已发布的新内容）；

⑤发布频率（工作时间每半小时发送一条原创微博，非工作时间及节假日随机发送）；

⑥建立话题（#话题#）；

⑦链接至论坛文章（有时140字不足以全面介绍某个事件，将全文发表至论坛引导粉丝深入了解，同时也可以引起论坛用户对官方微博的关注）；

⑧即时回复互动（会让他们感到“被关注”、“被重视”，有效调动的他们的互动积极性，进一步推动官方微博的品牌认知度）。

（2）增加粉丝（关注度）。

①名人微博借力（明星、草根、商界成功人士等）如图4－14所示。

图4－14

@他们（当有新内容发布时），评论他们的微博，参与互动。这些意见领袖拥有庞大的微博粉丝群，如果有一条微博能引起他们的注意并转发或评论、回复等，都将引起其粉丝的注意，并最终引导其粉丝关注官方微博。

②加入相关房产、地方微群、QQ 群、论坛等。定时向这些高质量群体发布一些官方微博的线下/线上活动、新闻等信息，并@ 群主或群内活跃的人，以及在论坛/微群/Q 群留下微博地址，以引导其关注官方微博。

（3）微博转发（活动策划/组织促进转发）。线上/线下相结合的加关注/加标签/评论、转发有奖、抽奖活动，吸引原有粉丝或慕名而来的用户积极转发官方微博的相关微博。

日常微博转发：已发布时间段内预计平均转发量；一个月内 30 以上；活动微博转发；活动持续时间预计转发量：5 天内 50 ~ 100、两周内 100 ~ 200、一个月内 300 以上

3. 其他活动。争取一个季度策划 1 ~ 2 次现场活动，以微博发起、号召，线下组织管理的公益、营销活动。

（三）微博推广的撰写技巧

首先要开通微博，比如腾迅微博、新浪微博，然后按照要求注册相关信息，开通好后你就可以畅所欲言的发微博了。

1. 用文字留住人。如何写好 140 个字呢？微博虽短，但赋予我们的表达空间却相当大。微博内容分为开头、中间、结尾三部分。开头要一下子吸引人的眼球，中间要清晰、有条理，结尾要突出重点。

开头：要足够的吸引人，在需要的场合，甚至可以有点儿劲爆、有点儿煽情。正如每篇新闻都要有凝练、醒目、吸引人追的引导语一样。

结尾：可以用一些醒目的字眼再次点题，也可以写一些互动性的话，抛出问题让大家思考，或者有道大家转发、评论。

内容：不但可以有纯粹的文字，需要时，可以加上网址链接，链接到其他网站，其他微博等外部资源。

标点符号：不要使用英文半角符号，它占的空间很小，两边的汉字就像紧贴在一起似的，既不美观，也影响阅读，全用中文全角标点符号，显示出来就非常的清晰、易读。如果表达的内容较多，且有条理，可以用 1、2、3 等编号将主要观点标记、划分清楚。这只适用于理性分析型的微博，不适用于感性表述型的。

语言：简短，言简意赅，清晰准确。不要每次都强求把 140 个汉字用完，最好是一条微博表达一个完整的信息，不要把无关的内容都塞进来。如果需要，可以用完 140 个字，但转发自己或别人的微博，转发时增加的评论内容不要太长，尽量少于 100 字，否则，当这个人转发被其他人连环转发时，所有新增内容是共享 140 个字空间，别人可增加内容的空间就太少了。

发出微博前，把内容检查一遍，谨防有错别字、表达不清或疏漏的地方。微博是无法更改的，如果发出后才发现有错误的内容，那尽快删除那条微博，再写新的，也要记得留意一下粉丝们的评论，看有没有错误或者引起人反感的地方，如果有，也可以删除重发。

如果内容是那种需要大家帮助的，比如慈善类的，那最好加上“请帮忙转发”，或者“请帮忙”等字样提醒大家注意。

2. 用图片吸引人。以文字为主配图为辅的微博：一张好的配图往往比千言万语更有说

服力。没必要传太大的图片，显示在粉丝面前时，图片会被缩小展示，手机发布的图片一般也会被压缩后上传，一般100KB以内的图片，只要足够清晰就可以。

以图片为主的微博：其目的是要用图片本身来讲故事或表达意思的，这个时候，相配的文字就一定要简短有力，字数越少越好，或点题，或煽情，只要达到吸引读者放大图片仔细观看的目的就足够了，如果文字太多，就会让读者失去耐心，连图片也不愿意展开来看。

3. 用幽默吸引人。冷笑话精选、微博搞笑排行榜、我们爱讲冷笑话、段子之类的微博主，其粉丝数量都是数以十万、百万计。

4. 用真情打动人。除了幽默的图文外，在微博中，充满温情的故事和话语，也能引起人们的共鸣。

5. 用智慧征服人。有智慧的格言警句也是网友们最喜欢看的内容之一。这一类的内容切忌老生常谈，不要写或转发大家都熟悉的内容，最好是那些能够触动心灵的东西，可以引起某一类人甚至是大多数人的共鸣。语句上尽量平易、浅显，能加一点幽默的元素更好。每天引用和转发别人的格言警句不要太多，最好一天不超过两个，否则你的微博就成名人语录了。

6. 如何发广告（图4－15）。

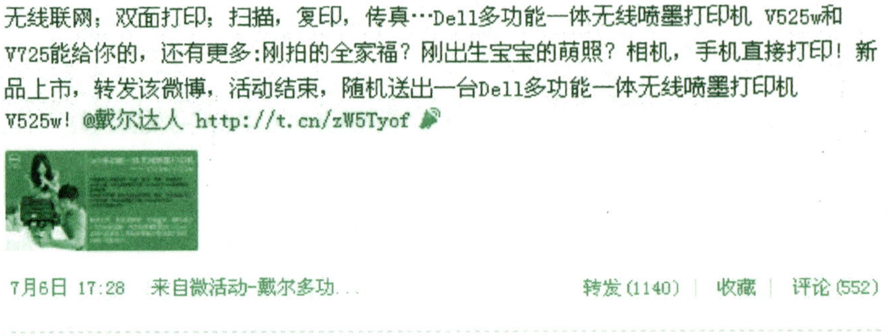

图4－15

写广告和普通微博不同，一定要讲究技巧。大家希望看到的是对他们有价值的个性化内容，是朋友们的真实感，而不是推送或强塞给他们的赤裸裸的广告宣传，所以写类似的广告微博时，最好能注意以下几点：

（1）刚开始写微博时，不要发广告性质的微博，否则，在你的第一批粉丝尚未了解你的时候就上海了他们的感情，导致无法得到更多的粉丝。

（2）偶尔发一点广告是可以的，但措辞上尽量不要太直接，如果可能，尽量用巧妙的嵌入手法，将广告植入到其他粉丝们更有价值的内容里。

（3）不要太频繁发广告，也不要写太多自夸、自恋的内容。

（4）最好广告本身对大家也是有价值的，或者是大家关注、喜欢看的。

（5）最佳的广告就是当你发出大家感兴趣的内容时，看看在不浪费大家时间的前提下，能不能顺便推广一下你想推的东西。

（6）多留意大家的评论，看大家是不是反感你发广告微博，如果是，那就暂时别发了。

（四）微博推广的传播

1. 准备要推广的内容。
2. 挑选精准微博主。
3. 信息传递给客户。

步骤三：撰写企业宣传微博

（一）企业微博

企业微博是个新的概念，是基于微博出现有一商业化的网络工具，它是一个基于客户关系的信息分享、传播以及获取平台，企业可以通过 WEB、WAP 以及各种客户端组件个人社区，以 140 字左右的文字更新和企业信息，并实现即时商业分享（图 4－16）。

图 4－16

（二）企业微博的推广方法

1. 选择微博平台。应该选择一个有影响力、集中了目标用户群体的微博客平台，在平台上开设企业微博账号，获得发布信息的基本资格。

2. 勾画企业形象。通过微博的“个人设置”，让别人通过你的微博首页可以了解企业的基本信息并产生信任感，如品牌名称、核心产品、独特优势等，此后应发布若干有关企业介绍的微博，再开始寻求别人的关注。

3. 微博信息发布。这是一项持久的、连续的工作，微博应保持不断的更新，同时注意，微博内容的写作和选择至关重要，企业微博虽然以个人操作，但在表现方式上应以企业为主体，在尽可能避免个人情绪化的表达方式。

4. 营造微博环境。尽可能参与博客平台的互动活动：因为微博是 SNS 的一种形式，独自发布信息而没有别人关注是没有意义的，参与互动的方式包括：关注业内重要机构以及要人、关注与企业相关的行业动态、关注那些关注自己的人，通过转发、评论他人微博等方式获得他人关注，获得尽可能多的被关注，是微博营销的基础。

5. 企业微博推广。与企业网站推广类似，可以通过电子邮件、QQ、名片、印刷品、产品外包装等方式，把企业微博网址告诉更多的用户，同时也可以邀请更多用户加入微博阵营，让大家通过微博实现更好的沟通。

6. 放大传播效应。微博最大的特点之一是，可以通过 SNS 好友圈子快速实现信息在更大范围的传播，当拥有一定量的好友资源之后，通过信息的有效设计，实现在好友之间、以及好友的好友之间信息传播的全方位放大传播。

（三）企业微博的价值体现

1. 微博信息的数量。信息发布的主动权掌握企业自己手里，具有较高质量的微博数量在一定程度上表明了该企业的活跃程度，也是企业微博营销的基础，一般来说，微博数量与微博营销效果具有正相关关系。

2. 用户资源价值。微博的用户群体包括“粉丝”数量和活跃程度，同时也包括好友的好友数量及活跃程度，通过好友的数量及活跃度可大致判断其用户群体的潜在网络营销价值。

3. 企业信息传播。包括直接浏览量、转发量等，直接浏览量取决于“粉丝”数量，也有部分浏览量来自搜索引擎检索等渠道，而转发数量则取决于好友群体的数量及活跃程度。

4. 用户互动效果。用户评论数量、回复数量、用户直接参与其他活动数量等，是反映企业微博效果的外在体现，也是评估企业微博影响力的必要指标。

5. 网站推广效果。微博与企业官方网站不是替代关系，两者可互为补充，部分用户通过微博的链接进入企业网站获取进一步的信息，实现了企业网站推广的效果，微博的网站推广价值还有待于进一步挖掘和评价。

（四）企业版微博的应用

随着微博功能的不断发展，一些微博平台已经开始推出企业版，如新浪微博推出的企业微博 2.0。企业版微博是为企业和机构用户量身打造的服务平台，它具有更丰富的个性化页面展示功能，更精准的数据分析服务，以及更高效的沟通管理后台。如果能充分发挥企业版微博的作用，就能帮助企业更便捷地与目标用户进行互动沟通，提升营销效果，挖掘更多的商业机会。

1. 企业版微博的主要功能。

（1）更多的展示元素。根据不同的展示传播需求，可以在微博首页设置不同的模块，实现更具商业价值的展现，可以有企业简介、公告栏、留言板、企业领导人、图片、友情链接、相关子微博及子品牌等信息。

（2）舆情监控。可以设置你关心的话题关键字，查看不同的用户群体（包括：所有微博用户、“粉丝”和名人用户）对该话题的讨论，帮助你及时发现用户的负面投诉或恶意诋毁，及时响应，避免负面口碑扩散。

（3）数据服务。主要用于监测微博的传播效果，包括“粉丝”属性分析（可以查询微博“粉丝”的基本属性并进行数据统计，包括年龄、性别和地域分布）、“粉丝”行为分析（通过分析“粉丝”对的关注、评论及转发等行为的数据，可以了解自身微博的运营状况，作为制定后续营销策略的参考依据）、页面流量统计（可以随时查看微博页面的流量变化趋势，了解用户对的关注情况，如果在微博外部推广官方微博，也可以在流量统计中监测到推广效果）及短链点击统计（可以监测官方账号创建的短链点击情况，并作为衡量微博传播效果的重要指标）等。

（4）营销工具。可以发起各类线上活动或落地活动，邀请用户参加。通过页面展示设置功能，可以将活动模块呈现在微博首页，吸引每一个到达官方微博首页的用户关注和参与。如果要收集微博用户的信息或意见，可以使用投票工具创建投票主题，并设置多个投票选项，限定多选或单选。也可以追踪每一个参加投票的用户微博，查看他的更多信息。

2. 企业版微博的认证。

（1）微博认证。为了避免身份混淆，引起公众误解，新浪微博实行对个人、机构身份认证的策略。对于企业而言，既然欲使用微博传递企业的各类信息，开展企业的各类活动，与外界进行互动，那就必须要让外界觉得账号是真实可信的。微博账号代表了企业，只有取得认证才能让外界确信其身份，同时开展活动时也可能获得更多的信任与更大的影响力。

（2）微博认证的种类。目前，微博的认证分为个人认证与机构认证两大类。

个人认证：主要的认证范围为娱乐、体育、传媒、财经、科技、文学出版、政府官员、人文艺术、游戏、军事航空、动漫、旅游、时尚等领域的知名人士，其基本条件是：绑定手机、有头像、“粉丝”数不低于100、“关注”数不低于50。

机构认证：主要针对政府、媒体、机构（团体）、校园、企业、网站、应用等官方账号。其中，企业官方认证主要接受有营业执照和公章的各类盈利型企业和公司等，官方账号均可申请企业认证。目前，新浪微博企业认证的标准是：微博账号需有机构LOGO或形象、微博数大于等于3、“粉丝”数大于或等于10、“关注”数大于或等于10。

（3）微博认证的步骤。

第一步：登录认证页面。如果已注册新浪微博可以在微博页面底部导航找到“申请认证”，点击跳转认证相关页面。如图4－17所示。

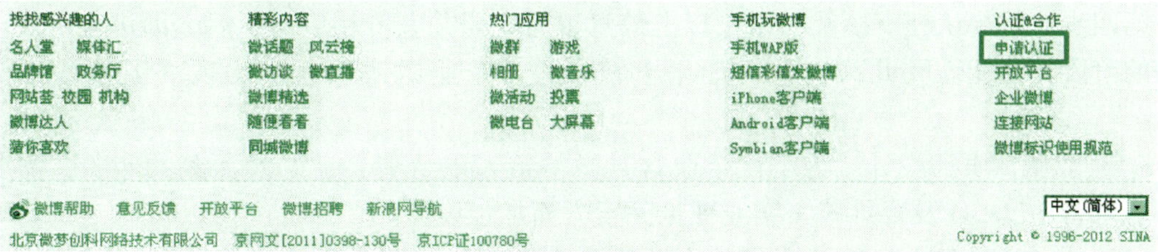

图4－17

第二步：选择认证类型。在认证页面“机构认证”分类下：“政府官方认证”、“媒体官方认证”、“企业官方认证”、“网站官方认证”、“校园官方认证”、“应用官方认证”、“机构/团体官方认证”等，选取所对应的分类，如图4－18所示。

图 4－18

第三步：填写认证信息。点击“企业官方认证”下方的“立即申请”，进入认证信息填写页面，选择或填写企业类型、企业全称、企业性质、账号用途、认证说明、联系人姓名、联系人职位、联系手机、电子邮箱，并且需要上传企业营业执照正本或最新年检副本的彩色扫描件或照片，同时需要下载《企业认证申请公函》，加盖企业公章后将彩色扫描件上传，如图 4－19 所示。

第四步：等待认证审核及结果。以上信息填写完毕并上传相应材料后，即进入审核认证信息的阶段，可能需要几天时间。如果审核通过，企业微博上就会出现“新浪认证”的标志。

3. 企业微博页面设计。为了让企业官方微博给人以清晰、良好及深刻的印象，需要在简介、域名、LOGO 及背景等文字或视觉元素方面加强设计。

（1）设计企业简介。简洁明了的企业简介有助于他人对企业有一个快速、直观且清晰的印象。设计上既要体现企业的特色，还要用最简单的话让别人知道企业是什么类型。

具体操作方法是单击微博页面上方“账号”选择“账号设置”，在“个人资料”下面单击“基本信息”选项，然后出现相应的页面，其中除了博客地址、QQ、MSN 等信息之外，最重要的就是“一句话介绍”，需要慎重考虑。

图 4－19

（2）设计特色标签。企业或高管个人的标签也是一项比较重要的信息，他可以描述企业的所属行业或领域、企业产品类型等的关键词，从而让更多的人更容易找到，也可以找到更多同类或有相同兴趣的潜在客户。

设计特色标签可以在“账号设置”上单击“个人资料”下面的“个人标签”，然后逐个添加标签。企业微博的特色标签应该考虑以体现企业的名称、行业、产品或服务的类型、产品或服务的名称等为主。

（3）设计个性域名。好的域名不仅可以让用户很容易记住微博的地址，而且也是企业识别体系的一个组成部分。一些不重视域名的企业会让用户在寻找企业微博时产生麻烦，比如 weibo. com/Microsoft 就被一个人注册了，这对微软公司显然是一个损失。

如果要设置企业的个性域名，在“账号设置”页面上单击“个人资料”下面的“个性域名”，然后进行设置，如图 4 – 20 所示。另外，如果企业申请了企业版微博，则还可以设计公告栏及友情链接等文字信息。

图 4 – 20

（4）添加企业 LOGO。通常企业标识（LOGO）是客户识别企业的基本要素之一，显然一个企业微博应该将自己的 LOGO 添加到企业微博上。

添加企业 LOGO，在“账号设置”页面上单击“修改头像”，可以用本地照片，也可以拍照上传。其中左边大图中有一个框，可以移动此框来选择图片的最佳部分，也可以拖动此框的右下角以缩放此框，右边会显示头像（LOGO）的大、中及小尺寸的图例。设置好 LOGO 以后，单击“保存”按钮。

（5）选择已有的个性模板。微博是一个默认的模板，如果希望使用更有特色的模板，则可以选择微博事先设计好的、近百种已有的模板。具体方法是单击微博页面上方“账号”选择“模板”，然后进行选择。选择完毕后，需要单击右上方的“保存”按钮以确认。

（6）自定义设计企业微博背景。如果希望企业微博的背景被充分地利用起来，也可以设计一个体现企业特色的背景，其中甚至还可以展示企业的标识、经营理念、口号、网址及产品信息。

如果要自定义设计企业微博背景，可以在选择上述个性模板页面时，单击右上方的“自定义”按钮，通过“浏览”按钮上传企业微博的背景图，并设置是否平铺，以及对齐方式（左对齐、居中或右对齐）。

项目小结

本章介绍了常见的两种网络互动形式——论坛和微博的应用，特别针对电子商务网站介绍了论坛版主工作内容及职责；其中引用实例分别详细介绍了论坛和微博的创建与使用流程。

通过本章学习，学生能够了解常见的几种网络互动形式，课程学习完毕后，能够独立创建网络论坛，并能策划论坛活动，能够创建并运用微博进行简单推广活动。

实战强化

实训一　策划论坛活动

一、实训目的

掌握论坛策划活动的流程与思路，实践策划实施论坛活动，并管理论坛。

二、实训内容

策划“我的完美蜕变，从2013开始!”的活动，策划实施论坛活动，制定参与规则与发贴规则。

参考主题：2012年，你收获了什么心爱的东西？来和大家分享吧，是什么美丽的小瓶瓶让你更加嫩白了？还是纤瘦了？亮丽了？……你的完美历程里，是不是还包含着某个故事，或者您愿意跟大家分享这个故事。

实训二　撰写企业宣传微博

一、实训目的：

在B2C商城中寻找近期热销产品。以该热销产品为核心，发布该产品的推广微博。微博发布内容要根据产品的特点编辑宣传文案，为达到更好的宣传效果，配以产品相关图片及链接。目的是要根据产品微博的发布，让学生体验产品微博推广，锻炼学生文案编辑能力，更好的理解交互式平台推广信息的方式方法。

二、实训内容：

组织方式：以3~5名学生为一个小组，发布产品的微博。

步骤1：寻找热销商品，了解商品简介，例如：

商品名称	商品简介	商品图片
张裕黄金冰谷酒庄金钻级冰酒375ml	（7）商品名称：张裕冰酒 （8）品牌：张裕 （9）上架时间：2011－05－24 10：22：21 （10）商品毛重：1.53kg （11）商品产地：中国大陆 （12）品种：其他 （13）特性：国产红酒，礼盒/组合/整箱 （14）类型：冰酒/贵腐/甜酒	

步骤2：寻找关键词，撰写微博文案

要求：目的明确，内容具体，主题突出，能描述产品特性。内容形式创新，杜绝雷同。

步骤3：发布微博，添加产品购买页面链接和产品图片

要求：在微博中加入正确购买页面地址，寻找产品相关图片，并添加产品图片，发布图片数量不限。

步骤4：对微博进行转发和评论，增加影响力，记录并统计微博相关数据

要求：小组学生对发布的微博进行转发并评论，记录统计数据，例如：

微博产品	阅读量	微博发布时间	评论数	转发数